语言学的理论与应用(二)

北京市语言学会 编

商务印书馆
2010年·北京

图书在版编目(CIP)数据

语言学的理论与应用(二)./北京市语言学会编.
—北京:商务印书馆,2010
ISBN 978-7-100-07295-3

Ⅰ.①语… Ⅱ.①北… Ⅲ.①语言学－学术会议－文集 Ⅳ.①H0-53

中国版本图书馆 CIP 数据核字(2010)第 132562 号

所有权利保留。
未经许可,不得以任何方式使用。

北京市社会科学理论著作出版基金资助

语言学的理论与应用(二)
北京市语言学会 编

商 务 印 书 馆 出 版
(北京王府井大街36号 邮政编码 100710)
商 务 印 书 馆 发 行
北京瑞古冠中印刷厂印刷
ISBN 978-7-100-07295-3

2010年10月第1版	开本 850×1168 1/32
2010年10月北京第1次印刷	印张 12⅜

定价:27.00元

北京市语言学会
《语言学的理论与应用》(二)编委会

主编　崔希亮
编委　(按姓氏音序排列)
　　　岑运强　崔希亮　董　琨
　　　贺　阳　缪小放　孙德金
　　　周洪波

前　言

　　北京市语言学会成立于1980年，前辈语言学家，老会长张志公先生、张寿康先生都为学会的发展做出了不可磨灭的贡献，我们出版这本论文集就是对他们的缅怀和纪念。学会荣誉会长胡明扬先生、前会长赵金铭先生一直关心着学会的工作，没有他们的支持、督促与鞭策，学会的工作举步维艰。今年是学会成立30周年，学会在会员的大力支持下健康发展。学会定期召开学术年会，举办学术前沿论坛。在学术年会上，会员们提交了多篇理论研究与应用研究的论文参加交流。这本集子所收录的就是第七届学术年会和第八届学术年会的部分优秀论文。我们从提交大会的论文中选出一些有代表性的论文结集出版，目的是给会员提供一个发表学术成果的园地，也为中国语言学的繁荣与发展贡献绵薄之力。

　　这本集子继承了上一本论文集的传统，所收的论文涵盖了语言学的各个分支学科，内容涉及语言学理论与应用研究的多个侧面，包括语音研究、语法研究、语义研究、语用研究、对比研究、汉字研究、教学研究、语言测试研究、第二语言习得研究、计算机语言信息处理等，重点在语言应用研究，尤其是第二语言教学的研究。学会吸收了很多青年语言学工作者，这本论文集所收录的论文大部分出自青年语言学工作者之手，他们思路开阔，目光敏锐，有很好的理论修养,很多问题的研究触及了语言学的前沿课题。同时我们也毋庸讳言,个别论文可能是急就章,或失之轻浅,或胶柱鼓瑟。我们在选编论文的时候不得不把这些论文拿掉。

语言学的发展自乔姆斯基革命以来已经发生了天翻地覆的变化,各种语言学流派、思潮你方唱罢我登场,好不热闹。中国的语言学也不能例外,在传统的小学以外,我们看到很多新的研究领域,例如语言类型学的研究、语法化问题的研究、形式语言学的研究、语用学的研究、篇章语言学的研究、隐喻问题的研究、范畴化问题的研究、二语习得问题的研究等,不一而足。当然,我们也看到在传统的语言学领域,仍有很多人在做着扎扎实实的田野工作,如方言学、民族语言研究、社会语言学等领域。多样性是学术繁荣的基础,没有多样性就不会有百花齐放的局面。我们应该以宽容的心态对待各种新的尝试,同时我们也应该以宽容的心态对待传统的研究范式。理论研究与应用研究的关系也是如此,他们彼此追求的目标不同,因此我们也不能用西洋画的标准来评判中国画,用西医的方法论来评判中医,反之亦然。理论研究与应用研究可以有不同的目标。我们这本论文集仍然名之为《语言学的理论与应用》(二),一方面是为了强调这本集子与上一本集子的继承关系,另一方面我们也觉得语言的理论与应用是一鸟之两翼,不可偏废。

胡明扬先生、赵金铭先生依然关心着学会的发展,学界的许多前辈学者都积极参加学会的工作,我要借这个机会向他们表示感谢。学会秘书长孙德金教授为学会的工作尽心尽力,我也要向他表示敬意。学会秘书田建新女士多年来为学会服务,劳苦功高。北京市社会科学联合会对学会的学术活动给予了大力的支持,并为本书的出版提供了资助,我也要向他们表示感谢。更应该感谢广大会员对学会工作的支持和理解。当然,更为重要的是商务印书馆的周洪波先生对学会的工作一直非常支持,正因为有商务印书馆的大力支持,才使这本论文集得以及时面世。

崔希亮

2010年3月8日

国际劳动妇女节百年之际

目　录

Z变音的空间分布 …………………………………… 陈卫恒（1）

汉语方位词的畛域 …………………………………… 蔡永强（8）

介词结构全句修饰语的研究 ………………… 丁维莉　陈维昌（24）

现代汉语"很＋V了/过＋数量名"结构解析 ………… 李双剑（33）

"V＋光"结构的语义分析 …………………… 王丽艳　孙洪威（42）

论汉语反义复词的提取 ……………………………… 杨吉春（51）

现代汉语副词"分别"的语义指向及由此产生

　　的歧义现象 ………………………………………… 张　慧（65）

主观性与"听"字容让型的使役表达 ………………… 张美兰（79）

《说文解字》与《康熙字典》部首及归部比较 ………… 李俊红（92）

主语位置上的数量词"一个"的历史演变及

　　主观化 …………………………………………… 刘敏芝（105）

语气助词"着呢"的来源 ……………………………… 杨玉玲（118）

汉语代词宾语后置的演变过程及其动因 …………… 于　萍（129）

段學述要 ……………………………………………… 趙麗明（146）

关于"把"字句语义实现过程的分析及在对外

　　汉语教学中的运用 ………… 杨晓明　宋擎擎　孙雁雁（173）

第二语言学习者汉语双字调动态发展的跨语

　　言比较研究 ………………………………… 陈　默　王建勤（186）

华裔与非华裔汉语习得者对待目的语群体态
  度及习得动机比较研究……………………………闻 亭(204)
第二语言语用习得研究述评……………………………杨 黎(218)
对计算机化自适应测验的一次简单模拟及部
  分理论的验证……………………………………高莹莹(234)
重谈基础英语语法教学…………………………………陈 力(251)
对外汉语教师对课堂测评方法的评价分析……………孙然然(265)
互动式初级汉语口语课堂教学设计实验研究…………郑家平(280)
关于外国留学生汉语本科专业预科教材的编
  写构想……………………………………………全 军(296)
论小量和否定极项之间的关系——从汉日比较
  的角度……………………………………………贾黎黎(312)
俄汉外来词比较 …………亓 华 [塔吉克斯坦]光 明(325)
从语义指向的角度谈有标志补语句的英译……………司玉英(338)
"官腔"的类型与特点分析………………………………陈小明(352)
附 录
  北京市语言学会第七届学术年会论文目录……………(365)
  北京市语言学会第八届学术年会论文目录……………(370)
后 记…………………………………………………………(376)

Z变音的空间分布*

陈卫恒

一 引言

关于Z变音,又称Z变韵、子变音、子变韵、子化韵、U化韵等,是汉语方言中的一种与"儿化"现象同样重要的合音音变现象。自上世纪50年代后期汉语方言普查以来,Z变音逐渐为人们所发现和关注。如果说儿化是"儿"尾和前字音节合音而成,子变韵则主要表现为"子"尾和前字音节合为一个音节,如:获嘉话的单字"鸡"读[tɕi³³],但"鸡子"读[tɕi:ou³³];"筷"单念是[khuai¹³],而"筷子"则读[khyo¹³]。单字声调调值、调型不变,但韵母音段、音长发生了变化,特别是合入了-o/-u这样的[＋后]、[＋圆]特征的韵尾成分(王洪君,1999;王福堂,1999)。由于这样的成分和"-子"的读音差距较远,所以人们对于它是否代表"-子"这个本字一直表示怀疑。叫做Z变音、Z变韵或者U化韵的一个方便之处,就是可以在搁置本字问题的前提下讨论其他问题,以示对此尚无定论[①]。

就Z变音现象发生地区来看,主要集中分布在中原地区,特别

---

* 本研究受到北京语言大学2006校级科研项目"基于结构本位的英汉音系对比研究"(编号:06QN10)与北京语言大学青年骨干教师培养计划资助项目"基于结构本位的英汉语法化进程对比研究"的支持,谨致谢忱。

是山西、河南。但就河南来看,Z变音发生的区域到底有多大,到底哪些县市确切地存在Z变音的现象?学界尚无定论。本文旨在对此进行专门的讨论。

二　Z变音的区域

根据我们掌握的材料,目前河南准确报道有Z变音现象[②]的地方包括以下市县(有关报道材料随文列出[③]):

安阳市(3点):
> 林州市(原林县)南部,报道材料见裴泽仁(1996a)、陈卫恒(2003)、陈鹏飞(2007),包括茶店、临淇、泽下三乡[④];
> 汤阴县南部,报道材料见裴泽仁(1996b),包括宜沟乡南部几村;
> 滑县,报道材料见高永奇(2000)、辛永芬(2006a)。

鹤壁市(2点):
> 淇县,报道材料见陈卫恒(2004)、岳保红(2008);
> 浚县,报道材料见高永奇(2000,2003),辛永芬(2006a,2006b,2006c)。

新乡市(9点):
> 新乡市,报道材料见董洁茹(2007);
> 新乡县,报道材料见董洁茹(2007);
> 辉县市,报道材料见陈卫恒(2004)、张娟(2005);
> 卫辉市,报道材料见陈卫恒(2004),包括栓马、庞寨、柳卫等点,但卫辉城没有Z变音;
> 获嘉县,报道材料见贺巍(1989);

原阳县，报道材料见李荣(1957)；

延津县，报道材料见高永奇(2000)、辛永芬(2006a)；

封丘县，报道材料见陈卫恒(2004)；

长垣县，报道材料见王青锋(1987)。

焦作市(8点)：

焦作市，报道材料见张娟(2005)；

沁阳市，报道材料见赵运普(2000)、张娟(2005)；

孟州市，报道材料见陈卫恒(2004)、张娟(2005)、董冉(2005)；

武陟县，报道材料见牛顺心(2001，2008)、张娟(2005)；

温县，报道材料见徐承俊(1958)、张娟(2002)；

济源市，报道材料见贺巍(1981)；

博爱县，报道材料见张娟(2005)；

修武县，报道材料见张娟(2005)。

郑州市(4点)：

郑州市，报道材料见周庆生(1987)；

新郑县(?)，报道材料见张娟(2005)；

荥阳市，报道材料见王森(1998)，主要方言点为广武乡，它处在武陟县南，"位于该市东北部，北靠邙山、黄河，东和郑州市西北郊相连"；

中牟县(?)，报道材料见陈卫恒(2004)、张娟(2005)。

开封市(6点)：

开封市，报道材料见刘冬冰(1997)；

开封县，报道材料见刘冬冰(1997)；

兰考县，报道材料见张娟(2005)；

尉氏县，报道材料见张娟(2005)；

　　　　杞县,报道材料见张娟(2005);

　　　　通许县(?),报道材料见张娟(2005)。

周口市(1点):

　　　　扶沟县(?),报道材料见民国25年(1936年)《河南省志》。

漯河市(1点):

　　　　舞阳县,报道材料见崔灿、夏跃进(1988)、王福堂(1999)。

洛阳市(1点):

　　　　洛阳市吉利区,报道材料见吴会娟(2007)。

以上共涉方言35点,其中打问号者为只见有材料提及该方言有Z变音,但未见该现象的详细描写者,故存疑。这35点方言地理上连为一片,周围方言都是具有独立音节"子"尾的方言,如安阳/汤阴[təʔ]林州市[ləʔ/lə?]卫辉城[te],濮阳、商丘[tɛ]等这样特殊读音的"-子"后缀,当然还有同北京一致的[tsʅ],以及表现为零形式的"-子"。有时,这几种不同类型的"-子"可以共存于一个方言内部。这不仅体现于处于Z变音从无到有的萌芽和初期阶段的方言,如林州(临淇)方言"-子"⑤;也常常体现于处于Z变音后期或终了期的方言。比如舞阳方言。与普通话一致的[tsʅ]读音形式大量涌进并重新占据主体位置,稀疏的几例不具有生成能力的Z变音,只能作为历史的痕迹留存于语言不起眼的角落中。

三　分布背后的原因

　　那么,是什么造成了这样的分布格局呢?

　　我们认为,这样的分布与地形地貌、移民历史有关。从前者来看,除了太行山外,黄河是个很重要的天然界线和屏障,Z变音集中分布于黄河以北及荥阳、郑州以下中下游沿线地区;黄河历史上的多次改道和泛滥,可能也都影响了今天 Z 变音在黄河两岸的具体分布。从后者看,今天说 Z 变音方言的地方,历史上大都是明初以后山西移民的主要目的地(裴泽仁,1988);这些地方和今天山西南部方言中具有 Z 变音的地方陵川、晋城、阳城、垣曲、夏县、运城、临猗、闻喜等地理上构成了一个更大的连续空间,这个连续空间的形成与移民史相辅相成、相互印证⑥。从前后两者的关系看,黄河两岸的地区以及山区,应是移民迁入的主要地区⑦。

如果不考虑以上因素,这样的分布可能也与洛阳、开封、郑州这样的大城市所代表的标准或权威方言与地方方言接触和互动不无联系。Z 变音出现的地区主要是洛阳-开封为中心的官话与晋语过渡或交接地区。语言和方言接触往往可以促进语言演变,从这个角度看,Z 变音作为汉语史上的一种新兴现象,应该得益于方言接触的背景:一个方言的 Z 变音的多少,也与它距离权威方言中心的远近有关,黄河南岸的洛阳及其附近传统上所谓"河南府"地区没有 Z 变音,不是没有大量移民,而是因为标准语的力量太强大⑧。从这个角度看,越是离权威方言近的方言,越可能较早放弃本方言特色,向权威方言靠齐。这在很大程度上是导致离权威方言近的方言 Z 变音逐渐走向消失的一个原因。就 Z 变音的产生来看,我们不妨将它简单地理解成:有入声的晋方言的(如今安阳、林州北、汤阴北)读作$[-ə ʔ]$类促声韵的"-子"是在无入声的权威方言影响下逐渐发生舒化的结果;$[-u/-o]$类子变韵音节的韵尾,都可以理解为$[-ə ʔ]$在不同前字音节条件下的具体变体;今处于官话区的濮阳、内黄、东明、商丘等地$[-ə/-ɛ/-ei]$类独立音节的"-子"也都可以理解为早期$[-ə ʔ]$的舒声化,因为它们不能再保持入声的形式、必须舒化,官话不再允许入声的存在。

还是从这个角度看,对于那些具有特殊形式的独立子尾读音的 Z 变音周围的诸多方言,它们之所以可以保持自己特殊的读音、保持与权威方言"–子"有别,很重要的原因,就是因为空间距离的间隔远,受权威方言的影响小;如果近了,还得舒声化,如濮阳、内黄等方言。

这是我们关于 Z 变音分布的初步结论。

附注

① 对此问题,我们持肯定意见,认为[-o/-u]成分即"子"语素的变化形式,并从音理和时空背景上详为论证,参见陈卫恒(2003,2004a,2004b)。
② 包括 Z 变音现象和 Z 变音残迹两种情况。
③ 这里主要列举学者著述。除此之外,各点县志、市志中的材料也是重要的参考资料。
④ 笔者的调查显示,原康乡也有 Z 变音。
⑤ 根据陈卫恒(2004b),在林州(临淇)方言里,实际上有关"子"字的各种读音有 5—6 个,同时存在。实字"子"的读音 1 个[tsɿ⁵³],子尾读音 2 个[ləʔ/əʔ],Z 变音的读音 1 个[-u],"–子"儿化时的读音 1 个[ter]。
⑥ 说明当初移民有"就近移民"的特点,至少就晋南向豫北移民有此特色。
⑦ 移民的耕地很多是盐碱地和山地。
⑧ 从这个角度看,开封和郑州似乎不及洛阳具有语言上的权威性。其背后原因有待另文讨论。

参考文献

陈鹏飞　2007　《林州方言志》,天津社科出版社。
陈卫恒　2003　林州"子"尾读音研究,《语文研究》第 3 期。
陈卫恒　2004a　古韵之幽交涉与今方言子变韵现象音变原理的一致性,《殷都学刊》第 2 期。
陈卫恒　2004b　《豫北方言和汉语的变音》,北京大学博士学位论文。
崔灿、夏跃进　1988　《舞阳方言研究》,开封:河南大学出版社。
董洁茹　2007　《新乡方言语音词汇研究》,华中师范大学硕士学位论文。
董冉　2005　《孟州话的方言地理学研究》,北京语言大学硕士学位论文。
高永奇　2000　河南浚县方言中的子变韵及其语法功能,未刊。
高永奇　2003　河南浚县话的一种构形变韵,未刊。

贺巍	1981	济源方言记略《方言》第1期。
贺巍	1984	洛阳方言记略,《方言》第4期。
贺巍	1989	《获嘉方言研究》,北京:商务印书馆。
贺巍	1993	《洛阳方言研究》,北京:社会科学出版社。
刘冬冰	1997	开封方言记略,《方言》第4期。

民国25年(1936年)《河南省志》及新中国成立以后的《河南省志》以及本文所涉各点县志、市志中的方言志材料。

牛顺心	2001	武陟方言变韵研究,北京师范大学硕士论文。
牛顺心	2008	河南武陟方言的子变韵及其形成与发展,《殷都学刊》第3期。
裴泽仁	1988	明代人口迁移与豫北方言——河南方言的形成(一),《中州学刊》第4期。
裴泽仁	1996a	河南林县话的子尾,载黄伯荣主编《汉语方言语法汇编》,青岛海洋大学出版社。
裴泽仁	1996b	汤阴话的词头和词尾,载黄伯荣主编《汉语方言语法汇编》,青岛海洋大学出版社。
王福堂	1999	《汉语方言语音的演变和层次》,北京:语文出版社。
王洪君	1999	《汉语非线性音系学》,北京大学出版社。
王洪君	2004	从山西闻喜的小方言差异看Z变音的衰变,《语文研究》第1期。
王青锋	1987	《河南长垣方言·语音篇》,待出版。
王森	1998	郑州荥阳(广武)方言的变韵,《中国语文》第4期。
吴会娟	2007	吉利方言的Z变韵初探,《文教资料》第18期。
辛永芬	2006a	《浚县方言语法研究》,北京:中华书局。
辛永芬	2006b	河南浚县方言的动词变韵,《中国语文》第1期。
辛永芬	2006c	河南浚县方言的子变韵,《方言》第3期。
辛菊	1999	翼城方言"子"尾的特点,《语文研究》第1期。
徐承俊	1958	温县方言与普通话简说,载《方言与普通话集刊》(5),北京:文字改革出版社。
张娟	2002	《温县方言的变韵》,北京大学中文系学士学位论文。
张娟	2005	《河南和山西方言中的Z变韵研究》,北京大学硕士学位论文。
张启焕、陈天福、程仪	1993	《河南方言研究》,开封:河南大学出版社。
赵运普等	2000	《豫北方言辨正与普通话表达教程》,郑州:中州古籍出版社。

(陈卫恒　北京语言大学国际合作与交流处　100083)

汉语方位词的畛域*

蔡永强

空间关系是我们把握其他许多认知关系的基础(如时间关系往往被看成空间关系的隐喻形式),而表达这种空间关系的基本途径是通过方位词(word of direction or locality)来实现的。

汉语中把表示方位的词称为方位词,但汉语研究中关于方位词的纷争却始终没有停止过,纷争的焦点之一便是方位词的畛域问题。本文将结合方位词研究的历史和现状尝试回答这一问题,即汉语中的哪些词属于方位词、哪些词不属于方位词。

一 方位词研究小史

1.1 各家之说

关于方位词,《马氏文通》把它归入"状字":"……,凡记事物所动之时与所动之处,亦状字也。又梁上:'及寡人之身,东败于齐,长子死焉,西丧地于秦七百里,南辱于楚,寡人耻之。'其'东''西''南'三字,各记败、丧、受辱之处。"(1983:21)并认为,方位词可以

---

* 本文的研究得到中国人民大学对外语言文化学院科研项目经费的支持,课题名称为"汉语方位词的畛域",项目编号:200501。

与介词、动词组合使用。又说:"……,率用'上''下''左''右''内''外''中''间''边''侧'等字,缀于地名、人名、时代之下,概无介字为先。盖'上''下''内''外'诸字,即所以代介字之用,故泰西文字遇有此等字义,皆为介字。"(1983:98—99)显然,马氏没有把方位词独立成一类,但已经指出了这种词的存在。

黎锦熙著《新著国语文法》中的九种五类词中没有包括方位词,但在索引中提到"方位词(即方位名词)[1]缀名后,[2]附动前"。在谈到介词时指出:"因为要表示地位或时间的一定范围,故所介的名词之下,常常带一个表示方位的词,如上、下、前、后、内、里(里面、里头)、外、旁边……等,以与介词'在'相应。"(1992:149)[①]在谈到地位副词时又说:"东、西、南、北、左、右、前、后、上、下、里、外,(常添附'方''面''边''头'等字,成复合词)""这些实体词,只要上面不用'介词',有时可看做'地位副词'"(1992:129—130)。

因此,无论在《马氏文通》还是《新著国语文法》中,方位词都没有独立的语法地位,要么认为方位词"代介字之用",要么把方位词排除在正式词类系统之外。

吕叔湘(1990)的词类系统没有给方位词一个固定的词类定位。丁声树(1961)、刘月华(2001)把方位词作为名词的一个次类,吕冀平(2000)把方位词看做名词的附类[②],郭锐(2002)把方位词与时间词和处所词合为位置词(与名词并列)。赵元任(1968)和朱德熙(1982)把方位词独立为一类,统归体词之下[③]。

因此,在上述学者看来,方位词本质上属于名词,具有体词性特征。

后来,张谊生(2000)把方位词归入虚词,刘丹青(2003)认为方位词是后置词,从类型学的角度把方位词(后置词)与前置词同归于介词。方经民(2004)则认为,从共时平面来看,方位词处于由方位成分形成的一个由实到虚的语法化程度连续统的末端,方位词已经虚化为虚词。

1.2 纷争的焦点

由此可见,方位词在词类问题上的纷争的焦点不在于这种词存在与否,而在于如何认知这种业已存在的词。汉语中存在方位词已是不争的事实,但我们对这类词的性质、范围等的认识还很不一致。不过我们从上面的研究小史中可以看到这样一种轨迹,那就是方位词的地位在研究者心目中显得越来越清楚,人们对方位词性质的认识也由具有体词性转变为具有虚词性。但在哪些词属于方位词、哪些词不属于方位词的问题(即方位词的畛域)上仍旧存在分歧。

二 汉语的方位范畴

如果我们把方位词放在一个更大的视野中来观察,就会发现前人在方位词的畛域问题上存在的分歧可以通过建立"方位范畴"达成一致。

2.1 汉语方位范畴的构成

赵元任(1968)在体词之下列出了处所词、时间词和方位词等项目,处所词包括地名、位置词、N-L复合词、指地的名词。同时指出,方位词是一个可以列举的类,复杂的方位词同时是处所词和时间词。赵元任先生并没有给出一个关于处所词、时间词和方位词的严格界限。朱德熙(1982)同样把上述三类词归于体词之下,指出处所词包括地名,可以看成地方的机构和合成方位词。同时,又把方位词分成单纯方位词和合成方位词。由此可见,两位先生

分出的处所词和时间词有重叠的部分。郭锐(2002:206)认为方位词、时间词和处所词都可以直接或加定语后做"在|到"的宾语,都能表示"位置"这种语法意义,因此把三类词统归于位置词。其实处所词和时间词本身就具有体词性,不直接加定语也可以做宾语,但为什么有些词非得加上定语后才能做宾语呢?根据郭锐的看法,这三类词都能表达某种位置:空间位置、时间位置或二者间表。我们发现,处所词只能表示空间位置,时间词只能表示时间位置[④],而方位词既可以表达空间位置也可以表达时间位置。鉴于这种共同点,我们把三者表达的意义范畴定义为方位范畴。在方位范畴中能够更好地把握三类词的特征及其界限。

在方位范畴中,处所词表达的是具体空间方位,包括:(1)地名,例如:欧洲、北京、钓鱼岛、泰山、北大、黄河、中关村等。(2)机构名,例如:外交部、学校、学院、图书馆、网吧、办公室、宿舍等。

方位词表达的是抽象空间方位,包括:"上"、"下"、"前"、"后"、"左"、"右"、"东"、"南"、"西"、"北"、"里"、"中"、"内"、"外"、"旁"、"间"、"东南"、"东北"、"西南"、"西北"、"左上"、"左下"、"右上"、"右下"、"左前"、"左后"、"右前"、"右后"、"中间"。

方位词加上一些名词或部件名词(面、边、头、部、方、端、角、侧等)则构成方位结构,在意义上大部分相当于合成方位词、N-L复合词,以及(部分)"加上定语后才能再做宾语"的词。例如:

(1)名词+方位词:桌子上、站前、底下、书包里、房间外。由"名词+方位词"构成的结构有些具有词汇化倾向(如"站前"、"底下"等),表达的是具体空间位置,可以归入处所词,但不能归入方位词,因为它们是由方位词和其他名词构成的。

(2)方位词+部件名词:上面、前方、后头、东边、下头、外侧、左上部、右后端、西北方。由"方位词+部件名词"构成的方位结构有些具有词汇化倾向,表达的也是具体空间位置,所以可以把它们归入处所词,但不能归入方位词,因为这些词都是由方位词和其他名词(即部件名词)构成的。

(3) 方位词+其他名词:上层、里屋、上房、里间。这些结构都已经词汇化,属于处所词,但不属于方位词,因为它们都是由方位词和其他名词构成的。

(4) "之"/"以"+方位词:之上、之下、之前、以上、以南、以内。这种结构在语义上具有高度浓缩性,书面色彩很强,如果把它们换成较口语化的表达,往往要在后面加上一个部件名词。例如,"之上"→"……的上面/边"、"之下"→"……的下面/边"、"之前"→"……的前面/边"等。因此,这些结构在语义上表达的是具体空间方位,两个成分结合紧密,应该归入处所词。

因此,方位范畴中的处所词其实包括了地名、机构名、"之"/"以"+方位词构成的词,以及部分由方位词和其他名词构成的词汇化结构(已经成为词)。

综上所述,汉语方位范畴是一个包括时间词、处所词(包括地名、机构名、"之"/"以"+方位词构成的词,以及由方位词和其他名词构成的词汇化结构)、方位词,以及由三者构成的复杂结构⑤的复杂范畴。

2.2 汉语方位词是方位范畴的一个子集

由上面的分析可以看出,汉语方位词其实是一个封闭的类,它和时间词、处所词,以及由它们本身构成的复杂结构共同构成汉语的方位范畴。但在所表达的方位范畴的意义方面,处所词和方位词存在着差别,即处所词表达的是一个具体的空间方位,而方位词所表达的是一个抽象的空间方位。从组成成员上看,处所词是一个开放的类(open class),而方位词则是一个封闭的类(closed class)。因此,可以认为方位词其实是方位范畴的一个有限子集。

三 方位范畴与方位词表

3.1 方位范畴与方位词表

为了清晰呈现,我们把汉语方位范畴和方位词列成下表。

表1 汉语方位范畴与方位词表

范畴成员	成员类别
时间词	明天、晚上、宋朝、以前、过去、星期一
处所词	欧洲、北京、钓鱼岛、泰山、北大、黄河、中关村
	外交部、学校、学院、图书馆、网吧、办公室、宿舍
	站前、底下、屋后、天下、地上
	上面、前方、后头、东边、下头
	上层、里屋、上房、里间
	之上、之下、之前、以上、以南、以内
方位词	上、下、前、后、左、右、东、南、西、北、里、中、内、外、旁、间
	东南、东北、西南、西北、左上、左下、右上、右下、左前、左后、右前、右后、中间
复杂结构	桌子上、大后天、左上部、西北方

3.2 方位词的种类

从表1中可以看出,方位词作为一个独立的词类,可以细分为两种,单音节方位词和双音节方位词。单音节方位词可称为单纯方位词,双音节方位词是由某些单音节方位词两两组合而成的,因此可以称为合成方位词[⑥]。

四 方位词作为独立词类的理据

4.1 开放的类与封闭的类

既然称之为方位词,那么前提是它必须是词。既然可以作为一个独立的词类,那么就必须具有与别的词类相区别的特征。下面将具体分析方位词作为一个单独词类的一些理据。

Talmy(2000)在讨论语法与认知的关系时把语言分成两个缺一不可且具有互补作用的子系统:语法子系统和词汇子系统,并把二者分别归入传统语言学区分的封闭的类和开放的类当中。[7] 因此,在 Talmy 看来,语言的词汇子系统属于开放的类,而语法子系统属于封闭的类。此外,Talmy 还进一步指出,在认知表征(cognitive representation)过程中,词汇子系统(即开放的类)的基本功能是提供概念内容(conceptual content),而语法子系统(即封闭的类)的主要功能是构造概念框架(conceptual frame)。[8]

汉语的词类在这个层面上有具体的表现形式。根据词类中的不同个体在认知表征中扮演的角色(即提供概念内容还是构造概念框架)的不同,可以把汉语的词类重新分类如下:

表2 13种具有不同认知功能的词类

开放类	1. 名词:水 树 道德 战争
	(1) 处所词:北京 图书馆 邮局 上面 外部 之上 以南
	(2) 时间词:今天 现在 从前 星期一
	(3) 数词:一 二 十 百 千 万
	(4) 代词:我 谁 这 那 什么 这么 那么样 怎
	2. 动词:来 写 买 研究
	3. 形容词:红 大 干净 多

续 表

封闭类	4. 方位词:里 上 下 东 南 西 北
	5. 区别词:男 女 金 银 新式 高级
	6. 量词:个 只 块 条
	7. 副词:很 也 已经 再
	8. 介词:把 被 从 连
	9. 连词:可是 如果 即使 和
	10. 助词:的 所 得 似(shì)的
	11. 语气词:啊 吗 呢 吧
	12. 拟声词:啪 哗啦 叮叮当当 叽里咕噜
	13. 感叹词:哦 哎呀 嘻

比较表 2 中归纳出的 13 类词不难发现,开放类的词具有同一的认知功能——提供概念内容,封闭类的词也具有同一的认知功能——构造概念框架。⑨ 把传统语法中的名词、动词和形容词归为开放的类,在认知活动中也是符合认知规律的,因为"人们的认知活动主要是在三个基本空间——物质、时间和性质——中进行的。这三个认知空间的概念反映在语言中,就是名词、动词、形容词三大词类"。(石毓智,2000:52)另一方面,传统语法中的虚词有的"只起语法作用,本身没有什么具体的意义"(朱德熙,1982:39),因此在认知功能上恰好起到了构造概念框架的作用。

之所以把本文讨论的方位词置于封闭类之中,是基于以下几个理由:(1) 方位词是一个较小的类,成员基本固定;(2) 方位词不能提供概念内容,只能构造概念框架;(3) 方位词不能像名词那样表达具体物质空间,只能表达抽象的方位;(4) 方位词具有独立成词的理据。

4.2 方位词作为独立词类的理据

4.2.1 方位词与处所词

首先,要把方位词与方位成分区别开来。上文提到,除方位词外,一些语言成分也可以表示方位,但其本身却是由方位词和其他一些语言成分组成的,例如:

(1)"上面"→"上"+"面","里边"→"里"+"边","上方"→"上"+"方"

(2)"之上"→"之"+"上","之前"→"之"+"前","以内"→"以"+"内"

(3)"面前"→"面"+"前","背后"→"背"+"后","底下"→"底"+"下"

其实,这些双音节语言成分都不再是方位词,它们是由方位词和其他语言成分构成的方位短语(有些已经词汇化为处所词),因为构成这个双音节语言成分的两个成分都是"最小的能够独立活动的有意义的语言成分"。(朱德熙,1982:11)

其次,赵元任(1979)和朱德熙(1982)都在体词的名目之下列出了"处所词",但在二者的具体区分上好像仍留有余地。例如,作为处所词(的位置词),"单音节的位置词都是方位词:上,下,前,后,内,外,左,右,东,南,西,北"(赵元任,1979:239);朱德熙(1982:42—43)则又把合成方位词包括在处所词当中。其实,方位词和处所词的区分还是比较明显的。方位词表示的是一种抽象方位,而处所词表示的是一种具体处所,而且具有更多的体词性特征。一些地名、处所机构都属于典型的处所词,因为这些词都能"做'在、到、往(wǎng)'的宾语并且能用'哪儿'提问、用'这儿''那儿'指代"(朱德熙,1982:42);而表示抽象方位的"上"、"下"等方位词显然不具有这种特征。

4.2.2 方位词与部件名词

要把方位词和"面"、"边"、"头"等一些假方位词区别开来。这些词看起来好像表明了一种方位,其实它们表明的还是处所含义;一个有力的证据之一是这些词所表示的位置一定是一个较大处所的一部分。例如:

(4) 桌子边上沾了一滴墨水。

"桌子边"中的"边"表示的是一个具体处所(隶属于桌子的一部分),而非抽象的方位,但"边"和"上"结合后便形成方位短语,和"桌子"结合后表示处所含义。再如:

(5) 桌子上面落满了尘土。

"桌子上面"表达的是处所含义,但这种含义是由"桌子"、"上"和"面"一起表达的,"面"是"桌子"的一部分,"上"表达的是一种抽象方位。

我们把"面"、"边"、"头"、"侧"等表示具体空间位置的假方位词称为部件名词。

4.2.3 汉英对比

从语言对比中也可以发现汉语方位词是一个独立的词类的证据。谢信一(1992)在对比英语和汉语在表达空间关系上的不同时指出:"英语和汉语在表达空间关系上使用着两种惊人不同的系统。英语采用一步法,这种方法要求使用at,on,in之类的介词,这些介词看来同质,实际上分别代表一维、二维、三维的空间关系。对比之下,汉语则采用两步到位的办法。第一步用'在'指出关系的一般性质,即那是空间关系。进而第二步指出所说的东西是在某物的旁边、上边,还是里边,来细说这空间关系。"因此,在汉语里面,介词和方位词几乎是完全不同的东西,它们在空间关系表达中发挥着不同的功能,介词是介词,方位词是方位词。

可以看出,作为一类词,方位词在汉语中是具有独立的语法地位的。

五 方位词的句法表现

方位词在句法上有着一些具体的表现,这些表现或许可以为汉语方位词的独立语法地位及其畛域提供一个佐证。

5.1 自由与黏着

汉语方位词大部分都是成对出现的,如"上/下"、"里/外"、"前/后"、"左/右"等,这是在认知中以人体本身为参照物得出的结论。由于人体具有这类对称性特征,因此在空间方位表达的方式上也就相应地产生了对称性特征。这种认知特征使得方位词进入句法之后,往往是黏着的。

黏着的第一个表现是,虽然方位词有时可以单独使用,但由于上述这种对称性的要求,句法结构中方位词往往要成对出现。例如:

(6) 上有天堂,下有苏杭。

(7) 上有老,下有小。

(8) 左一榔头,右一棒槌。

(9) 前怕狼,后怕虎。

方位词只能表示抽象的空间方位,因此单独的方位词并不能精确地表达空间位置(以及它的隐喻形式),而必须借助其他一些语言成分才能实现这种精确性。因此,黏着的第二个表现是方位词必须与名词或动词①结合使用,"只要意思上讲得通,我们可以任意在名词后头加上'里'和'上'"(朱德熙,1982:44),此外名词前头也可以加上方位词,例如:

(10) 屋里、头上、心里、书上

(11) 里屋、上房、里间、上层

5.2 句法位置的不对称性

方位词不但具有黏着性特征,而且在句法上还表现出很强的不对称性。

不对称性的第一个表现是,成对出现的方位词在某些句法位置上一个可用,另一个不可用,例如:

(12) 一道道皱纹刻画在他那饱经风霜的脸上。

*(12') ……脸下。

(13) 阿芭哈端坐在车上,头上罩着一块黑纱。

*(13') 阿芭哈端坐在车上,头下……。

(14) 高雅艺术,已臻上乘。

*(14') ……下乘。

(15) 语言学渐渐成为前沿科学。

*(15') ……后沿……。

(16) 故事发生在大战前夕。

*(16') ……后夕。

不对称性的第二个表现是,有些方位词不但具有后位格式同时也具有前位格式,而有些方位词只能形成其中的一种格式。例如:

(17) 天上远远的还有几颗星星。

(17') 上天有好生之德。

(18) 屋里点着炉子,温暖如春。

(18') 里屋开着灯,没有人。

(19) 前边围了一圈人。

*(19') 边前……。

(20) 书上布满了灰尘。

*(20') 上书……。

(21) 东边有山,西边有河。

*(21') 边东……,边西……。

5.3 关于"框式介词"

方位词具有黏着性的另一个表现是有时必须和介词连用,有人把这种结构称为框式介词(circumposition)。(Greenberg,1995)刘丹青(2003:93)曾经引用 Heine(1991:140－141)的例子来说明框式介词,举的是 Ewe 语的例子:

(22) é-no déha le xə megbé
  第三人称－喝 棕榈酒 在 房子 后

(他在房子后喝棕榈酒)

刘丹青(2003)把介词和方位词统称为介词(preposition),二者的区别是介词属于前置词(prepositive word),方位词属于后置词(postpositive word)。其实这种说法并不符合汉语的实际。如果姑且不论动源前置词和名源后置词的可信度的话[①],那么"框式介词"这种说法本身也是存在问题的。介词和方位词分列于一个体词性成分的两侧,怎么可以再构成(框式)介词呢?"框式介词主要是一种句法现象,而不是一种词项"(刘丹青,2003:94),因此所谓类似"在……上"之类的框式介词其实是一种句法结构,也不妨说是方位词具有黏着性的一种特殊表现形式。

附注

① 作者给出的例句如：(1) 满屋的孩子们，有的站"在"椅子"上"，有的躺"在"地板"上"，有的躲"在"书架"后"，有的蹲"在"书案"下"。
② 吕冀平(2000：79)认为方位词具有助词性质，具有一定的意义，但语法用途与一般名词不同，"一般不单用，有的甚至根本不能自由运用"。
③ 朱德熙(1982)又进一步把方位词分为单纯方位词和合成方位词。
④ 其实这种时间位置可以视为空间位置的隐喻形式，本文暂不讨论这种时间方位。
⑤ 这种复杂结构体现为短语形式，如"桌子上"、"大后天"、"左上部"、"西北方"等，可以称为处所短语和时间短语。鉴于本文主要讨论方位词，因此没有太多涉及时间词。
⑥ 传统研究中的合成方位词其实属于处所词。
⑦ Talmy对开放的类的界定是"如果一个类相对于其他的类来说足够大，而且其成员容易增加，那么这个类就是开放的类"，对封闭类的界定是"如果一个类相对较小而且成员固定，那么这个类就是封闭的类"。(2000：22)
⑧ 详细论述请参考 Talmy(2000) Volume I, Chapter I。
⑨ 例如对于名词来说，在不同的认知表征中不同的名词表征了不同的概念内容；不同的动词，激活的是不同的语义场景；不同的量词具有不同的范畴化功能；不同的方位词表达了不同的空间概念图式，等等。关于13类词如何从认知上区分其功能是提供概念内容还是构造概念框架，本文没有涉及，将会另文详细讨论。关于后三类词现在还没有具体的处理方案，所以独立为一类。
⑩ 本文暂不涉及与动词结合的情况。
⑪ 比如汉语方位词"上"，其来源并不是名词。"上"在古代文献中表示的也是抽象的空间方位或这种空间方位的隐喻形式。例如《说文》对"上"的解释为"高也"。关于方位词的来源问题有必要进一步考察。

参考文献

蔡永强　2008　概念隐喻与方位词的隐喻化，中国人民大学对外语言文化学院编《汉语研究与应用》(第六辑)，北京：中国社会科学出版社。
蔡永强　2008　汉语方位词及其概念隐喻系统，北京语言大学博士学位论文。
储泽祥　1996　汉语空间方位短语历史演变的几个特点，《古汉语研究》第1期。
储泽祥　1997　《现代汉语方所系统研究》，武汉：华中师范大学出版社。

崔希亮　2001　《语言理解与认知》，北京语言文化大学出版社。
崔希亮　2004　介词与事件结构，北京大学博士学位论文。
戴浩一　1990　以认知为基础的汉语功能语法刍议，《国外语言学》第4期。
丁声树　1961　《现代汉语语法讲话》，北京：商务印书馆。
方经民　2003　论汉语空间区域范畴的性质和类型，赵金铭主编《对外汉语研究的跨学科探索》，北京语言大学出版社。
方经民　2004　现代汉语方位成分的分化和语法化，《世界汉语教学》第2期。
郭　锐　2002　《现代汉语词类研究》，北京：商务印书馆。
黄伯荣、廖序东　1997　《现代汉语》，北京：高等教育出版社。
黎锦熙　1992　《新著国语文法》，北京：商务印书馆。
刘丹青　2003　《语序类型学与介词理论》，北京：商务印书馆。
吕冀平　2000　《汉语语法基础》，北京：商务印书馆。
吕叔湘　1965　方位词使用情况的初步考察，《中国语文》第3期。
吕叔湘　2003　《现代汉语八百词》，北京：商务印书馆。
吕叔湘　2004　《吕叔湘文集》（第一卷），北京：商务印书馆。
吕叔湘、王海棻　1986　《马氏文通读本》，上海教育出版社。
马建忠　1983　《马氏文通》，北京：商务印书馆。
石毓智　2000　《语法的认知语义基础》，南昌：江西教育出版社。
唐启运　1992　论古代汉语的处所方位名词，《华南师范大学学报》（社会科学版）第1期。
王　立　2001　汉语方位词身份的确认与N+L结构的收词策略，《北京大学学报》（国内访问学者、进修教师论文专刊）。
文炼、胡附　2000　词类划分中的几个问题，《中国语文》第4期。
谢信一　1991　汉语中的时间和意象（叶蜚声译），《国外语言学》第4期。
邢公畹　1992　《现代汉语教程》，天津：南开大学出版社。
张　静　1987　《汉语语法问题》，北京：中国社会科学出版社。
张谊生　2000　《现代汉语虚词》，上海：华东师范大学出版社。
赵　薇　2001　略论现代汉语方位词范围及特点，《江苏教育学院学报》（社会科学版）第5期。
赵元任　1979　《汉语口语语法》（吕叔湘译），北京：商务印书馆。
朱德熙　1982　《语法讲义》，北京：商务印书馆。
邹韶华　1984　现代汉语方位词的语法功能，《中国语文》第3期。
Clark, Eve, V.　1973　How Children Describe Time and Order, *Studies of*

Child Language Development, edited by Charles A. Ferguson and Dan I. Slobin, 585-606. New York: Holt, Rinehart and Winston.

Clark, Eve, V. 1984 Normal State and Evaluative Viewpoints, *Language* 50. 316-332.

Lakoff, George 1987 *Women, Fire and Dangerous Things: What Categories Reveal about the Mind*. Chicago: The University of Chicago Press.

Lakoff George & Mark Johnson 1980 *Metaphors We Live By*. Chicago: The University of Chicago Press.

Langacker, Ronald W. 1987 *Foundations of Cognitive Grammar*. Standford: Standford University Press.

Talmy, Leonard 2000 *Toward A Cognitive Semantics*. Cambridge, Massachusetts: MIT Press.

（蔡永强　中国人民大学文学院对外汉语教学中心　100872）

介词结构全句修饰语的研究

丁维莉 陈维昌

一 引言

根据胡裕树(1981:373—375),我们把主谓句中修饰全句的表示方位、处所、时间、条件、范围等意义的介词结构称为介词结构全句修饰语。例如:

(1) <u>为了免得再犯狐疑</u>,(刘三姐)索性加快脚步,心里什么也不想了。

(2) <u>若按现在不退稿的规矩</u>,我想[①]马原先生再自信也决无抄二十几遍的勇气。

例句(1)(2)中句首画线部分为介词结构全句修饰语。

对上两例中画线部分的成分,学界有不同看法,多认为是状语或是由状语移位形成的。朱德熙(1982:152)认为,这些画线成分为状语,句子中的画线部分与后续部分就是一种偏和正的关系,整个句子的结构为偏正结构。"承认偏正结构可以成句会带来很多麻烦,因为很多句子都会变成偏正句。这样就会动摇以主谓为纲的句子观念。"(徐枢、饶长溶等,1992)另外,关于这些句首成分还有一种提法更不合理,就是称之为主语。赵元任(1979:333)认为,VP前的时间词、处所词、其他名词性成分乃至介词结构,一律被看成主语,那么这些画线的成分则为句子的主语。胡裕树(1982)认为,这样的分析"必然会导致主谓谓语句范围的扩大,而主谓谓语句范围扩大的后果,是出现严重的句型交错。"

胡裕树首次将这些成分称为全句修饰语,作为语用平面的成分处理,而不是句法平面的成分,在句法分析上不给地位,与插入语一样从句子的核心部分提取出来。黄伯荣、廖序东(1981:340)"句首状语"的提法以及范晓(1996:344)"插语"的提法本质上与全句修饰语是一致的。本文基于这样一种认识,从介词结构全句修饰语句法的可移位性和篇章的超句性揭示全句修饰语和状语两个范畴之间的差别,并利用二者之间的联系在两个范畴之间建立一个关联模式。

二 句法的可移位性

关于全句修饰语,有一种很有影响的说法就是由状语移位形成的。的确,抛开语用、篇章因素的影响,有一部分介词结构可以在全句修饰语和状语两个位置上互换,并且基本不改变意义。例如:

(3)从电视里,我看到了家乡的变化。=我从电视里看到了家乡的变化。

(4)由于经费问题,会议取消了。=会议由于经费问题取消了。

(5)在那个时代,穷人哪读得起书呢?=穷人在那个时代哪读得起书呢?

(6)跟那种人,你讲不出什么理来。②=你跟那种人讲不出什么理来。

温锁林(2001:162—164)认为这种状语的移位可能出于某种语用的目的,是为了保持主要成分间的最小距离而采用的一种手段。因为形体庞大、信息量大的介词短语放在主语和动词之间,使句子的两个主要成分之间的线性距离加长了,因而听话人要想建立主要成分的语义联系,就有一定的难度。前移就可以使主要成分间的距离最小,这无疑是降低理解难度的一个策略。书中还援引陆丙甫(1993)对两种句式平均难度的计量分析(PN 表示平均难度)加以证明。例如:

(7) 他 为了 解决 机器 翻译 问题 努力地 研究 语言学。
　　1　2　　3　　4　　2　　3　　4　　1
　　PN=24/9=2.67

(8) 为了 解决 机器 翻译 问题,他 努力地 研究 语言学。
　　1　　2　　3　　4　　1　2　　3　　1
　　PN=20/9=2.22

例句(8)由于采用前移状语的策略,平均难度降低了 0.45 个百分点。由此可以得出这样的结论:在现代汉语中,形体庞大的状语很少出现在主语和谓语动词之间。换言之,将形体庞大的状语转移到主谓结构之外,这有助于降低理解难度。我们认为这种解释有一定的道理,但是用陆丙甫的"块移位降低理解难度"来解释状语移位的动因还是不够全面的。例如:

(9) 我们在那古陶美玉、甲骨青铜、秦砖汉瓦、青石素帛、硬黄蜡笺、紫檀红木、精金纯银上看到了龙的宁静与古老;我们在那流光溢彩、热烈喜庆的舞龙表演中,在金鼓齐鸣、欢快激烈的龙舟比赛中,在充满自豪、饱含深情的《龙的传人》、《我的中国心》的歌声中,感受到了龙的飞动与年轻!

例句(9)中画线的部分应该是够复杂的了,但却没有像预期的那样移位到句首,这说明,单纯用主观上的降低难度来对类似的句子进行解释是有一定的困难的。根据 H. P. Grice (1975:307—309)的观点,交际双方都应该遵守合作原则,即质、量、关联与方式准则。作为交际的主动者即作者知道将介词结构置于句首会降低解码难度,那么在写文章的时候就会自觉地将复杂的介词结构放在句首的,而例句(9)恰恰违背了方式准则将其放在句内了,这说明"块移位降低理解难度"的说法不能解释这些现象。

另外,结构不太复杂的介词结构也可以放在句首,例如:

(10) 今天首都各界人士欢聚一堂,辞旧迎新,共度佳节。<u>在此</u>,我谨代表各民主党派中央、全国工商联和无党派人士,向全国各族人民致以良好的祝愿! 向台湾同胞、港澳同胞和海外侨胞致以诚挚的问候! 向伟大的中国共产党致以崇高的敬意!

例句(10)中的"在此"的信息含量很低,从理论上讲,放置在句中也不会对理解造成太大的困难。如承认其为状语移位的话,不仅仅是为了降低理解难度,更重要的是为了转换话题,是为了篇章的衔接与连贯。

恰恰是由于有相当一部分介词结构可以在全句修饰语和状语两个位置上换位,所以有学者将全句修饰语称为状语或句首状语。但是,状语位置的介词结构和全句修饰语位置上的介词结构在性质上不同:移位前(做状语)的介词结构处于句法结构的核心部分,即句子的内层结构,是一个句法成分;移位后(做全句修饰语)的介词结构处于句法结构的非核心部分,即句子的外层结构,是一个语用成分(胡裕树,1982)。伶军(1981)、邢欣(1995)等学者都坚持把全句修饰语和主谓之间的状语严格地区别开来,并分别从修饰的范围和结构层次这两个方面为这种区别提供了各自的理据。另外,王蕊(2004)关于句首"对于 X"、"关于 X"的研究也证明了全句修饰语位置与状语的不同。该文指出,位于句首的"对于 X"、"关于 X"与句子的谓语部分有时并无直接的句法和语义上的选择关系。从句法的角度讲,在句中充当状语的"对于 X"、"关于 X"短语属于句法范畴,而位于句首的"对于 X"、"关于 X"属于句子范畴。从语用的角度讲,状语是限制中心语的句法成分,而话题是整个句子的出发点,是整个句子谈论的注意中心。

三　篇章的超句性

温锁林(2001:162)认为,判定句首的介词结构是否由句内状语移位而来,主要看其句法功能是否具有"唯状性"和"可复位性"。例句(9)-(12)各句中画线的介词结构都可以无条件回移,符合语用语序的"可复位性"标准,并且在移位后不至于被误解为其他成分,符合句法上的"唯状性"。但是,这种情况的存在不能说明介词结构全句修饰语都是由状语移位而来的。理由如下:

第一,有一些介词结构在全句修饰语与状语位置上是不能够换位的,即确实存在着只能位于句首而不能移入句内的介词结构全句修饰语。例如:

(11) a. 至于这个问题,我们俩的意见是不一致的。

＊b. 我们俩的意见至于这个问题是不一致的。

彭爽(2006:21)指出,"关于"、"每当"、"基于"、"及至"、"靠"、"较"、"较之"、"至于"、"有关"9 个介词只能出现主语前,这说明由这些介词构成的介词结构是不能移入句内做状语的,只能位于句首做全句修饰语,它们与谓语中心没有句法关系。

第二,介词结构全句修饰语后的小句可以进行同构扩展。例如:

(12) a. 在那个时代,穷人哪读得起书呢?

　　b. 穷人在那个时代哪读得起书呢?

(13) a. 在那个时代,穷人哪读得起书呢?只有富人才有机会。

　　＊b. 穷人在那个时代哪读得起书呢?只有富人才有机会。

　　c. 穷人在那个时代哪读得起书呢?只有富人在那个时代才有机会。

(14) a. 在我的眼里,你是最漂亮的。

　　b. 你在我的眼里是最漂亮的。

(15) a. 在我的眼里,你是最漂亮的,她可不漂亮。

　　＊/? b. 你在我的眼里是最漂亮的,她可不漂亮。③

　　c. 你在我的眼里是最漂亮的,她在我的眼里可不漂亮。

例句(12a)中"在那个时代"是全句修饰语,这句话的后面可以继续添加小句,扩展成例句(13a)。而例句(12b)中"在那个时代"是状语,如果在这句话的后面添加小句,必须将状语重新复写一遍,扩展成例句(13c);如不复写状语则不知所云,很难让人接受,如例句(13b)。例句(14a)中"在我的眼里"是全句修饰语,这句话的后面可以添加小句,扩展成例句(15a)。而例句(14b)中"在我的眼里"是状语,如果在这句话的后面添加小句,必须将状语重新复写一遍,扩展成例句(15c);若不复写状语,或者可接受性程度大为降低,或者偏离原句的意义,如例句(15b)。此外,我们还发现,温锁林在探讨状语移位时所举的例句都是单句,即介词结构全句修饰语修饰的是单句。如果修饰的是复句或句群乃至篇章的话,相应的全句修饰语无论如何也不能移回到句内。

上述表明,介词结构全句修饰语是一个超句成分。当全句修饰语修饰一个小句时,其篇章的特性表现为零,此时的全句修饰语是有标记的超句成分;当全句修饰语修饰两个以上的小句时,进而修饰复句、句群乃至语段时,介词结构全句修饰语的篇章特征也随之逐渐变得显著起来;当介词结构全句修饰语修饰范围扩展到整个篇章时,介词结构全句修饰语的篇章特征就实现了最大化,此时的全句修饰语是无标记的超句成分。因此,介词结构全句修饰语实质上是一个篇章结构成分。据此,我们可以得出介词结构全句修饰语的典型特征为［＋超句性］。相反,状语的典型特征为［－超句性］。

四　全句修饰语与状语的关联模式[①]

全句修饰语与状语是不同的范畴,但是介词结构在全句修饰语与状语位置上可以换位又说明二者之间具有一定的联系。根据介词在主语前后的分布特征(彭爽,2006:21),我们可以在这两个有联系的范畴之间建立一个连续统。全句修饰语与状语是整个连续统的两个方向,最典型的全句修饰语(绝对全句修饰语)与最典型的状语处于连续统的两个端点,其间存在大量的中间状态:最典型的介词结构全句修饰语是不能移回句内的;最典型的状语是不能移出句外的;中间的部分既可以做全句修饰语又可以移回句内做状语,不过这也是有条件的,仅限于单句,这些全句修饰语是最不典型的全句修饰语(非绝对全句修饰语)。可图示为:

状语	状语/全句修饰语	全句修饰语
[-超句性]	[±超句性]	[+超句性]
被、比、把、朝着、冲、朝、给、奔、于、用……	按、按照、趁、趁着、乘、冲、除、除了、从、打、当、对、对于、根据、经、经过、就……	关于、每当、基于、及至、靠、较、较之、至于、有关……

图 1

五 结论

上述研究表明,在单句中,相当一部分介词结构可以在全句修饰语和状语两个位置上进行换位,但是,介词结构在两种位置上的性质是完全不同的:移位前(做状语)的介词结构是一个句法成分;移位后(做全句修饰语)的介词结构是一个篇章成分。介词结构全句修饰语的篇章特性与之所修饰的小句的数量有关:当修饰一个小句时,其篇章特性表现为零;当修饰两个以上的小句时,其篇章的特性将逐渐增强。根据介词在主语前后的分布特征,可以在全句修饰语和状语两个范畴之间建立关联模式。介词结构全句修饰语内部至少包含两种情况:一种是只能位于句首做全句的修饰语(绝对全句修饰语),一种是既可以做全句的修饰语又可以移回句内做状语(非绝对全句修饰语)。

附注

① "我想"根据胡裕树(1981:386)为独立成分,是语用的。位置比较灵活。下面的两句都可以说:

(1) 我想,若按现在不退稿的规矩,马原先生再自信也决无抄二十几遍的勇气。

(2) 马原先生若按现在不退稿的规矩再自信也决无抄二十几遍的勇气,我想。

② 例句(3)—(6)转引自温锁林(2001:162-164),序号依本文。

③ "*"表示这个句子母语者不能接受;"/"表示选择关系,"或者"的意思;"?"表示母语者能够接受,但很别扭。

④ "关联模式"概念源于沈家煊(1999:26)。

参考文献

范 晓 1996 《三个平面的语法观》,北京语言学院出版社。

胡裕树 1981 《现代汉语》(增订本),上海教育出版社。

胡裕树 1982 试论汉语句首的名词性成分,《语言教学与研究》第2期。

黄伯荣、廖序东 1981 《现代汉语》(下册),兰州:甘肃人民出版社。

伶 军 1981 试论全句修饰语,《天津师范学院学报》第3期。

陆丙甫 1993 《核心推导语法》,上海教育出版社。

彭 爽 2006 现代汉语介词知识库的建设及相关研究,北京大学博士后研究工作报告。

沈家煊 1999 《不对称和标记论》,南昌:江西教育出版社。

王 蕊 2004 "对于、关于、至于"的话题标记功能和篇章功能,《暨南大学华文学院学报》第3期。

温锁林 2001 《现代汉语语用平面研究》,北京图书馆出版社。

邢 欣 1995 主谓谓语句的范围,《新疆师范大学学报》第1期。

徐枢、饶长溶等 1992 三个平面:语法研究的多维视野——黄山语法修辞座谈会发言摘要,《语言教学与研究》第1期。

赵元任 1979 《汉语口语语法》,北京:商务印书馆。

朱德熙 1982 《语法讲义》,北京:商务印书馆。

H. P Grice. *Logic and Conversation*. In Cole, P. and J. L. Morgan(eds), *Syntax and Semantics*, Vol. 3:*Speech Acts*, New York: Academic Press,1975.

(丁维莉 中国传媒大学外国语学院 100024;
陈维昌 北京语言大学出版社 100083)

现代汉语"很+V 了/过+数量名"结构解析*

李双剑

一 "很+V 了/过+数量名"结构的描写

现代汉语中,如果进入"很+V 了/过+数量名"这一句法结构的数量词不同,会造成有的短语是成立的,有的短语是不成立的,例如:

很读了几页书　　　　　　很吃了几口菜
很喝了一些水　　　　　　很问了一些问题

以上这些例句是成立的;但是像

*很读了一页书　　　　　　*很吃了三口菜

*很喝了两瓶水　　　　　　*很问了五个问题

就不成立。饶继庭先生(1961)最早对"很"+动词结构的现象进行了总结和分析。他把表示一般活动的动词受程度副词"很"修饰的情况分为两大类,其中第二类又分为三小类,这三小类例句如下:

A. 很买了几本书　　　　　　很喝了几杯酒

---

* 本文的写作得到了导师邹立志教授的悉心指导,谨此致谢!

很用了些个钱　　　　　很花了一些时间

很到过些地方　　　　　很下过几场雪

很写过几篇文章　　　　很看过几场好戏

B. 很看了几眼　　　　　很跑了几趟

很说过几次　　　　　　很去过几回

C. 很睡了会儿　　　　　很听了一会儿

很找了一阵子　　　　　很叨叨了一阵子

饶继庭先生观察到这一大类成立的一个条件是"很＋V 了/过＋数量名"结构中的数量词都是不定指的。正如上面我们所举的例子一样，"很＋V 了/过＋数量名"结构中如果数量词是定指的，就不成立了。饶先生举的例子有：

＊很看过三场戏　　　　＊很买了这些书

＊很说过两次　　　　　＊很跑了四趟

其后，范继淹、饶长溶(1964)，宋玉珂(1980)，詹开第(1981)，王宗联(1993)，彭利贞(1995)，孟建安(1997)，陈群(1998)，储泽祥等(1999)等各位先生都在此文的基础上作了补充或更加精细的描写。当前语言学界对"很＋V 了/过＋数量名"这一结构成立条件的共识是：

1. 这一结构中的动词 V 必须是动作性极强的动词。如："读、吃、看"等。

2. 这一结构中必须存在数量词，并且这个数量词必须是不定量的。

3. 这一结构中 V 后一般带有"了"或"过"。

4. 这一结构中做宾语的名词可以提前或省略，但不定量数量词必须保留。

5. 这一结构只能用于肯定式，不能用于否定式。

二 "很+V了/过+数量名"结构的解释

汉语学界对于这一结构为什么能够成立,从不同的角度提出了不同的看法。

饶继庭先生(1961)认为:"从意念上说,这类'很'字也不是表示'程度',而是表示'多量'。""因此,这类动词结构之前的'很'字不是程度副词,也就是说,这类动词结构不能跟表示程度的副词结合,只能跟表示多量的副词结合。"其实饶先生认为"很"的分布和功能有了分化,基本上已经认定了存在着两个"很"。"很"用于这一结构确实在意义上表示"多量",但我们不同意饶先生认为的"很"不是程度副词的看法。按照饶先生的观点,"很"在这样的句法结构中是"表示量多的副词",但是什么是"表示量多的副词"呢?饶先生没有具体论述。并且"很"仅仅用于这一结构就认为是"表示量多的副词",单独给一个词立一个小类,付出的代价太大。

孟建安先生(1997)用替换法来论证程度副词"很"修饰动词性成分时存在着两种不同的语义分化:一是表示性状的程度高的"很$_1$",二是用于强化数量之大的"很$_2$"。"很$_2$"与其后的不定量数量词形成对照,突出了不定量数量词所表示的动作行为或人、事的数量之多,使整个句法结构具有夸饰的作用。但是这种看法也只看到了程度副词"很"分化的一面,而没有在分化的基础上论证二者的统一性。

储泽祥等(1999)认为"很"字结构的语义特征是[+通比性],"通比是就一般情况而言的,以认同标准为主(当然离不开客观的基础),到底程度如何,人们心里大致有个谱儿"。"数量M的无定性是由通比性、认同性决定的,通比的认同标准,只可能大致相同,不可能完全一致,因此,M难以具体精确。"这种分析我们认为有一定的道理,"很"确实有[+通比性],但是我们认为"很"的最根本的语义特征是[+程度性],只需用这一语义特征就可以解释"很+V了/过+数量名"这一句法结构了。

张谊生先生(2004)认为受程度副词修饰的VP,都必须遵循模糊量原则,包括有数量短语在内的VP。这样说也并没有把出现于这一结构中的数量短语的特性详尽地解释出来,给人的感觉仍然是语焉不详。

我们认为"很"在"很+V了/过+数量名"结构中还是程度副词,只是还需要进一步解释,为什么"很"可以用于这一结构。并且以往的研究只看到了出现在这一结构中的数量短语的不定量性或无定性,而没有看到这种数量结构所具有的程度性。

三 "程度"与"约量"

李宇明先生(2000)曾提出"确量"和"约量"的概念,即"确量是精确表述的量","约量表示的是大概的具有一定模糊性、浮动性的量"。所以"一页书"、"三口菜"、"两瓶水"、"五个问题"等是确量;而"几页书"、"几口菜"、"一些水"、"一些问题"等是约量。那么,数量名短语既可以表示确量又可以表示约量。所以,现在问题就是"很"为什么只可以修饰表示约量的数量名短语而不可以修饰表示确量的数量名短语。我们知道,"很"是典型的程度副词,最根本的语义特征是[+程度性];既然它表示程度,那么它本身也就具有连续性,它所修饰的成分也要求具有连续性。很显然,确量表示的是

离散的量,在量轴上显示为离散的点,例如,"两页书"在量轴上表示为:

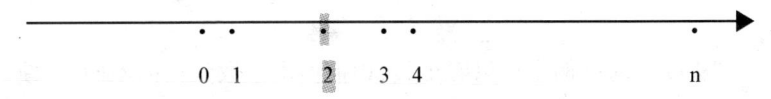

```
←————•—•———•———•—•————————————————•——→
     0  1   2   3  4                n
```

所以,"很"是不可以修饰有确量修饰的名词短语的,二者在语义特征上不适合。例如,我们不能说"很喝了两杯水"等。

但是约量在量轴上却是相对连续的一个"段"。这个"段"可以是几个离散的点的集合,也可以是连续的一段。这要取决于数量短语的性质。如果说数量短语是"几个"等,那么在量轴上就是几个离散的点的集合;如果说数量短语是"一些"等,在量轴上就是连续的一段。所以,我们可以把这些离散的点的集合或连续的一段看做是"量上的程度"。那么,不管是几个离散的点的集合还是连续的一段,都具有程度性或量级性,或者说具有伸缩性。例如,"几个问题",两个问题是几个问题,三个问题也是几个问题,四个五个也是几个问题。所以,"几个问题"在量轴上表示时只能是几个离散的点的集合(从2开始,包括2在内),这个集合本身就具有程度性或量级性。这使得"几个问题"具有了[+程度性]的语义特征,在量轴上表示为:

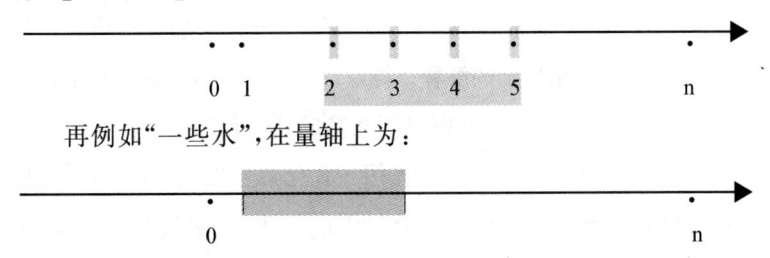

```
←————•—•———•———•———•———•————————•——→
     0  1   2   3   4   5              n
```

再例如"一些水",在量轴上为:

```
←—————————▬▬▬▬▬▬▬▬▬▬▬———————————————→
     0                                 n
```

就是从0开始(不包括0)向右增大到某一点,内部是连续的。但是"几斤水",在量轴上表示为从2开始(包括2)向右增大到某一点,内部也是连续的,只是起点和"一些水"不同。"几斤水"在量轴上表示为：

```
─────•──•───•──•──•────•──────────•──→
     0  1   2  3  4    5          n
```

从以上的举例中可以看出，名词前面由于数量词的不同，即使是同一个名词，在量轴上的连续性也会有所不同，上面所举的例子"一些水"和"几斤水"即是。不过，它们都具有的程度性或量级性，或者说是伸缩性。也就是说，这些数量短语语义上具有[＋程度性]，这是和"很"的语义特征相适合的。所以"很"可以修饰表示约量的名词短语。需要说明的是，约量表示的都是不太大的量，所以在量轴上进入"很＋V了/过＋数量名"这一结构的约量不可能太远离0这一点而朝n无限延伸。

四 "很"与其他程度副词的比较

与"很"意义接近的程度副词中只有"很"可以用于有约量修饰的"很＋V了/过＋数量名"这一结构，而像"非常"和"十分"等都没有这样的用法。对于这一点，饶继庭(1961)，范继淹、饶长溶(1964)，孟建安(1997)，储泽祥等(1999)，张谊生(2004)等各位先生都曾指出过。但是，他们都没有作出详细的解释。饶继庭先生(1961)认为"很"不是表示"程度"，而是表示"多量"，所以不能换成其他程度副词。孟建安先生(1997)认为"很"用于这一结构是用于强化数量之大的，所以不能换成其他程度副词。下面我们以"很"与"非常"和"十分"的不同为例来说明其他程度副词为什么不能用于这一结构。

根据王力(1985)，张桂宾(1997)和张谊生(2004)等先生的分析，"很"、"非常"和"十分"等都属于绝对程度副词里的"次高级"或

"高量级"。但是我们认为"很"还是与"非常"和"十分"等有很大的区别。我们认为之所以"非常"和"十分"不能用于这一结构,是因为它们在量轴上的连续性或者说伸缩性没有"很"大。"非常"和"十分"的语义特征[＋程度性]要比"很"的高。北京大学中文系1955、1957级语言班编的《现代汉语虚词例释》就指出了"十分"表示程度高,跟"非常"相当;而"很"表示的程度没有"十分"高。所以,相对来说,"非常"和"十分"在量轴上的量幅必定位于"很"的量幅的右边。并且"非常"和"十分"在量轴上的量幅没有"很"的量幅大,这是因为当一个量特别大时,它就不可能占有太大的量幅,而会趋近于一个点。请看它们表示在量轴上的对比:

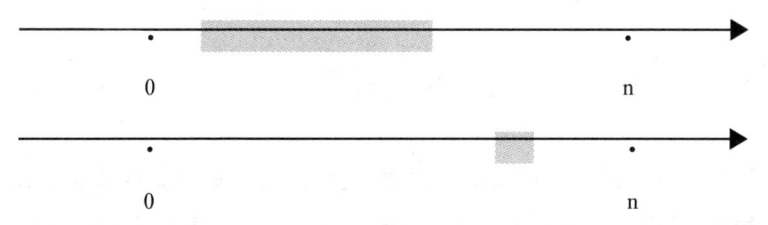

```
―――――•―――――――――――――•―――▶
     0                    n

―――――•―――――――――――――•―――▶
     0                    n
```

上面的为"很"的量轴表示,下面的为"非常"和"十分"的量轴表示。由于"非常"和"十分"的量幅不但特别远离0点而且特别小,而约量又要求不会太远离0点并且所表示的量绝对地说也不能太大,所以"非常"和"十分"就不能修饰表示约量的名词短语。

五 "很＋V了/过＋数量名"结构只用于肯定式的原因

在论述"很＋V了/过＋数量名"这一句法结构时,也有先生指出了它只能用于肯定结构而不能用于否定结构,像饶继庭先生

(1961)和宋玉珂先生(1980)等;但是均没有解释为什么只能这样用。整体上看,"很+V了/过+数量名"这一结构在语义上肯定性极强,它的语义程度极高,带有很强的强调性,就是如有的研究者指出的"表示'多量'"(饶继庭,1961)或"强化数量之大"(孟建安,1997)。事实上,石毓智先生(2001)在论述"句法结构和肯定否定公理"时指出了自然语言中肯定否定的使用所遵循的法则是:"肯定程度低的用于否定结构的几率就大,肯定程度高的多用于肯定结构,肯定程度不大不小的用于肯定式和否定式的几率大致相等。"那么,"很+V了/过+数量名"结构就必然要遵循这一法则,只能用于肯定结构而不能用于否定结构。

六 结语

从以上的解析可以看出,"很"之所以可以修饰某些数量名结构,就是因为一方面"很"本身表示程度,语义特征上具有[+程度性],另一方面这些数量名结构表示的是约量,但有程度性,语义特征上也具有[+程度性]。当然,"很"用在这里确实是表示"多量",那是"很"自身的语义、"很+V了/过+数量名"这一句法结构以及"很"在这一结构中一定要重读等方面作用的结果。我们以上的分析简单明了,在不增加"很"的义项的条件下,就解释了"很+V了/过+数量名"结构为什么有的可以成立而有的不能成立。这种解释同样也适用于饶继庭先生所分的第二类里的B组和C组。值得一提的是,C组中的"(一)会儿"和"一阵子",其实这两个词也都是约量,在量轴上表示的都是连续的一个段。

参考文献

北京大学中文系1955、1957级语言班(1982)《现代汉语虚词例释》,北京:商务印书馆。
陈　群　1998　"很"+VP考察,《四川师范学院学报》(哲学社会科学版)第3期。
储泽祥　1999　通比性的"很"字结构,《世界汉语教学》第1期。
范继淹、饶长溶(1964)再谈动词结构前加程度修饰,《中国语文》第2期。
李宇明　2000　《汉语量范畴研究》,武汉:华中师范大学出版社。
孟建安　1997　修饰动词性成分的"很",《语文教学与研究》第3期。
彭利贞　1995　说"很有NP",《语文研究》第2期。
饶继庭　1961　"很"+动词结构,《中国语文》8月号。
石毓智　2001　《肯定和否定的对称与不对称》,北京语言文化大学出版社。
宋玉珂　1980　程度副词"最"和"很"的用法,《杭州大学学报》(哲学社会科学版)第1期。
王　力　1985　《中国现代语法》,北京:商务印书馆。
王宗联　1993　程度副词"很"与"最",《四川师范大学学报》(社会科学版)第2期。
詹开第　1981　有字句,《中国语文》第1期。
张桂宾　1997　相对程度副词与绝对程度副词《华东师范大学学报》(哲学社会科学版)第2期。
张谊生　2004　《现代汉语副词探索》,上海:学林出版社。

(李双剑　首都师范大学　100048)

"V+光"结构的语义分析*

王丽艳 孙洪威

一 引言

本文是笔者对汉语数量义研究上的一点尝试。关于汉语数量的表现形式不仅仅是以出现数量词的形式来表现的,其手段还有这种"V+光",即动补结构的形式。《现代汉语词典》中将"V+光"的"光"解释为"一点儿不剩;全没有了;完了"。显然,就其这一义项来说,"光"的语义牵涉到两个方面,即:一方面它与以前存在过的、现在没有了的"物"有关系;另一方面又与"物"曾经存在过的"场"有关系。整个"V+光"结构表示通过V的动作,使"物"从"场"中消失或完全转移。其中,"场"起着语义制约的主导作用。

为了讨论方便,我们把与"光"的语义有关的"物"记为 N_1,N_1 常常为动作的受事、施事;把"场"记为 N_2,N_2 常常为"物"存在过的处所或范围。即整个"V+光"结构表示通过V的动作,使"N_1"从"N_2"中消失或离开,并带有一种夸张语气。

---

* 本文得到吉林省社会科学基金一般项目《关于外国留学生现代汉语语法知识教学》资助,项目编号:2005129。

二 "光"与 N_1、N_2 的语义关系

由于"光"的语义需要,有"V+光"结构的句子中可以出现 N_1、N_2。

2.1 N_1 是动词 V 所影响的对象"物",从语义关系上看,它可以是 V 的受事、施事。(用"横线"标示)

N_1 为受事。如:

(1) 他吃光了锅里所有的馒头。(吃馒头)

(2) 鬼子杀光了他全家人。(杀人)

N_1 为施事。如:

(3) 人都跑光了。

(4) 牛都死光了。

及物动词后的"光"的语义是指向受事的,如:

他吃光了肉=他吃肉 + 肉光了

我输光了钱=我输钱 + 钱光了

老板卖光了苹果=老板卖苹果 + 苹果光了

不及物动词后的"光"的语义是指向施事的,如:

人走光了=人走 + 人光了

牛死光了=牛死 + 牛光了

2.2 N_2 为 N_1 存在过的处所或范围。在语义上表现为两种语义特征:一、N_2 是可以容纳 N_1 的具体处所;二、N_2 不是具体的处所,而是 N_1 存在的范围,二者是领属关系。(用"浪线"标出)

2.2.1 N_2 为处所。如:

(5) 池塘里的鱼都被捞光了。

(6) 山上的树都被砍光了。

(7) 房子里的东西都被烧光了。

(8) 兜里的钱都花光了。

2.2.2 N_2 为范围。这种范围可以是亲属、时间等，如：

(9) 鬼子杀光了他全家人。（此指"全部亲人"）

(10) 我的钱都用光了。

(11) 初恋的感觉早已消散光了。

(12) "非典"的消息一传开，本科班的留学生都蹽(liāo)光了。

(13) 他耗光了生命中的最后一点儿时光。

(14) 他儿时的理想早都消磨光了。

(15) 飞机票我给你问了，买不到，五天内的都卖光了。（王朔《橡皮人》）（五天时间段）

2.3 "光"只要求曾经存在过的"场"N_2，而对转变后的"场"大多不作具体要求。如："人都跑光了"是指"人从当前场所离开，至于去了哪里，我们并不知道，也没必要知道"。虽然去向不明，说话人也不关心他的去向。

他骗光了我的钱。"物"为钱，"曾经存在场"为我，"变化转移场"为他。

但大多数时候"转移场"是不明确的。如："我和几个人打麻将，钱都输光了"，这里"转移场"是分散的，被分配到几个人那里去了。

因此，"V+光"的着眼点在于"物离开或消失的场"，而对"物去了哪里"并不介意。"场"在这里对"物"起着语义制约作用。二者是并立存在的。如果缺少"场"的语义支持，"物"的离开或消失是无意义的。"V+光"结构也失去了使用价值。如："好话说尽、坏事做绝"就不能换成"说光、做光"。

三　N_1 和 N_2 的句法位置及其省略与隐含

在带"V+光"结构的句子中,N_1 既可以出现在"V+光"前充当主语,也可以出现在它的后面充当宾语。N_2 多出现在 N_1 定语的位置上。

3.1　N_2 + 的 + N_1(都) + V + 光

(16) 站台上的人都走光了。

(17) 我的钱都输光了。

(18) 满口的牙都掉光了。

(19) 身体里的血都流光了。

(20) 银行的钱都取光了。

3.2　V + 光 + N_2 + 的 + N_1

(21) 拿光了屋子里所有的东西。

(22) 一口喝光了杯里剩余的一点儿酒。

(23) 吃光了盘子里的最后三粒花生米。

(24) 打光了枪膛里的子弹。

(25) 拔光了病人口腔里的牙。

(26) 羊吃光了山坡上的草。

(27) 雷耶斯几乎认不出威斯了,他早已青春不再,脸上曾经稚嫩的光芒也被 12 年的牢狱生活彻底磨光了。(《城市晚报》2003 年 12 月 11 日)

V 为及物动词时,句式可变换为"把字句"和"被字句"。如:"把银行的钱都提光了"和"银行的钱都被提光了"。"树上的小果被摘光了。"

V 为不及物动词时,句式只能以 2.1 结构出现,不能变换为"把字句"和"被字句"。

3.3 "光"的语义要求它同时关涉到两个方面,即 N_1"物"和 N_2"场"。不过,在语境允许、语义明确的情况下,N_1 和 N_2 可以适当省略或隐含。

承前蒙后省略:

(28) 张燕生厌恶地站起来,找烟抽。拿起只烟盒,是空的,揉成一团扔掉问我:"还有烟吗?"我口袋里有整整一包烟,可我说:"没有,抽光了。"

(29) 但愿老邱被那伙无赖抢个光,这样明天一早我就可以走人了。(N_1"物"当然是抢值钱的东西,而不是全身所有的东西,N_2"场"是老邱身上。)

(30) 他去理发店把头发剃光了。(N_2"场"是不必说出的,很明显是"头顶"。)

有时候,N_1 可以不受关注,而 N_2 是一定要清楚的。否则,这个"光"就没有了价值。

(31) 当你走进空空的礼堂时,才发现什么都被拿光了。

四 "光"对 V 的语义选择

根据以上分析,"光"做补语所补充说明的动词一般在语义上必须具备"从场内消失、离开"的意义。否则,便很难进入这个格式。如"把敌人全都消灭光了"可说,而"把敌人全都包围光了"却不可说。这可能就是因为"包围"没有"消失义"的缘故。

当然,我们所说的"V+光"式中的"V"除了有"消失义"以外,还有"离开义"和"提取义"这两个语义。因为有的表"消失义"的，不是真的从地球上完全、彻底地没有了，而只是从一个地方离开，又去了另一个地方，或所有权由一方转入另一方。比如："吃光"的"吃"，"吃的东西"也不是真正消失，而是一种位移，从杯盘中转移到肚子里。再比如，"买光"的"买"，"买的东西"发生了所有权的转变。因此，"V+光"中的"V"在语义上可以有三个，即"消失义、离开义、提取义"。

[消失义]：杀、烧、吃、啃、忘、宰、死、删、消灭、倒闭、消磨

[离开义]：走、抢、拿、偷、扒、拆、脱、输、丢、吐、卖、放、扔、剔、理、剃、剪、刮、砍、摘、掉、拔、揪、薅(hāo)、割、掏、捞、运、撒、流、淌、铲、排除、舔、吹、冲、刷

[提取义]：借、取、吸、抽、流、买、捡、拣、花、掏、提

"放光、掏光"的例句如：

把院子里的狗都放光了。

咱箱底那点钱眼看着要掏光了。（电视剧《假行家》）

这里"V+光"中的"借、取、买"等表"提取义"的动词与"读、学、看、掌握"等带有"取得义"的动词是有区别的。"提取义"是在提取的同时，有"消失"存在，即事物的所有权由一方转入另一方。而"取得义"是带有 COPY、复制之义，没有事物"消失"之义。如："学完了第一课"、"看遍了外语书"、"掌握了各种技术"、"尝尽人间百味"，这里"课、书、技术、人间百味"并未消失，只不过在人的头脑中进行了无数次复制、体会。

有一些不表示"提取、离开、消失"义的动词也可以与"光"结合成"V+光"和结构。如：

[使用义]：用、干、花、刷、涂、抹、砸、扯、撕、揭、烧、造、打、射、

折腾

因为,"使用"本身就带有一种"损耗"之义。

另外一些带有使动意义的词,如:吓(使人害怕)、得罪(使人生气)也可与"光"结合。"你把朋友都得罪光了。"

五 "光"对"数量"的选择限制

5.1 "V+光"在数量的选择限制上,"场"同样起作用。

"光"要求 N_1 在数量上显示为"总量"或"剩余量",所以 N_1 在语义数值上应该是复数形式,一般不能是单数。

当 N_1 表现为"总量"时,常有"所有的"这类统称性修饰语来表示其为复数。如:"杀光了所有的人"、"砍光了所有的树"。当 N_1 表现为"剩余量"时,应该表明"场"N_2 的存在或者 N_2 为已知信息,如:"喝光了瓶里的最后一点儿酒"("N_2"是瓶里)、"流光了最后一滴血"("N_2"是身体里)、"脱光最后一件衣服"("N_2"是身上)、"一口喝光了剩下的半杯酒"("N_2"是一杯)。

5.2 N_1 有时可以是单数,但它应该满足可切分的特征,即允许切分成更小的个体加以多次量化。如:"抽光了一整盒儿香烟"("一盒香烟"可分成"二十根儿")、"把这一瓶酒喝光"("这一瓶酒"可分成"好多杯")、"他把一整只羊吃了个光"("一只羊"可分成很多部分)。

5.3 "光"要求带的宾语有时不能加数量定语。如:"*吃光了三个馒头",我们可说"吃光了所有的馒头"或"吃光了馒头",一旦后带数量就会出现问题。因为这个数量词在宾语的定语位置上无法满足"总量全体"的意思。如果在主语的定语位置是可以说的

"三个馒头都吃光了","三个馒头"作为一整体可表"总量全体"。或者"吃光了剩下的三个馒头"来表示"剩余量"。

而"喝光了三瓶啤酒"是可以说的。这里的"光"要求的是"每一瓶都被喝得一点儿不剩",而不是把"三瓶"作为一个整体,喝得"一点儿不剩"。这在语义上存在差异。

5.4 有时候,N_1"物"可以不是"总量全体",但我们要清楚这个 N_2"场"到底有多大。如:"喝光了半瓶酒","半瓶酒"是"剩余量","一瓶酒"是"总量"。如果只是突然地出现部分数量,让我们对其"场"的"总量"却是很糊涂的,会导致此句在语义上不能自足。如"＊吃光了三粒花生",不能成立的原因是缺少了"总量场"。这个数量一旦不能限制在某个"总量场"内,那么句子是不能成立。如"喝光了半缸酒"("场"是一缸)、"流光了最后一滴血"("场"是身体)、"花光了仅有的两千块钱"("N_2"是全部积蓄)。

因此,"V+光"在数量的选择限制上,"场"N_2 是起关键作用的。

六 结 语

"V+光"主要靠"场"和"物"相辅相成的关系,同"V+完"、"V+尽"、"V+绝"、"V+遍"存在语用差异。其中,"场"在选择动词、限制数量上起关键作用。

附注

"光"还可表示"光滑、光溜、光亮"之意,如:磨光、擦光。这不是本文讨论的内容。还有"底片跑光了"(底片失效不能用)、"她的身体走光了"(让别人偷看、偷拍了身体)之类的也不在本文讨论范围之内。

参考文献

李　敏　2005　论"V起来"结构中"起来"的分化,《烟台师范学院学报》第3期。
王　玲　2003　普通话"V完"式初探,《中国语文》第3期。
袁毓林　2001　述结式的结构和意义的不平衡性,见史有为主编《从语义信息到类型比较》,北京语言文化大学出版社。

（王丽艳　商务印书馆汉语出版中心　100710；

孙洪威　东北师范大学文学院汉语国际教育学院　130024）

论汉语反义复词的提取

杨吉春

一 反义复词的界定

所谓"界定",就是划定界限或确定所属范围。反义复词的界定,就是划定反义复词与同义复词和类义复词、反义复词与反义词组之间的界限。以往也有一些学者给反义复词作过界定,例如:

王了一(1957):"对立语本来是意义相反的两个词;后来人们利用它们来表示一个单独的意义,就等于把两个词合成一个词看待了。"从前一分句可以看出,反义复词中的组成成分是由词降格为词素的;从后一分句可以看出,反义复词的造词方法是句法造词法。这样的界定给人一种感觉,反义复词是由意义相反的两个词直接组合成一个新词来表示一个新的意义。

谭达人(1989):"一对单音反义词结合起来,构成一个新词,这样的词可称为反义相成词。"该定义有两个特点:一是反义复词是由两个单音反义词构成,二是这两个单音反义词只要一组合就是词。所以,谭先生把"爸妈"、"弟妹"、"婆媳"、"兄嫂"都认定为反义复词。

常敬宇(1995):"所谓对立词是指由意义相对或者相反的两个语素构成的词语。"该定义明确指出,反义复词是由意义相对或者相反的两个语素构成的。

从三位学者的界定可以看出，他们的着眼点不同：一是着眼于词源，一是着眼于构词。王先生、谭先生主要是从词源学的角度来下定义的，而常先生则是从构词法的角度下的定义。无论着眼于词源还是着眼于构词，其分析都会失之偏颇。如果仅仅着眼于词源，那么把反义复词的界定公式化就成了"反义词＋反义词＝反义复词"，省略相同的部分便可写成"词＋词＝复词"，这就违背了汉语语法五级单位词素、词、词组、句子、段落中，词是由词素构成的级际关系，破坏了汉语"词素＋词素＝词"和"词＋词＝词组"的逻辑组合规律。如果只是着眼于反义复词的构词，那么反义复词的界定可以公式化为"反义词素＋反义词素＝反义复词"。这倒是符合"词素＋词素＝词"的逻辑组合规律，但给人一种感觉，好像是先有反义复词，然后才从反义复词这一整体中离析出词素来。

为了避免以上两种难于解释的现象，合理科学地给反义复词下一个相对准确的定义，必须考虑这样几个因素：(1) 反义复词源于反义词；(2) 反义复词经过词组词化这一过程；(3) 反义复词由词素组成；(4) 反义复词与构词成分相比在意义上有不同程度的变化。

基于以上分析，我们可以把反义复词定义为："反义复词是由成对单音反义词组合词化后产生了新义的复合词。"

二 反义复词的范畴

范畴是指人的思维对客观事物的普遍本质的概括和反映。在认知语言学中是一个用途很广而且含义模糊的术语。一种事物及其类似成员可以构成一个范畴，一类事物及其包含事物可以构成一个范畴。严格说来，范畴指事物在认知中的归类。反义复词这一范畴具有普遍的两个共同性特征:一是反义复词构词成分的意义是相反相对的;二是反义复词的意义不再是原构词成分意义的简单相加。

2.1 反义复词构词成分关系的归类是以反义词的确定为基础的

反义复词源于成对的单音反义词,确定反义词的标准便成了确定反义复词标准的基础。刘叔新(1990)提出了确定反义词的五条标准:(1)不同的词语单位之间在语义上相反。语义相反的一个比较通俗、贴切的解释,是互不相容,也就是带有哲学上说的互相排斥和否定。(2)除了彼此相反,语义上必须互为存在的前提。就是若不存在A,便无所谓B,不存在B,也无所谓A。(3)不同词语的理性意义只在某个方面上相反,其他方面须彼此一致。理性意义不止一个方面上彼此相反的词语,是不能互为反义词语的。(4)语义相反而互为前提的单位,须能共同出现在某种语体、某种风格中。(5)词与词之间要确立反义关系,要求两个词的词性相同。这五条标准中,我们可以变通前三条来作为确定反义复词的标准,后两条对反义复词来说是多余的,因为反义复词中的词素是并列在一起的,即便是未成词的反义词组也是连用对举,这就注定了反义复词中的两词素必定共同出现在同一语体或风格中,也注定它们在降格为词素前的词性必定是一致的。前三条标准可作如下变通:(1)反义复词的两词素义必须相反;(2)反义复词的两词素义必须互为前提;(3)反义复词两词素的理性意义只在某个方面上相反,其他方面须彼此一致。按这三条标准确定的反义复词是狭义的反义复词。本文要提取的反义复词是广义的,也就是包括两词素义相反相对的并列式双音复合词。前面移用的三条标准,只适合于狭义的反义复词,对词素义相对的反义复词具有排他性,这得再为词素义相对的反义复词确立必要的标准。

刘叔新(1990)在论述反义组和对立组时说:"不同的词语若意义上互为对立面而彼此对比,但或者未构成意义相反,或者构成相反关系而不互为前提,或者不止一个主要理性意义成分相反,或者虽只有一个主要理性意义成分相反而其余主要理性意义成分却不一致,就构成对比组。"这说明对比组只是在意义对立面上互相对照、映衬,并非彼此有反义关系而强烈地在相反方面上互相对照和制约。如果把这一条标准移用到词素义相对的反义复词身上,那么,只要两词素义在对立面上互相对照、映衬也就可以判定为词素义相对的反义复词。

2.2 原型理论与反义复词构词成分之间的关系

赵艳芳(2001)认为:"从认知的角度看,所有范畴都是模糊范畴。其含义有二:(1) 同一范畴的成员不是由共同特性决定的,而是由家族相似性所决定的,即范畴成员之间总是享有某些共同特性;这样,有的成员比其他成员享有更多的共同特性,即模糊的相似性。(2) 既然有的成员比其他成员享有更多的共同特性,我们就可以根据其享有的共同特性来决定其成员的身份,与其他成员享有更多共性的成员为该范畴的典型的和中心的成员,即原型,其他成员为非典型成员或边缘成员。因此,范畴的边界是不明确的,在边缘上与其他范畴相互交叉。"根据范畴化的原型理论,原型是物体范畴最好、最典型的成员,而其他成员具有不同程度的典型性。作为反义复词这一范畴,它的原型应该首先是绝对反义词素构成的反义复词,如死活;其次是相对反义词素构成的反义复词,如大小;再次是对立反义词素构成的反义复词,如手足。

反义组合是否成为反义复词,除了从构词成分意义的性质这一角度出发,用原型理论解释得清楚之外,还有另外一个重要方面,就是反义词组与反义复词的划界问题。

2.3 反义复词与反义词组的划界问题

反义复词源于成对单音反义词,是单音反义词构成词组后逐渐词化而成的。这就决定了反义复词和反义词组的异同与其他词和词组相比有显著的特征。反义复词和反义词组的相同点:(1)它们的长度单位一样,都是两个音节构成的;(2)它们的字形一样,绝大多数是同形、同音,少数的后一个音节读轻声;(3)反义词组中的反义词有一个显著的特点,即语法功能相同,也就是说名词只能跟名词组合,形容词只能跟形容词组合,动词只能跟动词组合;成词后的反义复词中的两词素的语法功能与原反义词的语法功能一样。反义复词和反义词组的不同点:(1)有少数反义复词的后一个音节读轻声,反义词组不可能读轻声;(2)反义复词与原反义词或反义复词词素的语法功能有的一样,有的不一样,为了更好地说明这个问题,我们可以把反义词组中反义词的词性像反义词降格为反义复词中的反义词素一样降格为"词素性",如"利害"(利和弊)是名素+名素=名词,"利害"(程度深或可怕)是名素+名素=形容词,反义词组不存在这样的问题;(3)反义复词的意义不是两词素的简单相加,而反义词组的意义就是两个反义词的简单相加。从反义复词和反义词组的异同点好像很容易看出它们之间的区别,其实不然,说到底反义复词与反义词组之间最重要的是要看反义结构有没有产生新义,产生新义的是反义复词,没有产生新义的是反义词组。

2.4 原型理论同反义复词与反义词组的划界

董秀芳(2002)《词汇化:汉语双音词的衍生和发展》认为,原型理论是对经典的范畴化理论的一种反动。经典的范畴化理论认为范畴是根据一组充分必要条件来定义的,某一范畴具有或不具有某一特征泾渭分明,范畴之间有明显的边界,同一范畴内的成员都具有相同的属性,因而地位是平等的。而基于原型的范畴化理论则认为范畴不一定能用一组充分必要特征/条件来下定义,实体的范畴化是以好的、清楚的样本为基础,然后将其他实例根据它们与这些好的、清楚的样本在某些属性上的相似性而归入该范畴。这些好的、清楚的样本就是原型,它们是非典型事例范畴化的参照点。原型理论有以下假设:(1)实体是根据它们的属性来加以范畴化的,但这些属性并不是经典范畴理论中的那种两分的理论构件,而经常是个连续的标度;(2)范畴的边界是模糊的、不固定的;(3)同一范畴上的成员在说话人的心目中的地位并不相等,在成员资格上有着等级的差别,有较好的样本与较差的样本之分。一些成员比另一些成员更为典型,能更好地代表范畴,处于集合的核心地位,而另一些成员则处于集合的边缘地位。

反义复词由于都是词组词化而来,从历时的角度来考察,都经过词组到词这一阶段,成词前后的词化程度是有等级之别的。词化前,我们可以笼统地称为反义词组,但临时组合的和几千年以来就经常组合在一起使用的反义词组应该是有区别的,如先秦时期《庄子》中就出现了"安危"、"夫妻"、"可否"、"荣辱"、"赏罚"、"盛衰"、"言行"这样的反义组合,有的还不止一次,但这些反义组合到了现代汉语中仍然只有一个义项,并且没有产生新义,仍然是两个组成成分意义的简单相加。这样的反义组合如果跟临时拿两个单音反义词构成的词组相比,真是相差甚远。难怪《现代汉语词典》和《汉语大词典》要把这些反义组合当成是反义复词加以收录。词化后,有的反义复词只有概括义,有的只有引申义,有的既有概括义又有引申义,甚至还有转义,当词化程度最高时,有的无法看出与构词成分有什么渊源关系,也就是有人说的反义复词已不再是复词,而是单词了。那么一个反义复词如果具备了词组、复词、单词的特点的应该是反义复词这一范畴的原型;如果只具备词组、复词两个条件的次之;只具备词组条件的,当然只能算为该范畴的边界成员,甚至与临时组合的词组这一范畴交叉渗透,难于归入反义复词这一范畴。如果从现代汉语这一共时平面上来考察,把反义复词用如单词的自然就是反义复词这一范畴的原型;有复词、单词的次之;有词组、复词的又次之;只有词组的就不是反义复词,是反义词组。

三 反义复词的鉴定标准

3.1 看一个双音复合词两词素意义是否相反相对

看一个双音复合词两词素意义是否相反相对,而且相反相对必须指的是两词素的理性意义,这仅只是反义复词成词的条件之一,也是必备的条件。它主要是鉴别反义、同义、类义复词的一种手段。一般来讲,大多数双音复合词是很容易看出它们的组成成分是同义、类义还是反义的。正如前面分析反义复词范畴时分析的一样,处于边缘上的反义复词可能会与相临范畴交叉渗透。交叉渗透这一部分成员就成了难于区别的对象。其实,分析反义复词只要抓住了典型成员分析出反义复词应有的规律和特征也就足够了,至于处于边缘上的成员当成反义复词也好,当成类义复词也好,都不会对反义复词的研究造成整体上的影响。

3.2 看一个双音复合词是否有新义

要判断没有入句的一个双音复合词是否是反义复词,还必须了解该复合词有没有产生意义上的变化。最好的办法就是查阅词典、辞书,看该词有几个义项,如果有两个或两个以上的义项,就可以判定为反义复词,但要注意第一个义项的词义与词素义是否有变化,有变化的是词,无变化的是词组,总体上来讲,可以说该词是一个反义复词。如《现代汉语词典》对"出入"列了两个义项:(1)出去和进来;(2)数目、内容等不一致、不相符。从第一个义项看,"出入"是词组,从第二个义项看,"出入"是词。《汉语大词典》对"出入"列了12个义项:(1)出进;(2)往来;(3)支出与收入;(4)劳逸、作息;(5)指所估计之数可能或上或下,接近而并不等同;(6)谓或出或入,有相似处,亦有相异处;(7)谓弯曲,不平直;(8)犹言上报下达;(9)谓朝廷内外,指出将入相;(10)谓涉猎广博,融会贯通;(11)或进或出,比喻变化无定;(12)指女子嫁者或未嫁者。第一个义项词义与词素义没有变化,可以看成反义词组,其他每一个义项的词义与词素义都有变化,都是词。因此,就一般意义上的"出入"来讲,可以认定为反义复词。如果只有一个义项者,要看词义与词素义有没有变化,有变化的是词,无变化的是词组。

四 反义复词的提取过程

根据前面对反义复词的分析,要提取反义复词,必须经过这样一个过程:利用成对单音反义词进行组配→主观干预→书证调查→标准鉴定→结果。

4.1 单音反义词组配

反义复词的源头是单音反义词,反义复词最终成词必须经过词组词化这一过程;要提取反义复词的具体研究对象,最好利用成对单音反义词进行组配。本文选用了张志毅、张庆云编《反义词词林》和韩敬体、宋惠德编《反义词词典》中的所有成对单音反义词进行组合,其中包括逆序组合和两部词典中不相同的单音反义词的组合。经过统计,共有2040对单音反义词,自然可以组成2040个反义组合结构。

4.2 主观干预

王立(2003)认为,语感是一种潜在的语言意识,即人们对于本人所使用的那种语言的感知、理解和运用,是言语社团成员普遍具有的一种语言直觉。语感是使用语言,特别是使用母语的人们所普遍具有的一种语言能力,一个人不管是否接受过学校教育,是否接受过语言学训练,都具有这种能力。这种能力是语言规则经过反复使用在人脑中积淀的结果。作者是成年人,又是研究自己母语的,应该说对自己母语的感受能力就会更强,凭语感也能判断出这2040对单音反义词的组合在汉语中是否存在的大致情况。那么,本文所说的"主观干预"就是指作者凭自己对汉语的感受能力对2040对反义组合进行初步诊断,排除1593个从语感上不能接受的反义组合,剩下447个语感上可以接受的反义组合。这些反义组合不见得就是反义复词,还得进行书证调查和利用语言学知识对它们进行甄别。

4.3 书证调查

通过主观干预,筛选出来的447个反义组合虽然是语感上能接受的,但仍然还不能把它们都看成反义复词,必须进行书证调查。通过调查,《现代汉语词典》有229个反义组合,也就是说,《现代汉语词典》已经把它们认定为反义复词;《汉语大词典》有319个反义组合,也即被认定为反义复词。两部词典共收录反义复词340个,其中包括相同的和各自不同的词目数。

4.4 如何鉴定340个反义复词

340个反义复词是从《现代汉语词典》和《汉语大词典》中提取出来的疑似反义复词。要确定它们是不是真正的反义复词,还得利用本文已确定的标准加以鉴定,并用范畴化中的原型理论对它们进行分层处理,找出典型、非典型乃至边缘成员。

4.4.1 两词素意义是否相反相对的鉴定

两词素意义是否相反相对主要是要与两词素意义相同相近或相关的复合词区别开来。同义复词、类义复词、反义复词的构词成分分别源于单音同义词、单音类义词、单音反义词。从词汇语义场的角度来看,同义词、类义词、反义词都属于类义义场,都有同样的上位概念;只是下位概念有的是同义,有的是类义,有的是反义。本来同义词、反义词都属于类义词,但本文中的类义词是狭义的类义词,是与同义词、反义词处于同一平面上的词。相应地,同义复词、类义复词、反义复词的两词素的意义是否相同相近、相关、相反相对也是处于同一平面上的,它们与同义词、类义词、反义词的区别实质上是一样的,只是形式上降了一格。由于边缘上的反义复词与类义复词很难分清,所以,我们还必须找出典型、次典型、边缘型反义复词。按照前面变通刘叔新先生确定反义词标准后的标准鉴定:绝对反义复词有77个,如"死活";相对反义复词有188个,如"长短";对立反义复词有61个,如"乘除"。另外有14个复合词中的两词素不应该判定为反义对义关系:镣铐 身心 题跋 序跋 桎梏 子母 姐弟 洗澡 母子 句读 弟妹 参差 出缺 供销。

4.4.2 词与词组的鉴定

由于反义复词没有形态变化,是由词组词化而来,所以鉴定反义组合是词还是词组,最好的办法就是看有没有产生新义。本文提取的是语言中的反义复词,所以,只要《现代汉语词典》和《汉语大词典》中的任何一个反义组合有一个义项产生新义,就可认定该组合是词,反之,则是词组。《汉语大词典》328个反义复词中有232个有两个或两个以上的义项,只要有两个或两个以上义项的,必有一个产生新义,产生新义的,就可以认定为反义复词,所以这232个就可以被认定为反义复词;有96个只有一个义项,它们可能是反义复词,也可能还是反义词组,关键要看它们有没有产生新义。通过分析,有26个的意义有明显的变化,如《汉语大词典》对"里外"的释义是"从里到外(表示整个、全部)";其余70个的意义明显是组成成分的意义,如《汉语大词典》对"夫妻"的释义为:"丈夫和妻子"。另外,有12个反义复词是《现代汉语词典》收录的,《汉语大词典》没有收录。其中"音义"和"异同"有两个义项,是反义复词。"化斋"、"明灭"、"浓淡"、"松紧"意义上有变化,如《现代汉语词典》对"松紧"的释义为:"松或紧的程度",所以,它们是反义复词。"薄厚"、"姐弟"、"录放"、"卯榫"、"起讫"、"增删"的意义明显的是组成成分的意义,不应该视为反义复词。总的来说,共有76个《汉语大词典》和《现代汉语词典》认为是词,但不符合本文提出的区别反义复词和反义词组的标准,它们不是词,而是词组。

4.4.3 符合本文鉴定反义复词标准的反义复词成员

通过对《反义词词典》和《反义词词林》中的2040对单音反义

词进行组配、主观干预后筛选出447个符合语感的反义复词,又利用《现代汉语词典》和《汉语大词典》对447个疑似反义复词进行书证调查,查到340个词典认定的反义复词,最后利用本文提出鉴定语言中反义复词的标准,识别出符合反义复词构词成分意义相反相对标准的326个,符合产生新义标准的264个。

本文提出反义复词必须符合两大标准,有4个反义复词"出缺"、"姐弟"、"句读"、"序跋"两种标准都不符合,不是反义复词。只符合两个标准之一的也不能算为反义复词,如有10个反义复词"镣铐"、"身心"、"题跋"、"桎梏"、"子母"、"洗澡"、"母子"、"弟妹"、"参差"、"供销"只符合产生新义这一条标准,两词素意义没有构成相反相对,不是反义复词。有72个反义复词只符合两词素意义相反相对,而没有产生新义,也不能认定为反义复词。三者相加共有86个不是反义复词。真正的反义复词只有340−86=254个。它们是:爱憎　暗淡　褒贬$_1$　褒贬$_2$　本利　本末　标本　表里　彼此　裁缝$_1$　裁缝$_2$　操纵　长短　唱和　沉浮　成败　乘除　晨昏　臣民　迟早　出没　出纳　春秋　出入　粗细　雌雄　存亡　单复　旦夕　倒立　大小　得失　弟兄　动静　东西$_1$　东西$_2$　断续　多寡　多少$_1$　多少$_2$　恩仇　恩怨　饭菜　方圆　反正$_1$　反正$_2$　肥瘦　凤凰　分合　腹背　浮沉　夫妇　父母　俯仰　父子　纲目　刚柔　甘苦　高矮　高低　高下　公婆　供需　官兵　广狭　贵贱　规矩　寒热　寒温　寒暑　寒暄　好歹　好赖　黑白　横竖　横直　红白　厚薄　缓急　化斋　晦明　晦朔　祸福　呼吸　呼应　加减　将士　交接　教学$_1$　教学$_2$　姐妹　进出　今古　经纬　泾渭　进退　今昔　奇偶　吉凶　君臣　聚散　巨细　开关　开合　快慢　宽窄　亏盈

来回　来去　来往₁　来往₂　老少　老小₁　老小₂　冷热
利钝　利害₁　利害₂　离合　留别　里外　买卖　矛盾　没有₁
没有₂　明暗　明灭　名实　明夜　南北　男女　难易　内外
能否　逆顺　浓淡　儿女　牝牡　否臧　前后　乾坤　起伏
起落　轻重　清浊　亲疏　起止　取舍　曲直　人物　日夕
日夜　上下₁　上下₂　胜负　升降　甥舅　生灭　生熟　生死
声韵　深浅　伸屈　伸缩　是非　始末　士女　师生　师徒
始终　收发　手脚　首尾　收支　手足　水火　睡觉　水陆
疏密　顺逆　死活　死生　松紧　天地　天壤　天渊　听说
同异　头尾　头足　吞吐　往返　往复　往还　忘记　往来
万一　问对　文武　遐迩　向背　香臭　先后　消息　瑕瑜
稀稠　形影　行止　兄弟₁　兄弟₂　徐疾　虚实　炎凉　雅俗
盈亏　因果　隐现　阴阳　音义　异同　依违　抑扬　优劣
幽明　有无　远近　源流　愚智　宇宙　臧否　皂白　早晚
增损　张弛　涨落　朝夕　质量　治乱　众寡　中外　昼夜
装卸　主宾　主次　主从　主奴　子父　姊妹　子女　纵横
尊卑　作息　左右　祖孙。

　　根据范畴化的原型理论,任何范畴与范畴之间都没有绝对的界限。本文确定的72个只符合两词素意义相反相对而未产生新义的双音组合与临时组合的反义结构又不完全相同,它们连用对举的频率较高,历史较长。为了跟一般的临时反义组合和符合标准的反义复词区别开,可以把它们看成准反义复词。它们是:安危
凹凸　悲喜　薄厚　本息　宾主　朝野　繁简　夫妻　干支　功过
公母　供求　攻守　公私　功罪　购销　旱涝　寒燠　好恶
毁誉　奖惩　将相　嫁娶　稼穑　饥穰　军民　开闭　考妣

可否　枯荣　劳逸　老幼　老稚　冷暖　冷煖　录放　利弊
卯榫　平仄　否泰　起讫　强弱　然否　任免　荣辱　僧尼
善恶　赏罚　盛衰　是否　授受　朔望　输赢　听讲　凸凹
问答　兴衰　兴亡　休咎　休戚　妍媸　妍嫱　言行　迎送
忧乐　张歙　正负　争守　真伪　增删　中西。

参考文献

常敬宇　1995　《汉语词汇与文化》，北京大学出版社。
董秀芳　2002　《词汇化：汉语双音词的衍生和发展》，成都：四川民族出版社。
刘叔新　1990　《汉语描写词汇学》，北京：商务印书馆。
谭达人　1989　略论反义相成词，《语文研究》第1期。
王　立　2003　《汉语词的社会语言学研究》，北京：商务印书馆。
王了一　1957　《汉语语法纲要》，上海教育出版社。
赵艳芳　2001　《认知语言学概论》，上海外语教育出版社。

（杨吉春　中央民族大学文学与新闻传播学院　100081）

现代汉语副词"分别"的语义指向及由此产生的歧义现象

张 慧

一 前人的研究

现代汉语副词"分别"句(这里指用"分别"做状语修饰中心动词的句子)是一种会产生歧义的句式,例如:

(1) 昨天上午,陈校长和何副校长分别会见了杨振宁教授和李政道教授。

这个句子可以有四种理解。关于"分别"的用法以及相关的歧义现象是个很值得关注的问题,也引起了一些学者的兴趣。

《现代汉语八百词》这样描述:(1) 采取不同方式;(2) 分头,各自,不共同,不一起。有三种具体用法:a. 一个主体对几个对象;b. 几个主体对一个对象;c. 数目相同的主体和客体一个对一个。《八百词》对这三种用法的概括是正确的,但没有深究为什么会有这三种用法,也没有注意到这三种用法可能同时出现在一个句子中造成歧义。雷良启(1999)提出"分别"在句中除了不指向自己的中心成分动词述语,几乎可以指向其他所有的语义成分,"'分别'的单一指向和歧义指向的不同情况,从根本上说是由客观事物本来存在的联系以及这种联系与句子的语义结构、句法结构的复杂关系决定的"。王仁法、徐以中(2003)提出,"分别"在句中可以指向"主体"或"客体"中不同的对象,而且"主体"或"客体"之一必须含有两个或两个以上的语义指向对象,或同时含有。另外,文章对"分别"句有没有歧义,尝试性地从主、客体自身的性质上提出了一些判断的标准,如主、客体对象的"模糊性"、"序列性"以及谓语动词的特征等。

总的来看,前人的考察存在以下的问题:首先,仅仅把关注点放在"分别"的指向歧义上,而对"分别"在句中只有一个指向对象的情况未予以重视。对什么情况下需要使用"分别",它对句中名词性成分和中心动词有何影响,它所指向的成分具有什么特点等问题没有合理的解释,而这些实际上都是我们研究歧义问题的基础。其次,当句子中有多个被指向成分时,前人都看到了这种歧义现象只是在可能层面,那么在实际使用层面歧义自动消除或歧义数减少的影响因素是什么?对于这个问题也没有提出系统而有力的解释。

二 "分别"句的语义特点

"分别"是一类还保留词汇意义的描摹性副词。"分"的基本义是分开,引申为"辨别"、"离开";"别"的基本义与引申义与"分"类似,二者上古都是独立的词,后来连用形成同义复合词,基本义项有:(1)"辨别",(2)"离别",(1)引申出(2)。"辨别"、"分开"是空间范畴的概念,是一种有形的空间的割裂,而"离别"是无形的状态的割裂。"分别"的两个动词义项出现在另一个谓词前时构成连谓结构,但由于表义重心和位置的关系,"分别"逐渐虚化,连谓结构重新分析成状中结构。但实词虚化为语法成分后,多少还保留原来实词的一些特点,这种语义的残存决定了"分别"句的语义特点:表示空间和时间的隔断。具体表现为:

1. 不同空间同一时间("空间"指广义的行为空间)

表示"不同行为主体各自做某事",此时"分别"常被"各自"替换,如:

(2)他俩分别给张老师和王老师发去了祝福。

(3)他俩分别在休假和上班。

2. 不同时间同一空间

具体有两种情况:

第一,表示"同一行为主体先后做某事(同类的事)"

表示一种动作的重复,此时句子中的"分别"常可与"先后"互换,如:

(4)他[分别]于上个月15号和这个月1号去了必胜客。

(5)他[分别]向徐大姐和孙达生作了汇报。

第二,表示"不同行为主体先后做某事(同类的事)"

尽管它表达的是时间上的先后顺序,但是从句子表面看与"不同行为主体各自做某事"是类似的,因此这种句子多要求将时间上的先后明确表示出来,这类语义表达可以看做是"有标记的"。

3. 不同时间不同空间

具体有两种情况:

第一,表示"同一主体先后做了不同的事",如:

(6)他分别开了个会和听了场报告。

第二,表示"不同主体先后做了不同的事",如:

(7)苏区两次苏维埃大会分别延长和缩短之谜。

此情况也是有标记的,需要点出或暗示是不同时间。如果没有暗示时间成分,容易理解成"同一时间不同空间"。比如例句(7),尽管没有明确的时间成分,但是从常识我们知道"苏区两次苏维埃大会"肯定是分时间先后召开的。这种情况下,"分别"指向的对象至少有一个是中心动词。

三 "分别"的语义指向

语义指向主要考虑句法上非直接成分之间所发生的语义上的直接联系。描摹性副词用于描摹情状和方式,这类副词主要表示与相关行为有关的时、地、数、序以及呈现的状态,它们作为虚词的语法意义常常是由较实的词汇意义虚化而来的。这类副词在用法和语义上与实词比较接近,也存在语义指向的问题。

3.1 "分别"语义指向的句法类型

3.1.1 并列名词性短语

(8) 蒋伯诚、吴绍澍如获至宝,[分别]向重庆去汇报。

(9) 豹、狮子和母狼[分别]代表着什么呢?

此类结构多表现为"××、××"、"××和××"这样列举的形式。

3.1.2 数量结构做定语的偏正结构

(10) 这个演员在两部戏里[分别]担任角色。

(11) 金秀抬起头,[分别]看了两个男人一眼。

3.1.3 定语含"不确定的数"①的偏正结构

(12) 许多当年向上级反映真实情况的干部都[分别]受到不公正的对待。

(13) 交子初创时,是由一些大商号[分别]签发的。

定语多为表示不确切数量的形容词,如"许多"、"一些"、"各"、"不同"等。

3.1.4 复数代词

(14) 我们几个人[分别]向跑的人群大喊大叫。

(15) 他们[分别]对准目标俯冲投下炸弹。

3.1.5 隐含数量意义[②]的名词或名词性短语

(16) 遗骸被[分别]包装,运抵南京后,存放在南京市殡仪馆保存。

(17) 生蛋收来以后,[分别]放置,并不混杂。

这部分成分在句中被"分别"指向常常必须与相关语境联系起来,其自身表示的复数意义才会凸显出来。

这些成分类型具有共同的特点,假设被指向成分是 X,那么 X 必须满足两个条件:第一,X 是复数成分,包括显性的和隐含的[③];第二,X 必须是句子的中心谓词或者谓词的论元。

3.2 三个层面的语义指向

3.2.1 可能指向

再看例句(1):

(1) 昨天上午,陈校长和何副校长[分别]会见了杨振宁教授和李政道教授。

按照我们的定义,句子符合被指向条件的 X 有两个:"陈校长和何副校长"(X1)以及"杨振宁教授和李政道教授"(X2)。对于含有多个 X 的句子来说,"分别"可以单独指向某个 X,也可以同时指向多个 X。并且,"分别"指向哪个 X,哪个 X 的复数意义便自动凸显,而未被指向的 X 的复数意义便自动隐没,在句子里被看做一个整体。如句子里的"陈校长和何副校长"虽然是符合被指向条件的 X，但是它可以表示一个整体，即"陈校长"和"何副校长"两个人是放在一起的。因此，我们可以对总结出的被指向成分 X 的条件进行补充说明，即"是中心谓词或其论元"和"表示复数"是 X 的必要条件，而不是充分条件。即当一个名词性成分满足这两个条件时，它便具有了在句中成为"分别"语义指向对象的可能。当句子中有多个 X 时，一般来说，"分别"可以单独指向其中任何一个 X，也可以同时指向所有 X，我们把这种情况称为句子中"分别"的"可能指向"。"可能指向"的数量与句子中 X 出现的数量直接联系在一起。

3.2.2 实际指向

当句子中的 X 超过一个时，在很多情况下，某些满足条件具备被指向可能的 X 并不能真正进入语义指向的位置。比如：

(18) 罗卓英和杜维明[分别]来自对立的陈诚系和何应钦系。

(19)《人间正道》和《抉择》[分别]被读者推为近年长篇小说新作排行榜前两名。

上述例子中"分别"都是只能同时指向前后两个 X。

如例句(18)，表示"这两个人各自来自对立的两个系中的一个"，"分别"既不能单指前一个 X，表示"罗卓英和杜维明各自来自这两个在一起的系"（因为"对立"做定语已经限制了"陈诚系和何应钦系"不能被看做一个整体）；也不能单指后一个 X，表示"罗卓英和杜维明这两个人一块儿先来自陈诚系，后来自何应钦系"（因为"对立"的限制，使得这种理解在语义上不合逻辑）。

在实际情况中，一个句子中符合指向条件的 X 并不一定都能进入被指向的位置，"分别"什么时候能单指某一个 X，什么时候只能同时指向多个 X，并不像"可能指向"层面那样整齐且规律，而是会受到句子中其他成分以及语境因素的影响和制约。因此，我们把符合条件的 X,在句中真正能进入被指向位置的情况称为"实际指向"。

3.2.3 理解指向

当一个句子里满足被指向条件的 X 不止一个时,可能指向和实际指向可能出现不一致的情况。尽管受到其他因素的制约,但在人们的主观理解上还是有一个倾向。如:

(20) 美国政府将谢王二人[分别]送到了<u>纽约西监狱和纽约郊外的切斯特县监狱</u>。

理论上这个句子是有歧义的,但是语用习惯上,人们一般都倾向于认为"分别"同时指向前后两个 X。对于一个可以表示多种意义的句子,人们往往根据认知习惯和语用习惯有一个优势理解,在这种优势理解中"分别"所指向的情况我们称为"理解指向"。"理解指向"可以是唯一的,这种情况下,尽管一个句子在"实际指向"层面有歧义,但是在"理解指向"层面是没有歧义的。它也可以不唯一,这种情况下的句子就是我们经常说的歧义句了。

四 "分别"句的歧义

4.1 歧义原因探讨

再看文章开头提到的例子:

<u>陈校长和何副校长</u>[分别]会见了<u>杨振宁教授和李政道教授</u>。

当表示"陈校长和何副校长两人一起先会见了杨教授,后会见了李教授"时符合"同一行为主体先后做某事",(陈校长和何副校长看做一个整体)"分别"指向"杨振宁教授和李政道教授";当表示"陈校长先会见了两位教授,何副校长后会见了两位教授"时(两位教授看做一个整体)符合"不同行为主体先后做某事","分别"指向

"陈校长和何副校长"。也就是说"分别"可以单独指某一成分也可以同时指向这两个成分。

由此可以看出,"分别"句的歧义是由副词"分别"本身的语义特点带来的,由于虚化不彻底,还保留了比较浓的词汇意义,并且并不单一,当几种不同的语义表达内容在同一个句子中叠置并存时,便出现了歧义现象。

4.2 "分别"句歧义指数的制约因素

对于"分别"句来说,两个句子出现的结构形式即使完全相同,歧义有无以及具体的歧义指数也有可能不同。前面将"分别"的语义指向分成了三个层面,实际上不同层面指向的转化会受到各方面因素的制约,恰恰是这些制约因素造成了歧义指数的不同。

4.2.1 "可能指向→实际指向"的制约因素

1. 与名词性成分有关的因素

第一,名词性成分有特定的修饰成分

(21) **彭德怀和李富春**[分别]主持召开了**这两个会议**。

(22) **毛泽东和周恩来**[分别]守在**各自的电话机旁**。

例句(21)中有两个 X,在"可能指向"层面有三种情况:单指 X1,单指 X2,同时指 X1、X2,但是在"实际指向"层面,"分别"不能单指 X1,因为那样表达的意思是"这两个会议先由彭德怀主持召开,再由李富春主持召开",而事实上"这两个会议"是不可能让彭开了一次再让李开一次的。产生这个差异的关键点便在 X2 的修饰成分"这"上。"两个会议"前加限制词"这"表示一种特指,排除了"分别"单指 X1 的情况。

第二,名词性成分带顺序性

名词性成分带顺序性是指该成分在语义上具有"顺序性"的语

义特征,既可以是名词性成分本身有明确表示顺序意义的词,也可以是句子中的其他成分修饰使得 X 附上了顺序义。

(23)店堂里一边是几个米囤子,囤里依次[分别]堆积着"头糙"、"二糙"、"三糙"和"高尖"。

(24)这两位[分别]任了第一和第二副总理。

例句(23)里 X1 是"几个米囤子",X2 是"'头糙'、'二糙'、'三糙'和'高尖'",不仅 X2 里有"头"、"二"、"三"这样带有明显"顺序"意味的词,在中心动词前还有"依次"强调,因此整个句子名词性成分的顺序性特别强,显然"分别"只能同时指向两个 X 了。

第三,名词性成分带位置性

这种情况下,后一个 X 在语义上往往表示一种确切的位置,它使得与之相联系的 X1 与它产生一一对应的关系。此时"分别"通常只能同时指向两个 X。例如:

(25)中曾根和里根[分别]如愿以偿连任了日本首相和美国总统。

(26)1975 年,邓小平、叶剑英[分别]被正式任命为总参谋长、国防部长。

以上两个例子的 X2 都表示一种职务,一般情况下,一个职务只能要求一个主体担任,正是这种明确位置所要求的进入位置的主体的唯一性使得"分别"只能同时指向多个 X。

第四,名词性成分之间有明显对应性

当两个名词性成分在表层结构上有相似和对应关系时,也会使得"分别"只能同时指向两个 X。比如下面的句子:

(27)据《大唐新语》说,地下[分别]有水龙和土龙守着水界和土界。

(28) 每年7月上旬及翌年元月上旬[分别]对本年度的上半年及下半年的盈利所得实行分配。

例句(27)被指向的两个 X 是并列性名词结构,并且在具体语义上有对应性,如"水龙"对应"水界"、"土龙"对应"土界"。例句(27)和(28)的各个 X 都包含明确的数量成分,且具有强烈对应性。如"7月上旬"对应"本年度上半年"、"翌年元月上旬"对应"本年度下半年"等。

第五,名词性成分(除行为主体外)有表示处所义(指封闭空间)的

(29) **两支枪**各长 15.75cm 和 18cm,[分别]*收藏在中国历史博物馆和上海博物馆。*

(30) **两个女儿**大学毕业后[分别]*在杭州大学和中国药科大学工作。*

在"实际指向"层面,这些句子中的"分别"或同时指向两个 X,或单指斜体部分的状态元,就是不能单指黑体部分的 X。看例句(29),当"分别"单指表处所义的 X 时,表示"这两支枪一块儿先收藏在中国历史博物馆,后又收藏在上海博物馆";当"分别"单指"两支枪"时,表示"这两支枪每支各自收藏在中国历史博物馆和上海博物馆。"而一个主体是不能同时处在两个不同处所空间的,因此这种指向情况被自动排除了。

2. 与中心动词性质有关的因素

第一,中心动词要求与之相关的名词性成分之间一一对应

动词本身具有"对应"的强制性,凡是与它产生联系的名词性成分都会受到制约。例如:

(31) 那里有宫廷傩、军傩、乡人傩,[分别]与主神、战神、民事

神隐隐**对应**着。

"对应"自身的语义内涵便包括了"对应"的意义,因此与它联系的名词性成分自然地被对应起来。这个句子里"分别"的"实际指向"就只能是同时指向 X1 和 X2。

第二,中心动词为系动词,表示确定的属性

先看两个句子:

(32) 目前在国内搜集到的秦权、秦量就有<u>六七十件</u>,[分别]**为**<u>陶、铁、铜质</u>。

(33) 另外有<u>16 名船员</u>,[分别]**是**<u>日本人、中国人、卡纳卡人和混血种</u>。

两个句子中"分别"都只能同时指向 X1 和 X2,但是前后两个名词性成分的内容并不一一对应。它们的中心动词是"是"、"为"这类系动词,描述一种确定的性质,因此它是固定的,所以 X1 和 X2 都不能被看做一个整体,比如"一个船员具有多种国籍"(单指 X1 时)、"16 名船员一起先后有不同国籍"(单指 X2 时)都是不符合逻辑的理解,因此这类句子中的"分别"不能单独指向某一个 X。

第三,中心动词带有方向性且造成的结果不可逆

"方向性"和"不可逆"是这类制约因素起作用的两个必要条件。"方向性"除了表示动词表示的动作本身具有方向性外,还包括逻辑上的方向性。"不可逆"是指动作产生的结果无法回头重新再来,是不可逆的。

(34) 她把花[分别]**散**在凡是*七六年死亡的人的格子里*。

(35) *中间的两个铁刺*[分别]**砍断**了肺动脉和主动脉。

斜体字部分表示本来可以单独进入被指向位置而在"实际指向"层面被限制的成分。看例句(34),倘若"分别"单指 X2 的话,

表示"同一主体先后做某事",由于此时"花"是一个有隐含数量意义的名词,但是若不指向它的话,数量意义便自动隐没了,那么整个句子只能理解为"她把花一次又一次先后散在不同人的格子里",而"散"是一个不可逆的动词,某物散在某处后我们不可能把它取回来再重复一次动作,因此在这里"分别"单独指向。

4.2.2 "实际指向→理解指向"的制约因素

一个在"实际指向"层面有歧义的句子在"理解指向"层面不一定有歧义,人们在对某一个句子进行理解时,会受到认知和语用习惯的影响,导致这两个层面的指向情况并不完全相同。

满足被指向条件的 X 有五种主要句法类型,根据该复数成分表示的数量是否明确可以将它们分成两大类:表数明确的(包括并列名词性短语和数量结构做定语的定中结构)和表数不明确的(包括定语为"不确定数"的定中结构、复数代词和隐含数量意义的名词或名词性短语)①。前者我们认为它属于高数级,后者属于低数级。经过"可能指向"和"实际指向"两层"筛选"后进入第三层面的还有多个 X 时,它的"理解指向"呈现较明显的倾向,这个倾向与 X 的数级高低有关。

1. 当几个 X 同数级时,倾向同指

第一,X 均为高数级成分

A. 不同 X 表示的数量一致,"分别"同指,例如:

(36) 胡红霞的一双儿女长到 7 岁后,[分别]从保姆家和亲戚家接回天津。

B. 不同 X 表示的数量不一致,例如:

(37) 中华总领事馆、中华总会馆、华商总会、各种中文报刊,[分别]举行了茶会、宴会、欢迎会,以壮行色。

（38）氧化剂和燃料[分别]灌满了四个箱子。

例句(37)倾向表示"四个机构各自举行了其中的一种晚会"；例句(38)表示"氧化剂和燃料各自灌了箱子,加起来的总量是四个"。

第二,X均为低数级成分,例如：

（39）她把花[分别]散在凡是七六年死亡的人的格子里。(单指X1)

（40）贺营长去到每一个屯兵洞,依照不同的情形[分别]作了交代。(单指X1)

2. 当几个X不同数级时,表现为高数级对低数级的吸引

第一,倾向同指,例如：

（41）*1078－1085年间的观测结果*,被[分别]保留在苏颂所著《新仪象法要》一书的星图中和苏州石刻星图中。

（42）*他们*[分别]以认知、情感、主导活动为划分标准。

斜体字表示数级较低的成分,这些表示不明确数量意义的成分都是具体的、有形的,而另一个成分都含有并列性名词结构、数量结构做宾语的定中结构这类表数非常明确的结构,这两类结构同时出现时,"分别"倾向于同时指向两个X,高数级对低数级的吸引表现在后者有被前者类化附加上确定数量的趋势。此时高数级成分表现为对低数级成分语义上的吸引。比如例句(42),人们自动理解"他们"为"两个人"。

第二,倾向指向高数级成分,例如：

（43）萧克、吕正操、杨成武等老朋友[分别]宴请了*他们*。

（44）*所有的肠壁都在痉挛*,[分别]把胃、肠残留物排放出去。

斜体字是低数级成分,"分别"在这种情况下倾向于指向数级较高的成分。值得注意的是,与前一个倾向同指的情况相比,这类

X 的低数级成分基本上是比较抽象的。此时高数级成分表现为对低数级成分形式上的吸引。

附注

① 指该名词性成分对应的实际概念在语义上的数量不确定,表示一种概数而不是确数。
② 指该名词性成分对应的实际概念在实际生活中是可数的,只是在句子表层没有通过数量结构等手段表现出来。
③ "复数成分"指该名词性成分对应的概念是可数的,当在句法表层通过罗列或数量结构等手段将具体数量表现出来时,我们认为它是"显性"的,如第一至四类,反之,认为是"隐性"的,如第五类。
④ 满足被指条件的复数成分在进入句法结构时,有些语义上的具体数量会通过一定的句法手段表现出来,比如第一、二类,我们称为"表数明确"的"高数级";反之我们视为"表数不明确"的"低数级"。

参考文献

北京大学中文系 1955、1957 级语言班(1996)《现代汉语虚词例释》,北京:商务印书馆。
雷良启　1999　"分别"的语义指向及相关歧义问题,《汉语学习》第 3 期。
陆俭明　1997　关于语义指向分析,《中国语言学论丛》第 1 辑,北京语言文化大学出版社。
陆俭明　2004　《现代汉语语法研究教程》,北京大学出版社。
陆俭明、沈阳　2004　《汉语和汉语研究十五讲》,北京大学出版社。
吕叔湘　1999　《现代汉语八百词》,北京:商务印书馆。
邵敬敏　1990　副词在句法结构中的语义指向初探,《汉语论丛》,上海:华东师范大学出版社。
邵敬敏　1991　歧义分化方法探讨,《语言教学与研究》第 1 期。
王仁法、徐以中　2003　副词"分别"与"一起"的歧义探讨,《语言科学》第 3 期。
张谊生　2000　《现代汉语副词研究》,上海:学林出版社。
周　刚　1998　语义指向分析刍议,《中国语文》第 3 期。
朱德熙　1980　汉语句法中的歧义现象,《中国语文》第 2 期。

(张　慧　北京大学中文系　100871)

主观性与"听"字容让型的使役表达

张美兰

一 容让型"听"字使役句的形成条件

汉语使役动词可分两类:使役义动词和允让义动词,允让义动词可以发展出使役用法。"听"字容让类使役句:"NP1(有生命的人)+听+NP2(有生命的人)+VP2"时就是属于由允让义动词发展来的那一类。词所处的语法位置对它的发展演变有着直接影响。"听"原本有"听从、听凭、允让、允许"等动词义,常用的句式是"NP1(有生命的人)+听+NP2('听'的对象)"。而当"听"字用作兼语式的第一个动词:"NP1(有生命的人)+听+NP2(有生命的人)+VP2"时,句中的"听"字句从带有允许、听凭的意思,表示"NP1听凭NP2做VP2"发展出新用法。由于句中的语境:NP1、NP2都是有生命的,VP2一般是未实现的动作或状况,而且NP1对"NP2+VP2"具有控制性,因而从允许义就衍生出"听"的使役用法。允让者NP1作为使役句的主语,往往对NP2发出某种希望、祈使或请求,肯定句中则为"命令或希望听从、服从"的正面允让;更多的是在否定句中,允让者NP1对NP2的操控性更加明显,"禁令、不允让、阻止"消极的允让。

1.1 语义条件

"听"最初是指听闻之"听"。它经历了从"听闻→听从→听许→听凭"的语义引申过程,由接受言语发展为接受某种行为,即根据经验或情理,听许他人的行为发生。人们的认识、思想、情感是建立在日常生活中的所见所闻所感之上,借助客观的、外在的感知,表达主观的、内在的认知或心理。听觉与人际交流有关,因此听觉与"听从"紧密相关。这个过程也伴随着主观化的过程。Traugott(1989:35)把意义越来越倚重于说话人对命题的主观信念或态度的转化过程称之为"主观化"。(转引自李明,2003)典型的主观用法,出现于祈使句、使役句中,即说话人依据自己观点或态度发布了自己的要求、指令、许可、禁止等言语行为。这种言语行为正是说话人"施加"的义务或"给予"的许可。

早期古汉语中,"听"有"听凭"义,"听"的"允许"义即由"听凭"义引申而来。"听"有"允许"义,先秦就已产生,汉魏以来中土文献继续沿用,特别是在汉译佛经中,已用得相当普遍。

汉语使役动词可分两类:使役义动词和允让义动词。允让义动词可以发展出使役用法。"听"原本有"听从"的意义,常用的句式是"NP1(有生命的人)+听+NP2('听'这个动作的对象)"。由此引申为"听凭、允让、允许"等动词义。在佛经文献中我们能见到动词"听许"连用的例子。如:

(1) 即白王言:"如王所说,命不云远。我闻石室比丘尼说:'若能信心出家一日,必得生天。'由是之故。我欲出家。愿王听许。得及道次。"(《杂宝藏经》381页)

(2) 愿为弟子,乞蒙听许。(《法句譬喻经》T04n0211_p0596c06)

(3) 白佛言:"愿欲作沙门,唯见听许。"(《法句譬喻经》

T04n0211_p0603a27)

(4) 我意志趣,不乐在家。愿听出学,修无上梵行。时诸五亲即听出学。进修其行昼夜不息。得阿罗汉果。(《出曜经》T04n0212_p0628c06)

然而,有所不同的是,这些句子的句式环境是用在祈使句("NP1 愿 NP2＋听许"),表示祈求某种意愿的达成,如例句(1)、(2)、(3)、(4)"愿～、乞～、唯～"是下级或晚辈对某愿望的祈求。这是"听"字发展为容让类使役句的关键一步。不仅意义上由允让义有所引申,句法结构上也随之有了调整变化。结构("NP1(有生命的人)＋听＋NP2(有生命的人)＋VP2")就是属于由允让义动词发展来的那一类。

1.2 结构条件

词所处的语法位置对它的发展演变有直接影响。当"听"字用作兼语式的第一个动词:"NP1(有生命的人)＋听＋NP2(有生命的人)＋VP2"时,句中的"听"字句从带有允许、听凭的意思,表示"NP1 听凭 NP2 做 VP2"发展出新用法(NP2 在上下文中可以省略)。类似的动词结构有"使、令、教"。如:

(5) 郑伯使祭足劳王。(《左传·桓公五年》)

(6) 令彭氏之子御。(《墨子·贵义》)

中古"听"的例句,如:

(7) 王大欢喜,与其所愿。即便问言:"汝何所求,恣汝所欲。"臣便答言王:"剃须时,愿听我剃。"王言:"此事若适汝意,听汝所愿。"(《百喻经·愿为王剃须喻》)

(8) 重白佛言:"罪垢所蔽,积罪九年。幸赖慈化,今得开解。唯愿世尊,听为沙门。"(《法句譬喻经》T04n0211_p0590b07)

(9) 此儿所作,过于本望,令得出家必能成道,即听出家。(《众经撰杂譬喻》T04n0208_p0540a04)

(10) 鹰告雀曰:"今且放汝,听归本居。观吾力势,为能获汝身不?"(《出曜经》T04n0212_p0695a19)

句中 NP1、NP2 即使省略,也可以通过上下文补出。由于句中的语境:NP1、NP2 都是有生命的,VP2 一般是未实现的事情,而且 NP1 对 NP2+VP2 具有控制性,因而从允许义就衍生出"听"的使役用法,允让者 NP1 作为使役句的主语,往往对 NP2 发出某种希望、祈使或请求。肯定句中为"命令或希望听从、服从"的正面允让;更多的是在否定句中,允让者 NP1 对 NP2 的操控性更加明显,为"禁令、不允让、阻止"消极的允让。

可以看到"听"字使役句典型的主观用法,满足以下四个特征:

第一,主语为第一人称(或者主语为施事);

第二,说话人直接发布要求、指令、祈求;

第三,说话人常常对听话者有权威;

第四,动词为自主动词。

1.3 用法特点

1.3.1 容让类"听"字使役句的这种用法在汉译佛经中较多。一般用在"NP1"是上级(君主、夫主)或长辈、"NP2"是下级(臣子、妻妾)或小辈的场合。以上对下的指令行为,发话人(施事)相对于受话人(与事)具有一定的权威性(authority)。如:

(11) 既娶妇已,复求出家。父母复言:"若生一息,听汝出家。"(《杂宝藏经》297 页)

(12) 时王情重,恩爱不息,语夫人言:"至六日头,乃当听尔出家入道,不相免意。"逮至六日,王语夫人:"尔有善心,求欲出家。

若得生天,必来见我。我乃听尔得使出家。"(《杂宝藏经》381页)

(13)王闻是语,深生怜愍,叹未曾有:"汝真解悟贫穷之苦,能以不坚之身,易于坚身。不坚之财,易于坚财。不坚之命,易于坚命。"即听设会。(《杂宝藏经》167页)

(14)重白佛言:"世尊,帝释及三十三天,欲得见佛。听来见不?"佛言:"今正是时。"(《杂宝藏经》240页)

按:例句(11)父母对儿子请求出家具有操控权,例句(12)国王对夫人请求出家具有操控权。例句(13)国王对平民设会具有操控权。例句(14)佛对帝释及三十三天求见具有操控权。

可见在"(NP1)+听(+NP2)+VP"句中,"NP1"通常是施事性强的一方,有生名词"人",具有操控性,即使省略了"NP1",也易补出。而"NP2"即动作、作用的主体,也是指人的有生名词(可以省略),但往往不能自主操控,整个句中表示的是"NP1"自愿或有意允让"NP2"去做某事,"NP1"容许、听任发生某个事态的消极使役。再如:

(15)时王答言:"我昔曾闻,有如是比:外诈清净,内怀奸恶。尔勿忧恼,听我核实。"(《杂宝藏经》400页)

(16)时十奢王即徙二子远置深山,经十二年。乃听还国。(《杂宝藏经》2页)

(17)王言:"不得。汝若至彼,或语其实,彼若知者,舍我飞去。"夫人殷勤,王不能免。即便听往。(《杂宝藏经》341页)

1.3.2 而当"NP1"有意禁止"NP2"去做某事时,"NP1"达成对某个事态的积极使役。否定式"(NP1)+不+听+(NP2)+VP"的强制禁令的强度加强。"听"在否定句中表示"不准、不许"或"不让"的意思,这一点在使役义动词"使"字句、"令"字句以及

"教"字句中也是如此①。如：

(18) 即便宣令，普告天下，不听②弃老。仰令孝养。其有不孝父母，不敬师长，当加大罪。(《杂宝藏经》20页)

(19) 最后得一口不净，欲持出门与子分食。门中复有诸大力鬼，复不听出。惟愿尊者，慈愍将我，使母子相见食此不净。(《杂宝藏经》297页)

(20) 王即施无畏，内外宣令："不听杀雁。"(《杂宝藏经》335页)

《杂宝藏经》中共有否定句9例。尤其是"听令"③、"听使"连文成句。如：

(21) 第三复来，时诸龙等即欲杀之。龙王遮护，不听令杀，即放使去。(《杂宝藏经》128页)

(22) 便皆瞋之，城门下遮。不听使入，便失利养。(《杂宝藏经》144页)

(23) 时降怨王出敕，告示其城内外十二由旬：禁断一切所有人民，不听私卖诸香花鬘。(《佛本行集经》，3/665/a)

1.3.3 当"NP1"具有操控性，"NP2"不由自主操控，"VP2"一般为未实现的动作时，"NP2"请求"NP1"允让自己达成某事。"听"也就由"听从、允许"发展出祈使型的使役用法，致使性弱。"使令"行为的确可以看做是一种"间接祈使"。"听"类使役句具有容许之意，也就是容许或尊重被使役者的意志。如：

(24) 复白父母言："愿尊先许，听我出家。"(《杂宝藏经》297页)

(25) 臣白王言："国有制令，不听养老。臣有老父，不忍遗弃，冒犯王法，藏着地中。臣来应答。尽是父智。非臣之力。唯愿大王，一切国土，还听养老。"(《杂宝藏经》20页)

按：上下句的语气可以探明。王有令不让养老："国有制令，不听养老。"而臣子希望能养老:"唯愿大王,一切国土,还听养老。"

(26)弟子复白王言:"愿但设教诸有比丘,悉听出狱。"(《杂宝藏经》)

(27)时迦旃延为娑罗那语王人言:"愿小停住,听我启王救其生命。"作是语已。便向王所。(《杂宝藏经》96页)

(28)复白佛言:"愿听我等出家学道。"(《杂宝藏经》134页)

(29)(夫人)即白王言:"却后七日,我归当死。听我往彼尊者迦栴延所,六日之中,受斋听法。"(《杂宝藏经》341页)

二 "听"字使役句没有进一步发展虚化探因

2.1 "听"字使役句自身独特的制约因素

"听"字从语义上看表听觉活动,引申为"听从、服从"。在此基础上引申为"允让、听许"。从语法环境看,可以出现在"V1 听＋O1＋V2(＋O2)的兼语式中。根据这些条件,"听"字有可能发展成为一个使役句,但最终没有发展为一个常用句。究其原因,有自身的因素,也有句法环境的因素。

2.1.1 "听"字动作性强,"动作义"或"变化义"比较明显。有些句子难以判断它是表允让的动词还是使役用法。如:

(30)瞻守门户,持时晓夜,解知号令,即别善恶,识者听入,不识者不听入,是谓边城,成就六业,外寇不能得坏。(《出曜经》T04n0212_p0652c11)

到清人作品中类似的句子仍可两解,如:

(31)未葬亲不许入化:"魏晋之制,祖、父未葬者<u>不听服官</u>。"(赵翼《陔余丛考》)

而使役句的进一步发展是:句式中动作义明显弱化,表现出明显的语法化倾向,只有"使令、允让、任凭"等较为抽象的关系义。在语法上,主要起引介施事成分作用的轻动词[④]。

2.1.2 语法化的程度不高,主观性程度不高。"听"在"NP1+听+NP2+V2"格式中的语义功能始终存在,另一个原因是说话人的主观性没有得到加强。

"听"作为致使词表致使义,是词汇义而不是语法意义:听从、听凭、允让。允许→使听从、使听任义→或 A:服从→或 B:禁止。虽然从左到右强迫性逐渐加强,但语法化的程度不高。最终"听"字没有能够从词根中分离出来形成一类独特的动词——使令动词,表示"……(X)是导致……(Y)处于某种结果或状态的原因"的新用法。正因为此,当句中的 NP2 省略时,给人有"听+VP"为连动式的感觉。

2.1.3 句中动词 V2 的动作性强,很少有用为心理感受动词(表达心理感情或生理感觉)或形容词,动词多为单音节的(双音节少)。这也限制了整个句式使动态(causative voice)的进一步发展。同时主语 NP1 的"自主性、施事性"强,一些非常抽象的事物或名物化成分没有出现,整个句式表示一个高及物性的事件,不像"使"字句、"令"字句有新的发展用法。如:

(32) 教有明文:"自得度,令他得度;自解脱,令他解脱;自调伏,令他调伏;自寂静,令他寂静;自安隐,令他安隐;自离垢,令他离垢;自清净,令他清净;自涅盘,令他涅盘;自快乐,令他快乐。"(《祖堂集》516 页)

(33) 举目所见,皆起文殊所化之想。圣灵之地,使人自然对境起崇重之心也。(《入唐求法巡礼行记》卷二)

(34) 善明金性使其柔伏。(《景德传灯录》)

(35) 少许时中行不难,还能礼拜使心坚。(《敦煌变文校注》)

2.1.4 出现时间短,使用频率低。如果某一语法现象出现时间长,使用频率高,它的语法化程度可能会增高。"听"字使役句在中古译经中使用比例也不平衡,有的经书中高(如《杂宝藏经》),有的却低。(如《六度集经》、《修行本起经》、《佛说㡱真陀罗所问如来三昧经》、安世高翻译的 16 部经书、《长阿含十报法经》、支谶 7 部经书、《佛说内藏百宝经》等均未用一例。)

中土文献中更少。中土文献中使用频率较高的是由原型使令动词"使、令"发展来的"使"字句和"令"字句,尤以"令"字句为甚。如《世说新语》、《齐民要术》、《颜氏家训》。

2.2 "听"字使役句使用范围狭隘

一般用在"NP1"是上级(君主、夫主)或长辈,"NP2"是下级(臣子、妻妾)或小辈的场合。以上对下的指令行为,发话人(施事)相对于受话人(与事)具有一定的权威性(authority)。根据我们目前的调查似乎在魏晋时期的汉译佛经中出现了"听"字使役句,但使用频率不一。《杂宝藏经》是较多的一类。在我们见到的用例中"NP1、NP2"均是指人的有生名词或代词。"(NP1 尔)+听+(NP2 我、吾等)+VP"/"(NP1 我、吾)+听+(NP2 尔、汝)+VP"。NP1 施事性强,整个句式是表示一个高及物性的事件,而是指 NP2 在一定使因的作用下发生某种变化,受整个句式句法语义的影响,NP2 的施事性特征也非常高。这导致了"NP1、NP2"始终没有发展出指事的无生名词或指抽象的事件。而这正是它区别于其他使役句("使、令、教"字句)用法的地方。因而"听"字也没有从"使役用法"发展出"致使用法"。

出现了"NP1+听(+NP2)+使/令 +V_2"⑤一种表示使役意

义的连谓结构,结构中的"令/教"都包含有"致使"实词义,语法功能上都没有摆脱使役动词的特点。如:

(36) 旷野鬼言:"如是如是,如来听我使问四事,当为我说:一者,谁能渡驶流?二者,谁能渡大海?三者,谁能舍诸苦?四者,谁能得清净?"(《杂宝藏经》321页)

(37) 象语王言:"莫与斗诤。凡斗诤法。多所伤害。"王言:"彼欺凌我。"象言:"听我使往,令彼怨敌不敢欺侮。"(《杂宝藏经》68页)

(38) 善贤即欲害彼猎师,象王种种慰喻说法,不听令害。(《杂宝藏经》50页)

2.3 语用环境比较单一

允让有积极的允让,也有消极的,但"听"字容让型使役句多用于否定句,表消极的允让。在《得道梯橙锡杖经》中仅检得两例,均是否定句。如:

(39) 六者不得横着肩上手垂两头。七者出入见佛像不听有声。(T17n0785_p0725b13)

(40) 一者杖恒在己房中不得离身。二者不听下头着地。三者不听杖许生衣。(T17n0785_p0725b24)

2.4 唐代新兴的"交"("教")字句的大量使用,妨碍了"听"字句的进一步发展

到唐五代时期使役句多用"教"字、"交"字,"听"字很少,"听"仍多表"听任"动词语义。以《祖堂集》为例,如:

(41) 沩山却问师,师曰:"坐也听伊坐,卧也听伊卧,有一人不坐不卧,速道将来。"

(42) 师云:"双双听你双双。"

(43) 霜云:"白云听你白云,青山听你青山。"

(44) 乐蒲出来云:"听他埋没去,自有青龙在。"

(45) 进曰:"直得万年后如何?"霜云:"光靴听你光靴,白俊听你白俊"。

(46) 进曰:"直得老后如何?"云:"登科听你登科,拔髓听你拔髓。"

在唐代的诗文中"教(交)"字使役句大量使用。它的语用场合比较宽松。

(47) 闷即交伊合曲,闲来即遣唱歌;禅堂里莫使寂寥,幽家内莫交冷落。(《维摩诘经讲经文》)

(48) 十娘曰:"五嫂咏筝,儿咏尺八:'眼多本自令渠爱,口少元来每被侵;无事风声彻他耳,教人气满自填心。'"(《游仙窟》)

(49) 南行一里,建碑堂。筑立高垣,不交开着。(《入唐求法巡礼行记》卷二)

(50) 无事风声彻他耳,交人气满自填心。(《游仙窟》)

(51) 虽地水温而无卤泥,缘莓苔软草布根稠密,故遂不令游人污其鞋脚。(《入唐求法巡礼行记》卷三)

三 总结

3.1 中古汉译佛典中"听"字使役句的使用语境分析

3.1.1 一般用在"NP1"是上级(君主、夫主)或长辈,"NP2"是下级(臣子、妻妾)或小辈的场合。以上对下的指令行为,发话人(施事)相对于受话人(与事)具有一定的权威性(authority)。在"(NP1)+听+NP2+VP"句中,"NP1"通常是施事性强的一方,有生名词"人",具有操控性,即使省略了"NP1",也易补出。而"NP2"即动作、作用的主体,也是指人的有生名词,但往往不能自主操控,整个句中表示的是"NP1"自愿或有意允许"NP2"去做某事,"NP1"容许、听任发生某个事态的消极使役。

3.1.2 而当"NP1"有意禁止"NP2"去做某事时,"NP1"达成对某个事态的积极使役。否定式"(NP1)+不+听+(NP2)+VP"的强制禁令的强度加强。

3.1.3 当"NP1"具有操控性,"NP2"不由自主操控,"VP2"一般为未实现的动作时,"NP2"请求"NP1"允许自己达成某事。"听"也就由"听从、允许"发展出祈使型的使役用法,致使性弱。"使令"行为的确可以看做是一种"间接祈使"。"听"类使役句具有容许之意,也就是容许或尊重被使役者的意志。

3.2 "听"字使役句没有进一步发展虚化探因

3.2.1 "听"字动作性强,有些句子难以判断它是表允许的动词还是使役用法。

3.2.2 使用范围狭隘。语用环境比较单一。

3.2.3 使用时间短。

四 余论

在中古汉文佛典中有几种句法结构,如"取"字处置式,"持"字处置式,它们使用的语言环境较为单一,在句子中动词性功能也较强,也仅用于中古汉文佛典文献中,没有能够得到进一步发展为狭义处置句(仅有少数例句)。而随着唐代"将"字句的大量使用,促使"取"字、"持"字处置式退出历史舞台。可见同类句式的发展会受到多种因素的制约,发展是不平衡的。这也是中古汉文佛典句式发展过程中的一种现象。

附注

① 无教逸欲有邦。(《尚书·皋陶谟》)
  夫为门而**不使**入,委利而不使进,乱之所以产也。(《韩非子·外储说》)
  秦蚕室韩氏之地,中绝**不令**相通,故自以为坐受上党也。(《战国策·赵策》)
② 按:"听"有"允许"义,"不听"自然就有了"不允许"义。学界曾有几篇论文专门讨论"不听"一词,并单列一个词条,窃以为"不听"为词组,不必如此单列一个"不听"的词条。如:
  叶爱国(1997)《史记》已有"不听",《中国语文》第2期;
  谢质彬(2000)"不听"作"不允许"解的始见年代及书证,《中国语文》第1期;
  萧红(2001)"不听"作"不允许"解的始见年代及书证,《中国语文》第3期;
  方一新(2003)"不听"之"不允许"义的产生年代及成因,《中国语文》第6期;
  陈秀兰(2003)"不听"作"不允许"解的年代考证补,《中国语文》第6期。
③ "听令"连文也可用于肯定句,例如:王忽一日发于善心,欲大布施,如婆罗门法。积七宝如山,持用布施。有来乞者,听令自取重一撮去。如是数日,其积不减。(《法句譬喻经》T04n0211_p0594a07)
④ 使动结构中的"使"和"让"等词既不属于介词也不同于兼语式中的实义致使动词,而应分析为表示单纯致使意义的"轻动词"。(参见沈阳等(2001)《生成语法理论与汉语语法研究》,哈尔滨:黑龙江教育出版社。)
⑤ V_1(+NP)+使/令(+NP)+V_2/A式用例最早见于西汉出土文献,如古屋昭弘(2000)所举例:"熬令焦黑、熬盐令黄"(西汉马王堆出土医书《五十二病方》),参见古屋昭弘(2000)《使成词组 V_1+令+V_2 和 V_1+教+V_2》,纪念王力先生诞辰一百周年语言学国际学术研讨会交流论文。

参考文献

李 明 2003 汉语表必要的情态词的两条主观化路线,《语法研究和探索(十二)》,北京:商务印书馆。
《百喻经》,花城出版社,1998年。
《出曜经》、《众经撰杂譬喻》、《百喻经》、《法句譬喻经》、《得道梯橙锡杖经》等引自《大正藏》电子版本,系朱冠明先生提供,在此致谢。
《佛陀遗教经典》,巴蜀书社,2001年。
《净土宗三经》,巴蜀书社,2001年。
《六度集经》,巴蜀书社,2001年。
《杂宝藏经》,花城出版社,1998年。

(张美兰 清华大学中文系 100084)

《说文解字》与《康熙字典》部首及归部比较

李俊红

一 研究缘起

与形声字"义符"相比较,"部首"不是一个实质性的界定,是因为在汉字聚合中居于每个部类之首才被称为"部首"。掌握一定量的部首"不仅可以帮助汉字的认知(recognizing)、记忆(remembering)和再生产(reproducing),还可以作为汉字排序的依据。"(Yao,1997:15)Feldman & Siok(1999)的实验证明,在汉字认知的过程中,部首确实被加工并成为影响汉字认知的重要因素。在关于义场内部结构的讨论中,持汉字偏旁或部首形式表现论的学者认为,汉语中有许多义场内部的语义关系是以文字符号的偏旁或部首来表现的。(林杏光,1999:351)

自许慎《说文解字》(以下简称《说文》)首创部首法以来,《说文》部首曾被多种需要编排文字的书籍沿用。但随着文字的发展,尤其是书体的演变,《说文》部首对于"新"文字的不适应性表现得越来越明显。

根据人们的认知心理,与音、义相比,文字的本体——字形是第一被感知的要素。陈宝国等(2001、2003)关于汉字识别的实验结果显示,不管是对于高频字还是低频字,与音和义相比较,字形都最先被激活。字形的发展、部件的混同不可避免地会影响到使用者对汉字的判断力。从检索的角度来说,字形的变化更是不容忽视的。于是从《字汇》开始[①],在原来据义的构形部首基础上产生和发展起来据形的检索部首。

从第一部字典《说文》的问世到"为几个朝代的《说文》派字典作了一个总结"(刘叶秋,1983:127)的集大成之作——《康熙字典》(以下简称《字典》),其间经历了大约16个世纪(公元100年—1716年),为了说明部首的发展,下面我们把《说文》的篆文部首系统和《字典》的楷书部首系统加以对照。

二 对照表的制作

在做对照表时,我们用保留、合并、分化、新增来概括部首的演变方式。这四种方式不是并列的,其中"分化"分散于其他三种演变方式之中。《字典》中保留、合并的部首情况又可具体区分为全部保留(完全保留)、部分保留(不完全保留)、全部合并(完全合并)、部分合并(不完全合并)四种。

全部保留指《说文》A部属字全部保留在《字典》A部中。如《说文》"牛"部有47个属字,这47个属字在《字典》中仍旧归于"牛"部;"竹"部有149个属字,这149个属字在《字典》中仍旧归于"竹"部。衣、夕、儿、日、行、矢、臼、首、面、韭、比、鹿、麻、瓜、穴、而、方、黍、谷、香、片、鼎、氏、身、瓦、石、豕、鼠、尢、耳等部的演变属于全部保留。

部分保留指《说文》A部属字部分保留在《字典》A部中,有一部分归入了其他部首。如《说文》"糸"部有258个属字,其中256个保留在《字典》的"糸"部,另外两个字"徽"、"彝"分别归入《字典》的"彳"部和"彐"部;《说文》"一"部5个属字,"一"、"丕"保留在"一"部、"元"入了"儿"部、"天"入了"大"部、"吏"入了"口"部。手、人、缶、户、欠、老、匕、木、非、禾、弓、米、网、巾、白、文、山、广、厂、干、犬、月、舟、火、黑、赤、立、心、至、水等部的演变属于部分保留。

全部合并指《说文》A部属字全部被合并入《字典》的B部。如《说文》"沝"部3个属字到《字典》时全部并入"水"部;"秃"部两个属字全部并入《字典》的"禾"部。尾、履、只、古、告、先、步、放、兄、瓠、素、后、泉、琴、重、豚、炙、西、戊、巳、旦等部的演变属于全部合并。甲、丙、丁、庚、壬、癸、寅、卯、未、戌、亥、率、四、五、六、七、克等无属字部首的合并是其中比较特殊的一部分。

部分合并指《说文》A部属字中有一部分随部首字合并入《字典》B部,另一部分合并入其他部首,或原《说文》A部中只部首字A合并入《说文》B部,其他属字合并入另外的部首。如《说文》"可"部5个属字,3个随"可"并入"口"部,一个"奇"字归入"大"部;《说文》"炎"部8个属字,包括"炎"在内的7个属字并入"火"部,只一个"䑎（餤）"字入了"舌"部;"我"部两个属字"我"、"義"分别并入"戈"、"羊"二部。盾、共、乃、兮、号、九、裘、尺、亏、喜、虎、且、宁、去、永、井、凶、不、宫、弦、系、吕、帛、从、北、丘、众、卧、了、午、申、酉、丑等部的演变属于部分合并。

为了对部首的演变情况作一个详细的描写,我们列表进行了分析、统计,样式如表1。

表 1 《说文》、《字典》部首系统对照表

序号	说文部首	属字序号	属字	字典部首	分别统计	演变方式				备注
						保留	分化	合并	新增	
237	月	4291	月	月	A1	93				
		4292	朔	月	A2					
		4293	朏	月	A3					
		4294	霸	雨	B1					部分保留
		4295	朗	月	A4					
		4296	朓	月	A5					
		4297	朒	月	A6					A9
		4298	期	月	A7					B1 霸
		4299	朦	月	A8					
		4300	朧	月	A9					

表格说明：

所据《说文》版本为中华书局 1963 年以陈昌治刻本为底本影印的徐铉校注本，所据《字典》版本为上海古籍出版社 1996 年首次影印的王引之校注本。

第一列"序号"指该部首在《说文》540 个部首中的排列顺序；

第二列列出与前序号相对应的《说文》部首；

第三列是《说文》属字（包括部首字、新附字，不计重文）的序号；

第四列列出相对应的属字；

第五列是《说文》属字在《字典》中的归部；

第六列统计《说文》属字在《字典》中的归部情况。如上表中《说文》"月"部有 10 个属字，其中归入 A 部首（月）的有 9 个（A9），归入 B 部首（雨）的有 1 个（B1），因有一个属字（霸）已不在"月"部，所以其演变方式为"部分保留"（见"备注"栏）。

最后一列"演变方式"又分 5 个小列："保留"和"合并"下统计

《说文》部首在《字典》中保留和合并的数目（累计）；"分化"描写原篆文部首在《字典》中的不同写法，如《说文》部首"心"在《字典》的楷书中有"忄"（如"性"）、"心"（如"息"）、"小"（如"恭"）等多种写法；"新增"下统计《说文》属字中有哪些归入了《字典》的新增部首（弋、艮、无、丬、亠、父 6 部）；"备注"是对前面几列的总结，如第 238 部"有"部的"备注"栏中把该部演变方式总结为"部分合并·只部首字"。这说明"有"在《字典》中已不再是部首，并且"有"部 3 个属字没有被合并入相同的部首，"只部首字"说明部首字"有"与其他属字的归部都不同。

三 统计结果

统计结果显示：保留下来的部首 208，其中全部保留 101、部分保留 107；被合并的部首 332，其中全部合并 132[②]、部分合并 200；新增部首 6。

四 演变原因分析

4.1 字体发展所致

字体发展贯穿在汉字发展的整个过程中，其中隶变和楷化更是对汉字的点画和结构具有决定性的影响。

赵平安在其《隶变研究》(1993)一书中分析了隶变给汉字带来的巨大影响。他从汉字结构、汉字笔画、汉字体态三个方面分析了完成隶变的汉字与在此之前的汉字的截然不同。赵平安认为，"由于隶分隶合的原因，导致了汉字偏旁部件的大量混同"，原来小篆中的一些曲笔、连线等也由于"直、减、连、拆、添、移、曲、延、缩等手法的综合运用"而变成了点、横、撇、捺、折等现代汉字的基本笔画。这些变化虽未改变汉字表意的本质,却已使很多汉字"面目全非"了。

隶变之后又有楷化。楷化虽然较隶变要平和得多,却也把隶书的笔画拉得更加平整,小篆的屈曲圆转的影子一点儿也没有了。楷化彻底地对汉字来了个"改头换面"。

《字典》作为一部楷书字典,针对小篆以来已经改变的汉字形体,自然是要根据目前比较通行的字体编排和归部。如《说文》"斗"部原有17个属字,其中16个在《字典》中仍归"斗"部,只一个"升"字入了"十"部。"升",篆文从斗象形,意为"十龠"③,隶楷变后省作"升",原"斗"形已不复存在,《字典》据新字形归入"十"部,又恰与"十龠"之"十"相合;"火"部"光"字,篆文构意"从火在人上",《字典》据楷书字形归入"儿"部;《说文》"人"部"弔"字,本从人持弓,楷书中人形变为"丨",《字典》归入"弓"部。对于这样一些理据已不太明显的字,《字典》在按照楷书字形处理的同时又能照顾到字义,这种归部可以说是合理的。

另如"母",本在"女"部,楷书字形中理据已完全丧失,《字典》只好据形归入"毋"部。如此之类,"失"由"手"部到"大"部、"凡"从"二"部到"几"部等也都是不得已而为之。再如"易",本是独立为部的象形字,为了减少部首的数量,《字典》对无属字部首多作了合并,"易"也只能据形归入"日"部。这种归部虽无理据作为基础,却也是相对合理的。

4.2 归部原则不一

首先需要指出的是,《字典》与《说文》的矛盾之处不一定都是《字典》的失误。如"碧"字的重新归部。"碧"是平面结构,"从玉、石,白声"。《说文》置于"玉"部,《字典》归入"石"部。从有理归部的角度考察,"玉"、"石"都是"碧"的义符,归入哪一部都可以。从字形来看,"石"这一部件比较突出,根据人们的感知习惯,很容易先把"碧"从"石"和"珀"中间分成两部分。将"碧"字归入"石"部,既照顾了认知规律,又无损于对理据的提示,不但不是失误,反而表现了《字典》不复古、进步的一面,属于"优化"的范围。

"羘"的情况却有所不同。

"羘"字从羊爿声,《说文》据义符归入"羊"部。"爿"声字还可以举出一些,如"牀"、"狀"、"将"、"戕"、"斨"、"壯"、"𧢲"等。《说文》对其有统一的处理,分别归入"木"、"犬"、"手"、"戈"、"斤"、"士"、"角"等义符部首。《字典》却进行了不同的处理:"狀"、"将"、"戕"、"斨"、"壯"、"𧢲"等仍保留在义符部首中,"羘"、"牀"却据声符归入"爿"部。

再如下面 5 组例子:

(1) "麻"声字: 麽　縻　魔　摩
　　《说文》: 幺　米　鬼　手
　　《字典》: 麻　米　鬼　手

(2) "龍"声字: 龏　讋　礱　聾
　　《说文》: 廾　言　石　耳
　　《字典》: 龍　言　石　耳

(3) "攸"声字: 倏　儵　條　鯈
　　《说文》: 犬　黑　木　魚
　　《字典》: 人　人　木　魚

(4) "門"声字: 閩　悶　聞　問
　　《说文》: 虫　心　耳　口
　　《字典》: 門　心　耳　口

(5) 会意字: 衍　　衔
《说文》:　　水　　金
《字典》:　　行　　金

以上5组字例是《字典》对《说文》同声异部字归部原则不一的情况。《字典》中还存在着不少对《说文》同部属字按不同原则归部的现象,如《说文》"革"部有63个属字,62个仍然保留在"革"部,只"勒"一字归入"力"部。"勒"从革力声,与"靬"、"鞅"、"鞍"、"靳"、"鞳"等的构形模式相同,都是左形右声的形声字,它们的声符"力"、"干"、"艮"、"皮"、"斤"、"豆"也都是《字典》部首的成员,但其他5字都据义符归入"革"部,独"勒"归入"力"部。虽然"力"部属字"功"、"勉"、"勤"等"力"也居右,但这些字中的"力"是义符。如果"勒"脱离"靳"、"鞅"系字而勉强加入"功"、"勤"等字的系统,不但与原"革"部字的归部产生明显的矛盾,更影响了对字义的理解,是既拆了东墙又没补成西墙之举。

这样的例子还可以再举出几组:

(6) 孜 敉 敁 敉 攻 敲 鈘

这组字都是以"攴"为义符的形声字("攴"做楷书的部件时或作"攵"),《说文》全部收入"攴"部。它们的声符都居左位,且都是《字典》的部首,但后6字《字典》同《说文》,归入"攴"部,"孜"却独树一帜,入了"子"部。

(7) 狱 雄 雅 雉 雉

这是《说文》"隹"部的一组字。与第(6)组相同,都是左声右形的形声字,"犬(犭)"、"方"、"牙"、"矢"、"弋"也都是《字典》的部首。后4字的归部与《说文》相同,入了"隹"部,独"狱"入了"犬"部。

与(6)、(7)相类的另如：

(8)　祁　郢　邯　郃　邡　邵　邱　邛　邗　邪　邠
《说文》：邑　邑　邑　邑　邑　邑　邑　邑　邑　邑　邑
《字典》：示　邑　邑　邑　邑　邑　邑　邑　邑　邑　邑

(9)　欻　欤　歃　欷　饮　钦　欣　欲　吹　次　歇
《说文》：欠　欠　欠　欠　欠　欠　欠　欠　欠　欠　欠
《字典》：骨　欠　欠　欠　欠　欠　欠　欠　欠　欠　欠

(10)　楚　麓

"楚"、"麓"二字都是以"林"为义符的形声字，在《说文》中原属"林"部。"林"部被合并后，"楚"入了"木"部，"麓"入了"鹿"部。

(11)　钊　鮔　刵　初　则

这五个字都是《说文》"刀"部的属字，构形模式同为会意合成。《字典》时"钊"、"鮔"分别据其义符入了"金"、"鱼"二部，"刵"、"初"仍据右位部件留在"刀"部。这种归部法虽与《说文》不尽一致，却不能说完全没有道理，这正反映了会意字归部不易统一的事实。"钊"虽然脱离了"刀"部，却成为"银"、"铅"、"钶"等"金"部字系的一员；"鮔"不再是"刀"部属字，却与"鲂"、"鲲"、"鲒"等成为一个系统，两种归部都不影响对字义的理解、掌握。

但这并不是说所有的会意字都可以随意"两可"归部。归部时除了要考虑与汉字形体契合的本义以外，还应该照顾到整个汉字聚合系统。如"网"部原有37个属字，36个仍留"网"部，只一"詈"入"言"部而使"网"部成为"部分保留"。单纯就一"詈"字来说，它从网从言会意，入"言"部也未尝不可，但从系统优化的角度来看，入"网"部(绝大部分放在字形结构上部的"网"楷书中作"罒")更好些。因为"言"虽然也是《字典》的一个部首，但其属字中绝大部分是"言"在左,而"网"部却无一例外地"网"在上,"罾"入"网"部更能照顾到系统的完整,也使读者更容易接受。相对"罾"字而言,"茜"字从"酉"部到"艸"部的重新归部,《字典》的处理可能就更为合理些。

与第(11)组相类的另如:

(12) 煩　顺　頖　頯

这是《说文》"頁"部的一组会意字,《字典》中"顺"、"頖"、"頯"留在"頁"部,"煩"新入"火"部。

《说文》"頁"部属"部分保留"类,原有93个属字,90个仍归"頁"部,只"碩"、"龥"、"煩"三字作了重新归部。稍加分析便能发现,"頁"部其实完全可以"全部保留"的。"碩"、"龥"二字与"頭"、"項"、"傾"、"髖"、"頰"、"頊"、"鎮"、"頤"、"頹"、"頗"10字都是以"頁"为义符的形声字,归部却不同:后10字仍入"頁"部,前两字却分别入了"石"、"龠"二部。如果"碩"、"龥"这两个形声字不出现依声归部、"煩"这个会意字不入别的系统的话,"頁"部就是"全部保留"了。

除了上述异部之间和同部之内归部的矛盾外,在《字典》的归部中还有一些比较特殊的情况:不能分的分,如"燕"字中的"灬"本像燕尾之形,与全字是不能拆分的整体,因"灬"酷似"火"的变形而归入"火"部(这种做法跟为减少部首数量而合并无属字部首有关);不该合的合,如"木"部"采"字本从爪在木上会意,造意十分清楚,却因字形似"采"被《字典》归入"采"部;对有理字进行无理拆分,如"章"从音从十,在"音"部,《字典》入"立"部,从"立早"之俗而不从"音十"之理,真可谓"断章取义";两部重见是源于《说文》又被《字典》发展了的,如"史"入"口"、"又"二部;还有的归部纯粹是不知从何原则的、奇怪的归部,如"尹"入"尸"部等。

五 小结

通过《说文》与《字典》部首的对照以及《说文》9833个属字在《字典》中归部的穷尽测查,可以看出,由于以形声字为主体①的特点没有改变,二者对绝大部分字的处理还是一致的。如二书基本上都遵循形声字按义符归部的原则,才使"示"、"羽"、"面"、"金"等部得以"全部保留";减少部首数量时也尽量不影响对属字字意的理解,如把"琴"部属字全部合并入"玉"部、"思"部属字全部合并入"心"部等;对于一些隶变、楷化后字形中理据保存不太完整的字,《字典》也尽量处理得合"形"合"理";对于理据完全丧失的字,《字典》据形处理等等,这些都是无可非议的。但是,有些理据依然保存且形理并不矛盾的字,《字典》却没有按照同一标准归部。从《字典》的立部和单字的归部来看,是据形和据义两种原则的结合,《字典·凡例》也明确提出想用这种结合达到"检阅既便而意有指归,不失古人制字之义"的目的。

从部首的变化和具体的归部差异中还不难看出:两个阶段的"部首"内涵已经有了很大差别,"部首"的作用也发生了不小的变化。《说文》时属字对于部首是形、义两属,部首既是形体的标志,又是义类的标志;《字典》时部首的两属功能已明显降低,有的属字仅是从形体上隶属于部首,意义与部首毫无关系。从《说文》时代到《字典》时代,汉字由篆文发展为楷书,有些字的构形本身或构形与构意的关系发生了变化。如"毛",篆文本像草叶之形(从垂穗上贯一,下有根),楷书中却没有多少草叶的影子。《说文》时"毛"是一独立的部首,《字典》时据字形归入"丿"部,"毛"部便取消了。部分汉字的形义脱节改变了《说文》条例所需的条件（形义统一），也就必然影响到部首的设定和单字的归部。如《字典》时设置了"亠"部，只是笔画的组合，并不成字，也丝毫没有意义可言，所收"交"、"亳"、"亥"、"亨"、"亭"诸字在意义上也没有关联，各字中的"亠"是小篆不同形体楷化后的混同。为了统率这些变化后构意不明、不易归部的形体，才相对合理地立了"亠"部。

汉字发展的阶段性、内部能量的转换促成了汉字体系的变化，也就决定了部首和归部的发展，但两种发展又不完全相同。部首的设置是随着汉字构形系统的发展而不断调整的，归部是随着每一个具体汉字的变化而不断调整的。

附注

① 关于《说文》部首改革的时期，学术界看法有分歧。一般认为部首大的改革源于《字汇》，它把《说文》的据义原则明确改为据形，部首数目由540降为214；白涤洲提出《龙龛手鉴》的242部是旧部首的第一次大改良；施安昌则认为旧部首体系的打破还要早些，在《字汇》前八百多年、《龙龛手鉴》前二百多年的《五经文字》时代就已产生。甚至，施安昌还推测："对《说文》部首比较系统的整理与改革在唐以前就进行过。"参见施安昌(1981)。

② "全部合并"中有一类特殊情况：对无属字部首的合并。《字典》合并了《说文》36个无属字部首中的35个，只保留了一个"凵"部（"凵"部收入了"凶"、"凹"、"凸"、"出"等字，已不再是无属字部首）。这种合并说明部首已经从带有哲理观念的部首向纯文字学的部首发展，是一个大的进步。

③ 段玉裁《说文解字注》(1988:719)认为当做"十合"，"作十侖则不可通"。

④ 据相关统计，小篆中的形声字比例占到87%强，楷书中更是达到90%以上。"而事实上，包括象形、指事、会意在内的非形声字也大都以形声字构件的身份纳于形声系统。因此，小篆之后的汉字系统实际上形成了以形声字为结构主体的基本格局，汉字构形系统实质上已经成为形声系统。"（李国英，1996:2）

参考文献

陈宝国、彭聃龄 2001 汉字识别中形音义激活时间进程的研究(Ⅰ),《心理学报》第1期。

陈宝国、王立新、彭聃龄 2003 汉字识别中形音义激活时间进程的研究(Ⅱ),《心理学报》第2期。

李国英 1996 《说文小篆形声字研究》,北京师范大学出版社。

段玉裁[清] 1988 《说文解字注》,上海古籍出版社。

林杏光 1999 《词汇语义与计算语言学》,北京:语文出版社。

刘叶秋 1983 《中国字典史略》,北京:中华书局。

施安昌 1981 唐人对《说文解字》部首的改革,《故宫博物院院刊》第3期。

许慎[汉] 1963 《说文解字》,北京:中华书局。

张玉书、陈廷敬[清] 1996 《康熙字典》,上海古籍出版社。

赵平安 1993 《隶变研究》,保定:河北大学出版社。

Feldman, L. B & W. T. Siok, W. W. T 1999 Semantic Radicals Contribute to the Visual Identification. *Journal of Memory and Language*. 40.559-576.

Yao, Tao-chung et al. 1997 *Integrated Chinese* (Level 1 Part 1, Simplified Character Edition) Textbook. Boston: Cheng & Tsui Company.

(李俊红 首都师范大学北一区国际文化学院 100089)

主语位置上的数量词"一个"的历史演变及主观化

刘敏芝

一 引言

汉语的数量词"一个"是最常见的数量词组合形式,应用频率很高。根据王绍新(1989)的研究,量词"个"在唐代的适用范围大大扩展,和现代汉语在大的类别上已经没有什么不同。"一个"位于主语位置时是通常称为"无定 NP 主语句"的重要表达形式,在现代汉语领域有很多这方面的研究。而从近代汉语和现代汉语普通话及方言的语料来看,主语位置上的"一个"还有其他的用法,主要表达说话人的主观态度。这方面的研究以前未见,本文就从历史的角度来考察主语位置上的数量词"一个"的用法的演变及其语法化、主观化的过程。因为"一个"单独使用时只有数量词一种用法,因此本文的研究范围限于主语位置上 NP(也有 VP)之前的"一个"。

二 唐五代时期的"一个"

2.1 从全唐诗、敦煌变文、《祖堂集》来看,唐五代时期主语位

置上的"一个"绝大多数是数量词,用在普通名词或名词短语之前,这也是"一个"的最初用法。如:

(1) 自移西岳门长锁,一个行人一遍开。(王建《华岳庙二首》诗之二)

(2) 一个孩儿拼不得,让皇百口合何如。(李家明《题纸鸢止宋齐丘哭子》)

(3) 一个字未稳,数宵心不闲。(无名氏《句》)

(4) 佛将喻我诸菩萨,一个砂同一个人。(《妙法莲华经讲经文》〈三〉)

还有的"一个"用于专有名词之前,表示具有某人或某种事物特征的人或事物:

(5) 一个祢衡容不得,思量黄祖谩英雄。(罗隐《句》)

(6) 越王解破夫差国,一个西施已是多。(卢注《西施》)

《祖堂集》中的"一个"大多数位于宾语位置上,是表示无定的标记,用于主语位置表示数量的没有确切的例子。

2.2 用于主语位置上作为无定标记的用法也已经产生,但数量很少。如:

(7) 一个厮磨师,眼看绝行道。(王梵志《世间何物重》)

(8) 譬如世闻两个君子,一个君子从南方来,一个君子从北方来,广野之中相逢。(《祖堂集》卷七)

2.3 因此,唐五代时期主语位置上的"一个"主要是数量词,修饰普通名词或名词词组,用作无定标记的用法也已经产生,但数量很少,而且很多情况下都是两可的状态,理解为数量词也可以,理解为无定标记也可以,应该说后者是由前者虚化而来的。"一个"用作数量词时在句中经常和其他数量结构配合出现,如例句(1)、(3)、(4),强调事物的数量。当"一个+名词"指某种事物中的一个而不强调数量时,"一个"就有了无定的意味。例句(8)的"一个"用于回指性的对举,可以看做是处于演变的过渡阶段,有表示数量的意义,但是因为是照应回指前面的"两个君子",所以数量意义减弱,无定意义增强。

三 宋元时期的"一个"

3.1 从《景德传灯录》、《朱子语类·训门人》、《张协状元》、《刘知远诸宫调》、《西厢记诸宫调》、《元典章·刑部》、《窦娥冤》、《原刊老乞大》和宋元话本等来看,宋元时期主语位置上的"一个"还是以表示数量为主,用作无定标记的用法较唐五代时期在出现频率上没有大的增加,在《刘知远诸宫调》、《原刊老乞大》中甚至没有一个确切的例子,除了宋元话本外,其他语料中也很少出现,而"一个"用作无定标记在宾语位置上是大量使用的。

(9) 药山又谓云岩道吾曰:"适来一个沙弥却有来由。"(《景德传灯录》卷十四)

(10) 一个孽相的蛾儿,绕定那灯儿来往。(《西厢记诸宫调》卷三)

(11) 这里一个窦秀才,从去年问我借了二十两银子,如今本利该银四十两。(《窦娥冤·楔子》)

(12) 去那左廊下,一个妇女摇摇摆摆从府堂里出来,自言自语,与崔宁打个胸厮撞。(《碾玉观音》)

3.2 无定主语句中的"一个"强调事物的个体性,前面一般都可以加上表示存在的"有"而不影响句义,多用于事件句中①,谓语多是表示个别动作行为的动词短语。这些特点和现代汉语中一般所说的"无定主语句"的特点是一致的。

四 明代的"一个"

4.1 从《水浒传》、《西游记》、《金瓶梅词话》、"二拍"来看,明代的主语位置上的"一个"的用法有了很大的扩展。除了表示数量的用法,作为无定标记的使用频率比宋元时期有了很大增长,如:

(13) 正说话间,一个小厮捧了茶盘出来送茶。(《初刻拍案惊奇》卷二十一)

(14) 一个为首的女童,执玉杯递酒来劝宋江。(《水浒传》第四十二回)

4.2 明代主语位置上的"一个"出现了新的用法。用于名词之前,既不是表示数量,也不是指称某个类里的一个个体成员,而是强调它后面的名词的身份或特征,一般不用于事件句,谓语部分也大多不是表示个别动作行为的动词短语,而是对主语所作的主观评价。从其语境来看,很多是反诘的形式。用作无定标记的"一个"前面大多可以加上表示存在的动词"有",而这一类用法的"一个"前面不能加"有",而大多可以加上表示身份或特征的"作为",或加上介词"对于"。这种用法在《金瓶梅词话》中所见较多。

(15) 众人道:"一个荒岛,有何好看?"(《初刻拍案惊奇》卷一)

(16) 吴氏道:"法师又来了,一个亡魂,只指望见见也勾了,如何说到此话?"(同上,卷十七)

(17) 一个文墨人儿,他干这个营生?(《金瓶梅词话》第十九回)

(18) 一个风火事,还像寻常慢条斯理儿的。(同上,第三十回)

(19) 俺们倒是朋友不敢散,一个亲家都要去。(同上,第六十三回)

4.3 无定标记"一个"所在的句子大多是叙述客观事实,而这种"一个"所在的句子则大多是评价事理,几乎都是出现于对话当中,表达说话人的主观态度。如例句(19),"一个亲家"并不是指称众多亲家中的一个,而是强调作为一个亲家的身份,不应该离去。因此到了明代,汉语中位于主语位置上的"一个"已经分化为三个:"一个$_1$"是数量词,"一个$_2$"是无定标记,"一个$_3$"是表示强调语气的。从"一个$_1$"到"一个$_2$",再到"一个$_3$",虚化程度和主观化程度依次增强:

一个(数量)＜一个(无定)＜一个(强调)

"一个$_1$"表示事物的数量,客观性最强;"一个$_2$"表示对客观事物的指称,代表客观事物对言者和听者来说的可辨认性,虚化程度和主观性有所增强,但二者都是客观世界的认知范畴在语言中的映射,都是表示一个事件的参与者;"一个$_3$"表示对事物的身份、特征的强调,以引发言者对事物的评价,具有一种"语势"[②],是说话人的情感在语言中的反映,反映的是言语情感的"量",具有标指主观量的作用,虚化程度和主观性最强。这种主观性表现在两方面:

其一,谓语有比较明显的类别特征。即,有不少这样的"一个"句的谓语是以反诘形式或否定形式出现的。二者都是反映言者主观态度的常见表达形式,表示否定、反常、过分等语气,通常具有某种明确的言外之力,如建议、劝阻这样的言语行为义,如例句(15)、(16)、(17)。

其二,谓语经常出现表示言者主观态度的标记成分、主观逻辑推理成分、情态副词、助动词等。如例句(18)中的"还"、例句(19)中的"都"。又如:

(20)月娘不依他,说道:"一个刚满月的孩子,什么小儿科太医!"(《金瓶梅词话》第三十二回)

(21)一个缉捕问刑衙门,平不答的就罢了?(同上,第六十九回)

(22)一个后婚老婆,汉子不知见过了多少,也一两个月才生胎,就认做是咱家孩子。(同上,第三十回)

4.4 正因为"一个"强调的是事物的身份、特征,因此名词后面可以加上表示身份的后缀"家",如:

(23)玳安道:"娘说的甚么话,一个伙计家,那里有此事!"(《金瓶梅词话》第七十八回)

(24)一个僧家,是佛家弟子,你有要没紧,怎谤他怎的!(同上,第八十八回)

"一个"前面还可以加上"我、他"等人称代词作为同位语,如:

(25)我一个女妇人,没脚蟹,那里寻那人情去!(《金瓶梅词话》第十四回)

这种"一个$_3$"的意义发生了变化,不表示数量和无定,使得"一个$_3$"的功能发生了一系列扩展。表现在:

第一,"一个"之前的同位语可以是一个以上的人或事物,如:

(26)你我一个光身汉,老内相,要他做甚么?"(《金瓶梅词话》第六十四回)

第二,"一个"之后可以是本来一般不能受数量词"一个"修饰的名词,如:

(27)吴银儿道:"好娘,这里一个爹娘宅里,是那里去处?就有虚赘,放着别处使,敢在这里使!桂姐年幼,他不知事,俺娘休要恼他。"(《金瓶梅词话》第四十五回)

"爹娘宅里"本来不受数量词"一个"修饰,句中是强调"这里"

的特点,是主观量标记。例句(21)也是这样的情况。

第三,"一个"之后的成分从名词扩展到动词的范围,强调动作行为的特点。如:

(28) 一个烧夜香,只该默默祷祝,谁家一径倡扬,使汉子知道了,有这个道理来?(《金瓶梅词话》第二十一回)

"一个"的功能扩展之后,在某些句子中发生了重新分析,"一个"从修饰 NP 变为修饰整个小句,"一个"所在的小句提出已成为现实的或已肯定的前提,后一小句根据这个前提推出结论。如:

(29) 一个人也拉刺将来了,那房子卖掉了就是了。平白扯淡,摇铃打鼓的,看守甚么?(《金瓶梅词话》第二十回)

一个人│也拉刺将来了 → 一个│人也拉刺将来了

[[一个+NP]+VP] → [一个+[NP+VP]]

在表层形式不变的情况下,底层结构变化,成分之间的边界发生了迁移。这种"一个"可以看做"一个$_4$",是语气副词,都出现于对话中,而例句(26)—(28)则处在演变的过渡阶段。从"一个$_3$"到"一个$_4$",其修饰的成分由名词变成了小句。

汉语的语气副词实际上应该看做一种话语标记,"一个"从表示数量的词语演变成话语标记,经历了去范畴化、主观化和重新分析的过程,表达主观性意义,在话语中的功能主要是语用的。这种话语标记的语法化很有研究价值,但是目前的研究比较薄弱。[③]

4.5 明代是"一个"的用法急速发展的时期,从以上所述我们可以看出,到明代,汉语中的"一个"已经分化为四个:数量词、无定标记、主观量标记、语气副词(话语标记)。后两种用法是受谓语语义的影响出现的,比较集中地出现于《金瓶梅词话》中,其他语料中比较少见,可能是在某些北方方言里首先产生的。

五 清代的"一个"

5.1 从《醒世姻缘传》、《红楼梦》、《儒林外史》、《儿女英雄传》来看,清代的"一个"的四种用法都还在继续使用,"一个$_3$"的例子如:

(30) 一个秀才被人打得这般伤重,倒不同仇,还出来与人和息!(《醒世姻缘传》第三十五回)

(31) 不多几日,丁利国携了老婆,一个太爷太奶奶,岂可没个人跟随?(同上,第二十七回)

(32) 一个乡绅人家,由得百姓如此放肆?(《儒林外史》第六回)

(33) 我不懂,一个女孩儿提起公公、婆婆,羞的是甚么?(《儿女英雄传》第十四回)

(34) 一个作爷的,还赖我们这几个钱,连我也不放在眼里。(《红楼梦》第二十回)

(35) 宝钗笑道:"又混闹了,一个药也是混吃的?"(同上,第八回)

例句(35)中的"药"作为名词一般不受数量词"一个"修饰,这里的"一个药"之所以能说,正因为"一个"不是数量词,而是主观量标记,强调"药"的特点:不能混吃。

"一个$_4$"的例子如:

(36) 一个刑厅问定、本道复审过的,还指望有甚么开豁!(《醒世姻缘传》第十三回)

(37) 凤姐凑趣笑道:"一个老祖宗给孩子们作生日,不拘怎样,谁还敢争,又办什么酒戏。(《红楼梦》第二十二回)

以例句(37)为例,"一个老祖宗给孩子们作生日"中,"一个"不是修饰"老祖宗"的数量词,不是无定标记,也不是单纯强调"老祖宗"的身份的主观量标记,其辖域是"老祖宗给孩子们作生日"这个事件所作的话题,是话语标记。

5.2 从清代的语料看,"一个$_4$"出现在多种语料中,可能已经不是个别的方言现象了。

六　现代汉语中的"一个"

6.1 现代汉语普通话中主语位置上的"一个"的前三种用法都很常见,"一个$_3$"在京味作品中出现的频率更高,如:

(38) 一个乡下人拿十里八里还能当做道儿吗,况且自己是拉车的。(老舍《骆驼祥子》)

(39) 一个老粗,臭撰什么!(王朔《永失我爱》)

(40) 喊,一个大姑娘家也不怕人家笑话!(《编辑部的故事》)

(41) 一个厅房也值得说半天吗?(邓友梅《步入中庭》)

处于"一个$_3$"到"一个$_4$"的演变的过渡阶段的例子也有,但似乎未见有这方面的报告:

(42) 一个打百分儿有什么天才创造哇?(侯宝林相声《打百分儿》)

类似的说法在一些北方方言中也很常见,如:

(43) 一个玩儿,还值当急得那样?

(44) 一个白(色),用不着左三番右五次地涂来涂去。

(45) 一个笔记本,用不着非上大商店去买。[④]

这种"一个"从语义来看也有贬值功能,把后面的事物、行为的价值往低里、小里说。

6.2 "一个$_4$"在普通话中似乎已经消失,但是还保存在一些

方言里。如河北方言中的"一个$_4$"的搭配和位置都比较自由:

(46) 一个他说了不知道/他一个说了不知道/他说了不知道一个,还问他干什么呀?

(47) 一个好了,怎么还不出院呀?[5]

除以上四种用法之外,现有的方言调查反映出在一些方言中"一个"还产生了其他虚化用法。如福建连城客家话"一个"有两种虚化用法:

可表示说话人对某个数目的大致标准,如:

(48) 早得一个四十多年就还见得到老虎。(早那么个四十多年就还能见得着老虎。)

可表示估摸,如:

(49) 有一个五六个人(一般)。(有个五六个人的样子。)[6]

这两种用法都含有主观量的意义,但和历史上出现的主观量标记"一个$_3$"的用法有所不同。

内蒙古西部方言里,"一个"可以做表示强调程度深的副词,如:

(50) 这出戏一个好看。[7]

新疆汉语方言中,"一个"可做句末语气词。如新疆东北部的吉木萨尔话:

(51) 你是谁一个?(你是谁?)
　　我是虎虎他妈一个。(我是虎虎他妈。)

(52) 里头一个大庙,还着实宽展底很呢一个。

(53) 供桌上还有一盏神灯呢一个。[8]

天山南麓焉耆话,如:

(54) 谁一个? 我一个。(谁? 我。)

(55) 你干啥来咧一个?(你做什么来了?)

我给你送菜来咧一个。(我给你送菜来了。)⑨

这个句末语气词"一个"不但可以用在对话中,也可以用在叙述句中,其主观性更强一些。

这说明"一个"的用法非常灵活多样,处于不断变化之中。各地方言中的"一个"语法化和主观化的程度不一,但似乎到现在为止没有看到这方面的研究,各种方言调查中对"一个"的种种用法也缺乏重视。

七 结语

根据上面的讨论,"一个"在历时过程中以及现代汉语普通话和方言中所发生的语义演变经历了这样一个过程:

①数量→②无定标记→③主观量标记→④话语标记
　　　　　　　　　　　　　　　　⑤程度深(方言)

①数量→②无定标记的演变之所以发生,是因为当主语位置上的"一个+名词"指某种事物中的一个而不强调数量时,"一个"就有了无定的意味,表示主语名词代表的客观事物对言者和听者来说的可辨认性,而谓语部分相应地一般都是对主语具体动作行为的描述。②无定标记→③主观量标记的语义演变与"一个"所修饰的名词的意义有很大关系。名词是强调某种身份或特征,而不强调其客观个体性,谓语则对这一身份或特征进行主观评价而不是描述其具体的客观动作行为。这样,"一个"就发生了主观化,成为主观量标记。③主观量标记→④话语标记这一语义演变经历了一个功能扩展和重新分析的过程才得以完成,"一个"从修饰 NP 变为修饰整个小句,"一个"所在的小句提出已成为现实的或已肯

定的前提,后一小句根据这个前提推出结论,从而演变为一个话语标记。

作为汉语中一个重要的语法词,"一个"的用法演变还需要进一步深入研究,本文就是在现有资料的基础上的一个尝试。

附注

① 沈家煊(1995)指出,所谓事件句就是叙述一个独立的、完整的事件的句子,而非事件句没有实际的终止点。事件句和非事件句之间的对立是"有界"和"无界"在篇章层面上的反映。
② 李宇明(2000)。
③ 吴福祥(2005)对此有详细的介绍。
④ 例句(52)—(54)引自马思周、姜光辉(1991)。在笔者的母语河北方言中也有这种说法,其中例句(45)的"一个"并不是数量词,而是强调"笔记本"的特点:容易买到。所以即使要买的是多个笔记本也可以这样说。
⑤ 例句(46)、(47)都是笔者的母语河北石家庄方言。
⑥ 引自项梦冰(1997),第96页。
⑦ 引自哈森、胜利(1999)。作者解释说"一个"相当于"非常"。
⑧ 引自周磊、王燕(1991)。
⑨ 引自刘俐李(1993)。

参考文献

陈　平　1987　释汉语中与名词性成分相关的四组概念,《中国语文》第2期。
大河内康宪(1985)量词的个体化功能,载《日本近、现代汉语研究论文选》,北京语言学院出版社1993年版。
邓思颖　2003　数量词主语的指称和情态,《语法研究和探索》(十二),北京:商务印书馆。
古川裕　2001　外界事物的"显著性"与句中名词的"有标性"——"出现、存在、消失"与"有界、无界",《国外语言学》第1期。
哈森、胜利　1999　《内蒙古西部方言词典》,呼和浩特:内蒙古教育出版社。
井唯允　1993　语用上的具体化与一般化——从所谓"无定NP主语句"与"存现句"说起,载《日本近、现代汉语研究论文选》,北京语言学院出版社。

李宇明　1997　主观量的成因,《汉语学习》第5期。
李宇明　1999　数量词语与主观量,《华中师范大学学报》第6期。
刘俐李　1993　《焉耆汉语方言研究》,乌鲁木齐:新疆大学出版社。
陆俭明　1988　现代汉语中数量词的作用,《语法研究和探索》(四),北京大学出版社。
马庆株　1990　数词、量词和语义成分和数量结构的语法功能,《中国语文》第3期。
马思周、姜光辉　1991　《东北方言词典》,长春:吉林文史出版社。
沈家煊　1995　"有界"与"无界",《中国语文》第5期。
沈家煊　2001　语言的"主观性"与"主观化",同上,第4期。
沈　园　2003　汉语中另一种"无定主语",《语法研究和探索》(十二),北京:商务印书馆。
石毓智　2002　论汉语的结构意义和词汇标记之关系——有定和无定范畴对汉语句法结构的影响,《国外语言学》第1期。
石毓智　2003　汉语的"数"范畴与"有定"范畴之关系,《语言研究》第2期。
王灿龙　2003　制约无定主语句使用的若干因素,《语法研究和探索》(十二),北京:商务印书馆。
吴福祥　2005　汉语语法化研究的当前课题,《语言科学》第2期。
吴福祥　2007　汉语方所词语"后"的语义演变,《中国语文》第6期。
项梦冰　1997　《连城客家话语法研究》,北京:语文出版社。
张伯江　1997　汉语名词怎么表现无指成分,《庆祝中国社会科学院语言研究所建所45周年学术论文集》,北京:商务印书馆。
周磊、王燕　1991　《吉木萨尔方言志》,乌鲁木齐:新疆人民出版社。

(刘敏芝　首都师范大学文学院　100089)

语气助词"着呢"的来源[①]

杨玉玲

一 引言

现代汉语的语气助词"着呢"常用在形容词和类似形容词的词语后面,肯定某种程度或状态,表示程度高,略带夸张的语气,多用于口语。对于"着呢"的来源,学界已有论述,但有些问题还需进一步研究。本文打算就其来源进行研究。

孙锡信先生(1999)认为"着呢"来源于"着哩",而"着哩"就是"动态助词'着'和语气词'哩'的复合形式";萧斧先生(1964)则认为"着哩"中的"着"可能源于用在句尾表示祈使或命令的语气词"着"。我们认为萧斧的推测有问题。首先,祈使或命令是意愿的表达,而"着哩"是程度的加强,二者属于不同的范畴。其次,表夸张的"着哩"是说某状态的确实存在,这和表动作状态持续的"着"是很容易联系起来的。所以我们比较同意孙锡信的观点。

"着呢"是由词尾"着"和语气词"呢"复合而成的,二者在复合之前经历了一个漫长的过程。这一过程的起点是词尾"着"和语气词"裹"同现、相遇,然后是动词把相同的功能推及到形容词身上,形成"形容词+着裹(哩)",最后是语气词"呢"战胜了"哩",形成"形容词+着呢"。

二 裹、里、哩的出现与发展

对于"裹"的形成,吕叔湘先生讲得非常清楚:"裹"来源于句末表处所"里面"义的"裹",即"裹"源于"在裹"。"此一语助词,当以'在裹'为最完具之形式,唐人多单言'在',以'在'概'裹';宋代多单言'裹',以'裹'概'在','裹'字俗出多简作'里'。本义既湮。遂更着'口'。传世宋代话本,率已作'裹',或宋世已然,或后人改写,殆未易定。"(吕叔湘,1940)如:

(1) 他不是摆脱得开,只是立不住,便放却,忒早在裹。(《上蔡语录》)(转引自蒋绍愚,1994)

(2) 晚风犹冷在,夜火且留看。(《全唐诗·白居易·别春炉》)

(3) 若尽为佛,则是无伦类,天下却都没人去裹。(《河南程氏遗书》)

(4) 晓来起看芳丛,只是怕裹,色梢欲压。(杨无咎《柳梢青》)(转引自孙锡信,1999)

(5) 殿直道:"未要去,还有人哩。"(《清平山堂话本·简帖和尚》)

(6) 如今檄书将次到来,承宣亦须见俚。(《三朝北盟会编·茅斋自序》)

在唐代,虽多言"在裹"或"在",但我们也发现了单用"裹"的例句。如:

(7) 仰山云:"想生相生,仰山今已淡泊也,今正流注里。"(《祖堂集》)

(8) 他儿婿还说道里。(《敦煌变文集》)

(9) 佛向经中说着裹,依文便请唱将来。(《变文集·父母恩

重经讲经文》)(转引自孙锡信,1999)

所以,我们说叙述某种事实、略带夸张的语气助词"裏"在唐代已出现,只是用例较少。宋代以后渐增,简写作"里",还有"俚"、"哩"等,宋代以后多作"哩"。

三 "着"、"裏"共现,形成"动词＋着＋(宾语)＋裏"

我们知道,词尾"着"在唐代就可表示动作状态的持续,而"裏"在唐代也已是叙述事实略带夸张的语气词。按常理,二者在唐代就可能共现,形成"动词＋着＋(宾语)＋裏"格式,可事实上,除上文引用的"佛向经中说着裏,依文便请唱将来"外,在唐代文献里尚未发现别的用例。这可能是因为作为"祛疑树信"的语气词"里"直到宋代才真正多起来的缘故。二者共现一句的宋代例句如:

(10) 其言太迫切,此道理平铺地放着里。(《二程语录》)

(11) "天之将丧斯文也。"……丧乃我丧,未丧乃我未丧,我自做着天里。(同上)

二者共现一句的用例大量见于元曲中。如:

(12) 我门外摇着手做意哩!(《元刊·乞英布》第一折)

(13) 闭着门子哩。(《元刊·任风子》第二折)

(14) (正末云)大人爷爷,有你哥哥的信,我带着哩。(《全元曲·高文秀》)

(15) 你收着哩!(《全元曲·关汉卿》)

(16) 则这一间小房,去时节草绳栓了去,今日回来,还栓着哩。(《全元曲·刘君锡》)

(17) (孙孔目云)你好歹口也,他听着哩。(《全元曲·高文秀》)

(18) 我正行走着哩,被那马撞了我一脚。(《同上》)

(19) 有你哥哥信将着哩!(《元刊·遇上皇》第三折)

(20) 啐!我养着家生哨里!(《元曲选·盆儿鬼》第二折)

明清例句如:

(21) A:好大舍,哪里下着裏?

B:小人在那东角头堂字间壁下着裏。(《朴通事》)

(22) 先生恰说的秀才在那里下着里?(同上)

(23) 盛老爷还在胡同口站着哩。(《歧路灯》)(转引自孙锡信,1999)

(24) 如今正躺着哩。(同上)

(25) 你是咱娘的小儿子,全当咱娘与你抬着哩。(同上)

四 "形容词+着哩"的形成

我们知道,汉语的动词和形容词有很多相同之处,以至朱德熙先生合称它们为"谓词"。所以动词在述语位置上所具有的一些语法功能往往可以影响扩大到形容词上面,使形容词具有和动词一样的功能特征。这不是纯粹的理论设想,在汉语的发展过程中,这样的情况不止一次地发生过。如词尾"了"、"着"产生后,就都由动词推广到形容词上。"形容词+着哩"最早可能见于元代。如:

(26) (老千户云)俺哥哥,你还健着哩。(《全元曲·李直夫》)

(27) 人参正缺着裏,最好价钱。(《老乞大谚解》下)(转引自萧斧,1964)

(28) 这厮倒聪明着里。(《元曲选》)(转引自孙锡信,1999)

(29) 俺哥哥还健着里。(同上)

(30) 这村老子动静可别着里。(《元曲选》)(转引自萧斧,1964)

当然,"动词+着+(宾语)+哩"和"形容词+着哩"表义上也有差异。前者表动作状态的持续,后者强调事物存在的状态,表程度的加强,有夸张的语气。我们说"形容词+着哩"显然是"动词+着+(宾语)+哩"广泛运用后衍生出来的形式,二者有着密切的关系,但并不是如下进程:

动词+着+(宾语)+哩→形容词+着+宾语+哩→去掉宾语→形容词+着哩

我们认为"形容词+着哩"是在"动词+着+(宾语)+哩"广泛运用后直接产生的,并无中间两个环节。

首先,绝大部分有程度差别的形容词都可以和"着哩"构成"形容词+着哩",而它们都不可带宾语。如按上述进程就无法生成"形容词+着哩"。事实上并非如此。实际上,孙锡信所举的"他妈妈在屋里忙着手哩"并非"形容词+着+宾语+哩",仍是"动词+着+宾语+哩"。

其次,如按上述进程,在"形容词+着哩"出现前应该有"形容词+着+宾语+哩",事实上,语料并不支持这种观点。即使退一步承认孙锡信所举的"他妈妈在屋里忙着手哩"是"形容词+着+宾语+哩",也不能说"形容词+着哩"是"形容词+着+宾语+哩"去掉宾语后形成的,因为这一例出自《金瓶梅》,而在元曲中就已出现了"形容词+着哩"。

明清两代北方作家笔下"形容词+着哩"的用例越来越多,如:

(31) 还饱着哩,不吃罢。(《金瓶梅词话》)(转引自萧斧,1964)

(32) 正值小儿病重了,我心里正乱着哩。(同上)

(33) 就是连五娘的,这银子还多着哩。(同上)

(34) 来的(得)远着哩,从真定府到汴梁,有半个月了。(《续金瓶梅》)(转引自萧斧,1964)

(35) 倒未必,他贤惠着哩。(《蒲松龄集》)(转引自萧斧,1964)

(36) 往后借重姐姐处多着哩。(同上)

(37) 远着哩!是日南交趾国进奉来的。(同上)

(38) 我们盘缠还多着哩。(《歧路灯》)

(39) 我的快活多着哩!(《吟风阁杂剧·快活山樵歌九转》)

(40) 钱万里道:"什么事?"淡如菊道:"大着哩!西平有一宗大案,乃是强盗伤主子。"(《歧路灯》)(转引自孙锡信,1999)

此外,除了"着哩"外,"哩"仍可单独叙述某种事实,略带夸张的语气。如:

(41) 你每背地尽商量去,我子是欢喜哩!(《元刊·老生儿》第一折)

(42) 他没脊骨的事多哩!(《儒林外史》)

(43) 远哩!舍下在三牌楼。(同上)

(44) 元来是敬德救我哩!(《全元曲·关汉卿》)

(45) 这不是说话,是害人性命哩。(同上)

(46) (徐茂公云)元帅,俺如今屯军仍在此,差人往京师奏名知圣人,说尉迟恭降了唐也,圣人必有加官赐赏哩。(同上)

五 "形容词+着呢"的形成

"形容词+着呢"的形成涉及"呢"的来源。现代汉语的"呢"既表示疑问语气,也表示夸张的肯定语气,其来源比较复杂。对其来源,吕叔湘先生(1940)认为"呢"即"哩"之变形;太田辰夫先生(1958)从"叙实"和"非叙实"的角度对"呢"、"哩"分别考源,认为表示疑问的"呢"来源于五代的"聻",另外,"那"的部分用法和"呢"相同,而"哩"来源于句末表处所的"裏";江蓝生先生(1986)则认为"裏"仅是唐宋出现的分用字,"呢"、"哩"同宗,"呢"是正宗,因而在竞争中占优势,最终取"哩"而代之。比较各家说法,我们比较同意太田的不同来源说。正像蒋绍愚先生所说,"粗略地说,表疑问的'呢'来源于'聻'和'那',表夸张的'呢'来源于'哩'"。但是表疑问的"聻"、"那"和表夸张的"哩"为什么、怎么合而为一的呢?对此,孙锡信是这么推测的,"一是表非疑问的语气的'那'和'哩'相通,因而北京话中非疑问语气词统一为'那';二是表疑问语气的'呢'和'那'通用,用词统一为'呢'。'呢'和'那'语音相近……因此可用'呢'代'那'……于是'呢'也可用于疑问和非疑问两种句式,这便是北京话中'呢'取'哩'而代之的缘由"。(孙锡信,1999)

孙先生是想用"那"在表疑问的"呢"和表非疑问的"哩"之间架起一座桥梁。这种推测看起来很完美,但在历史上并没有非疑问语气词统一为"那"的时期。叙述事实略带夸张的语气一直是"哩"的主要职能。孙锡信举出大量用于《官话指南》表示非疑问的"哪",并说"哪"即"那"。我们觉得这些"哪"是"呢"和"啊"的合音,并非"那",否则就无法解释下面这一循环进程:

"哩/那→呢→那/哪"。(17世纪四五十年代《红楼梦》)(1881年《官话指南》)

我们觉得,"呢"取代"哩"始于疑问句。正如孙锡信先生所说,表疑问的"呢"和"那"相混通用的情况在元代还不很明显。"呢"只用于承前问和假设问,而"那"功能很大,可用于各种问句。到了明代,格局发生了变化:除《老》、《朴》外,表疑问语气多用"呢"(表特指问用"哩")。到了清代,"呢"进一步扩大使用范围,广泛用于各种问句,这说明在疑问句中"呢"战胜了"那"。至于孙先生说清后期《儿女英雄传》中"呢"和"那(哪)"交错用于疑问句。我们仍觉得历史不可能走"那→那/呢→呢→呢/那→呢"这样的循环路。太田辰夫在《汉语史通考》中认为这个"哪"是"呢"的变音(呢+啊),是很有道理的。因为《儿女英雄传》中"哪"只用于加重语气的场合。"呢"在疑问领域战胜"那"后,逐渐向非疑问领域扩大自己的势力范围,并最终取代了"哩"。至于为什么同时期的《红楼梦》有"呢"无"哩",而《儒林外史》非疑问句仍用"哩"?我们觉得这是地域性决定的。"呢"取代"哩"是从北京话开始的,而《儒林外史》的基础方言是下江官话,至今在南方官话中仍保留着"呢"、"哩"的区别。

清代"哩"在北京话中逐渐被"呢"取代。如:

(47)外头送铺盖的车还在这里等着呢。(《儿女英雄传》)(转引自孙锡信,1999)

(48)老爷就在当地站着呢。(同上)

(49)这老弟兄两个不知怎样惦着呢。(同上)

"形容词+着呢"也相应地作"形容词+着呢"。如:

(50)菩萨降妖捉怪的多着呢。(《儿女英雄传》)(转引自萧斧,1964)

(51)宝丫头古怪着呢!(《脂砚斋重评石头记》)(转引自萧斧,1964)

(52)天下山水多着呢。(同上)

(53)这些雀儿蚂蜂可恶着呢。(《原本红楼梦》(戚本))(转引自萧斧,1964)

(54)早起吃的,这时候还饱着呢 。(《三侠五义》)(转引自萧斧,1964)

六 和现代汉语"着呢"的不同

至清末,"着呢"虽然用得比较多,但我们还不能说它已复合成一个语气词。因为和"着呢"同时存在的还有各种变体。如:

"着咧":

(55) 我们德州这地方儿,古怪事多着咧!(《儿女英雄传》)

(56) 俺是知道的,这庙内的闲房多着咧。(《三侠五义》)(转引自萧斧,1964)

"着的呢":

(57) 好本事,混实着的呢。(《儿女英雄传》)

(58) 俺这闺女,……听说着的呢。(同上)

(59) 大姑娘,你要和他处长了,解闷儿着的呢。(同上)

(60) 你这位公公呵,告诉你,讨人嫌着的呢!(同上)

(61) 离奉养父母,养活这一家,也还远着的呢。(同上)

"多着哩":

(62) 街上有几百人去迎接的,热闹多着哩。(《蒲松龄集》)

(63) 说这官比太爷的官大多着哩。(《儒林外史》)

"多着呢":

(64) 早多着呢,末初刻用过晚膳,……只怕戌初才起身呢。(《脂砚斋重评石头记》)

(65) 敢是比我们家乡那怯轿子好看多着呢!(《儿女英雄传》)

"多着的呢":

(66) 你给我老老实实的顽回字,睡你的觉去,好多着的呢。

(《增评补图石头记》(程本))

"远着的呢":

(67)人家那肚子里比你们透亮远着的呢!(《增评补图石头记》(程本))

"的多着呢":

(68)这是什么大事,比彩霞好的多着呢。(《脂砚斋重评石头记》)

在"着呢"的形成过程中,这些变体都可以说是一些不规则的现象,这说明"着呢"还没有稳定,和现代汉语的"着呢"相比,也还有很大的不同:

1. 现代汉语的"着呢"不能用于形容词短语后面,而近代汉语的"着呢"可以。如:

*很累着呢。

*累极着呢。

(69)我那里闲的丫头很多着呢,你喜欢谁,只管叫来使唤。(《增评补图石头记》(程本))

(70)那计老头子爷儿两个不是善的(茬)儿,外头发的话狠大着哩。(《醒世姻缘》)

2. 现代汉语的"着呢"不能用于比较句,而近代汉语的"着呢"可以。如:

(71)人家比咱们知道的多着呢。(《儿女英雄传》)

(72)娶了去,虽说我家穷,究竟比他傍人门户好多着呢。(《增评补图石头记》(程本))

(73)人家那肚子里比你们透亮远着的呢!(《儿女英雄传》)

(74)这是什么大事,比彩霞好的多着呢。(《脂砚斋重评石头记》)

附注

① 关于"着呢"有不同的叫法:孙锡信(1999)称之为"语气短语词";《现代汉语八百词》称之为"助词";侯学超(1998)称之为"动态助词";《现代汉语虚词例释》认为"着"和"呢"是两个独立的词。我们称之为"语气助词"。

参考文献

曹广顺　1995　《近代汉语助词》,北京:语文出版社。
电子版《全元曲》。
冯春田　2000　《近代汉语语法研究》,济南:山东教育出版社。
蒋绍愚　1994　《近代汉语研究概况》,北京大学出版社。
刘坚、江蓝生、白维国、曹广顺　1992　《近代汉语虚词研究》,北京:语文出版社。
刘坚、蒋绍愚　1995　《近代汉语语法资料汇编》宋代卷,北京:商务印书馆。
刘坚、蒋绍愚　1995　《近代汉语语法资料汇编》元代、明代卷,北京:商务印书馆。
吕叔湘　1940　释景德传灯录中"在"、"着"二助词,《汉语语法论文集》,北京:商务印书馆。
孙锡信　1999　《近代汉语语气词》,北京:语文出版社。
太田辰夫　1991　《汉语史通考》,重庆出版社。
萧　斧　1964　早期白话中的"X着哩",《中国语文》第4期。
俞光中、植田均　1999　《近代汉语语法研究》,上海:学林出版社。

(杨玉玲　首都师范大学国际文化学院　100089)

汉语代词宾语后置的演变过程及其动因

于 萍

一 引言

现代汉语的基本语序是SVO,可我们在古代文献中却常常见到宾语前置的现象,尤其是否定句和疑问句中的代词宾语,如:

(1) 不患人之不己知,患不知人也。(《论语·学而》)

(2) 吾谁欺?欺天乎?(《论语·子罕》)

否定句中的代词宾语"己"前置,但名词宾语"人"仍然后置;"谁"前置而"天"后置,二者区别只在于一个是疑问代词做宾语,一个是名词做宾语。

这种现象后来慢慢地消失了,这是过去三千年来汉语最重要的变化之一。本文将就汉语代词宾语前置变后置的演变过程进行考察并阐释其演变动因。

1.1 关于代词宾语前置结构的研究状况

前人对该问题的研究主要集中在以下两个方面:

一是对不同时期宾语前置结构的类型进行描写。从共时的角度来描写某一部著作或某一特定历史时期宾语前置结构类型的学者有周光午(1959)、屈云柱(1992)、王大年(1994)和韩晓光(1995)

等。也有学者是从汉语史的历时角度来考察宾语前置结构的演变过程,如王力(1958)、孙良明(1994)、杨伯峻和何乐士(1992)等。学者们认为,到了汉代,否定句中代词宾语前置的句式已基本消失,疑问代词宾语后置的结构也明显多起来了。

二是对宾语前置结构的存在及演变作出解释。一种解释是残留说,邢公畹(1983)和王力(1958)认为远古汉语是 SOV 语言,宾语前置是远古汉语语法现象的残留。俞敏(1981)、魏培泉(1990)、冯胜利(1997)对宾语前置变为后置的原因进行了解释。俞敏认为这是语言接触即汉语受其他民族语言影响的结果;魏培泉则认为语序的变化与汉代以后谓语复杂化有关;冯胜利假定重音由谓语之前向后移是有关语序变化的原因。另一种解释是强调说,有的学者认为上古汉语句子的基本语序为 SVO,有时候宾语前置,出现 SOV 语序,是用特殊的语序来加强语气,进行强调。持这种观点的有丁邦新(1997)、石毓智和李讷(2001)、徐杰(2001)等。

从前人已有的研究来看,以共时性的描写居多,历时性的研究则主要集中于讨论语言演变的不同历史分期,能对汉语宾语语序演变原因作出解释的文章并不多见。

关于这个问题的研究,笔者非常同意沈家煊先生的看法"将汉语置于世界语言变异的范围内来考察",不然"就有可能把通性当做一种语言的个性来对待,或者影响对个别语言认识的深入"。[①] 因此,本文将把汉语代词宾语前置变后置这一语序上的演变放在世界语言演变的大背景之下来考察,指出这是人类语言发展的共性。

1.2 本文的语料说明

本文选取了先秦至唐五代的十部作品(共计 275 万字)作为本

文的语料来源,见表1。

表1

历史时期	年代	作品
先秦	公元前11世纪—前3世纪	《诗经》《论语》《左传》《孟子》
西汉	公元前3世纪—1世纪	《淮南子》《史记》
东汉	1世纪—3世纪	《论衡》《后汉书》
魏晋南北朝	3世纪—7世纪	《世说新语》
唐五代	7世纪—10世纪	《近代汉语语法资料汇编》(唐五代卷)

本文考察了上面十部作品否定句和疑问句中代词宾语的语序情况,通过不同历史时期代词宾语后置比例的变化,得出代词宾语前置变后置演变的先后顺序。本文还尝试对汉语代词宾语前置变后置的动因及各类宾语的不同演变速度作出解释。

二 代词宾语前置变后置的演变过程

2.1 否定句中代词宾语前置变后置的演变过程

2.1.1 先秦时期

先秦时期否定句中动词的代词宾语的位置就有两个,既可以前置,也可以后置。如:

(3) 尔无我叛,我无强贾,毋或盖夺。(《左传·昭公十六年》)
(4) 不知我者,谓我何求。(《诗经·王风·黍离》)

在我们的统计中,含有代词宾语的否定句一共有258句,宾语前置的169句,后置的有89句,见表2:

表 2

	总数	前置	后置	后置的百分比
《诗经》	74	65	9	12.16
《论语》	37	19	18	48.65
《左传》	110	61	49	44.55
《孟子》	37	24	13	35.14
总计	258	169	89	34.50

从表 2 可以看出,先秦时期否定句中动词的代词宾语以前置为主,后置的比例只有 34.50%。

2.1.2 西汉时期

表 3

	总数	前置	后置	后置的百分比
《淮南子》	80	33	47	58.75
《史记》	60	32	28	46.67
总计	140	65	75	53.6

随着语言的发展,宾语后置的比例越来越大。到西汉时期,宾语前置和后置的比例已经十分接近,后置的宾语占 53.6%。

2.1.3 东汉时期

表 4

	总数	前置	后置	后置的百分比
《论衡》	75	15	60	80
《后汉书》	166	48	118	71.08
总计	241	63	178	73.9

到东汉时,宾语后置的比例已大大超过前置,达到 73.9%,后置的语序已成定局。

2.1.4 魏晋南北朝时期

表 5

	总数	前置	后置	后置的百分比
《世说新语》	41	7	34	83.33

魏晋南北朝时期,宾语后置的比例进一步加大,达到了 83.33%。

2.1.5 唐五代时期

表 6

	总数	前置	后置	后置的百分比
《汇编》	15	1	14	93.33

从表 6 可以看出,到唐代五代时期,否定句中的代词宾语已基本全部后置。

2.2 疑问句中疑问代词宾语前置变后置的演变过程

本文只考察了疑问代词做动词宾语和介词宾语的情况。像"何以""何如"这样的一些结构在从先秦到唐五代的文献中都很常见,其使用频率之高使得该类结构渐渐凝固,成为人们常常使用的词语,不宜分析成"疑问代词宾语+介词/动词"的结构,因此本文并未统计这类包含疑问代词的固定结构。

2.2.1 先秦时期

表 7

		总数	前置	后置	后置的百分比
《诗经》	动词宾语	20	20	0	0
	介词宾语	7	7	0	
《论语》	动词宾语	34	33	1	2.38
	介词宾语	8	8	0	

续 表

		总数	前置	后置	后置的百分比
《左传》	动词宾语	194	193	1	0.50
	介词宾语	8	8	0	
《孟子》	动词宾语	33	33	0	0
	介词宾语	10	10	0	
	总计	314	312	2	0.64

从表 7 可以看出,先秦时期疑问代词不管是做动词宾语还是做介词宾语几乎全部前置,但动词宾语已经出现了后置的苗头,《论语》和《左传》中各有一句疑问代词后置于动词的用例:

(5) 子夏云何?(《论语·子张》)

(6) 将战,吴子呼叔孙曰:"而事何也?"(《左传·哀公八年》)

2.2.2 西汉时期

表 8

		总数	前置	后置	后置的百分比
《淮南子》	动词宾语	32	25	7	17.5
	介词宾语	8	8	0	
《史记》	动词宾语	173	168	5	3.13
	介词宾语	19	18	1	
	总计	232	219	13	5.60

西汉时期疑问代词宾语已经可以看出由前置变为后置的趋势了,不仅动词宾语后置的比例比先秦有所增多,而且《史记》中还出现了介词宾语后置的用例:

(7) 今复六国,……陛下与谁取天下乎?(《史记·留侯世家》)

2.2.3 东汉时期

表9

		总数	前置	后置	后置的百分比
《论衡》	动词宾语	121	119	2	3.57
	介词宾语	47	43	4	
《后汉书》	动词宾语	124	124	0	0.65
	介词宾语	29	28	1	
总计		321	314	7	2.18

东汉时期疑问代词宾语后置于介词的用例越来越多了。

2.2.4 魏晋南北朝时期

表10

		总数	前置	后置	后置的百分比
《世说新语》	动词宾语	38	35	3	6.98
	介词宾语	5	5	0	
总计		43	40	3	

魏晋南北朝时期,疑问代词宾语后置的比例与前朝相比变化不大。

2.2.5 唐五代时期

表11

		总数	前置	后置	后置的百分比
《汇编》	动词宾语	113	30	83	73.76
	介词宾语	28	7	21	
总计		141	37	104	

《汇编》中出现了大量疑问代词宾语后置的例子,使得这类宾语后置的比例突然超过前置,由魏晋南北朝时期的6.98%一跃而至73.76%。这一时期更是结束了单音节疑问代词一统天下的局面,出现了许多双音节疑问代词"阿谁""何等""什么"等。如:

(8)师曰:"汝阿爷姓什么?"(《祖堂集》)

2.3 否定句和疑问句中代词宾语前置变后置的基本轨迹

我们在前面两节考察了否定句和疑问句中代词宾语前置变后置的演变过程,我们用下面的图来对此作一个小结:

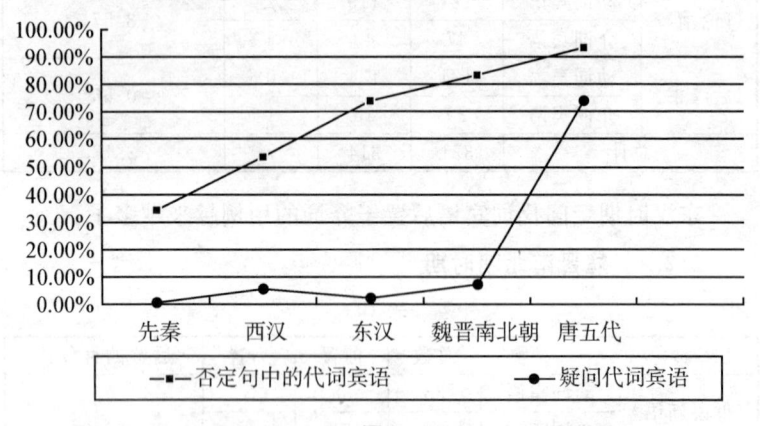

图 1

总的来说,否定句中代词宾语的语序演变过程很平稳。否定句中的代词宾语在先秦时期就既可以前置,也可以后置,但是以前置为主;随着语言的发展,代词宾语后置的比例越来越大,可以说,到东汉时否定句中代词宾语后置的演变就基本完成了。这一点我们和孙良明、杨伯峻、何乐士等先生的观点一致。

而疑问代词宾语后置的发展速度明显慢于否定句,而且发展很不平衡。先秦时期疑问代词不管是做动词宾语还是做介词宾语几乎全部前置,一直到魏晋南北朝,这类宾语后置的比例与前朝相比变化不大,没超过 10 个百分点;魏晋南北朝以后,疑问代词宾语突然加快了后置的速度,从不到 10% 一跃而至 70% 多,后置已成定局;到唐五代时期,疑问代词宾语后置已占绝对优势,这一演变过程也基本结束了。

人们可能会产生这样的疑问:

1. 为什么我们在先秦的文献中只能看到代词宾语的前置,名词宾语为何不前置?

2. 为什么否定句中的代词宾语很早就开始由前置变为后置,而疑问代词宾语几乎在该过程已经完成之后才开始发生演变?

3. 为什么否定句中代词宾语的语序演变过程很平稳,而疑问代词宾语演变很不平稳,到唐五代时会突然加快后置的速度?

本文将对前两个问题作出尝试性的解释,第三个问题留待今后考察。

三 代词宾语前置变后置的动因

汉藏语的研究者们推测,原始汉语是 SOV 语言(瞿霭堂,1988;孙宏开,1992;吴安其,2002;向熹,2002),而现代汉语是公认的 SVO 语言,汉语经历了一个从 SOV 语言向 SVO 语言的转变过程。

3.1 名词宾语先于代词宾语后置

我们在先秦时期的上古汉语中很少见到前置的名词宾语,我们推想这时名词宾语前置变后置的转变过程已经基本上完成,而代词宾语语序的转变还未开始或者才刚刚开始,因此我们看到的上古汉语中有大量代词宾语前置的现象。转变过程如图 2 所示:

原始汉语SOV	上古汉语	现代汉语SVO
名词宾语前置 ⟶	名词宾语后置 ⟶	名词宾语后置
代词宾语前置	代词宾语前置	代词宾语后置

图 2

原始汉语在向 SVO 语序发生转变时,先把名词宾语后置,然后再把代词宾语后置,先秦时期的代词宾语前置现象是该转变过程的一个阶段。

Greenberg(1966)的共性 25 说,"如果代词性宾语后置于动词,那么名词性宾语也同样后置"。这一共性隐含了三种可能有的语言类型:

① 代词宾语后置,名词宾语后置;

② 代词宾语前置,名词宾语前置;

③ 代词宾语前置,名词宾语后置。

不可能存在的语言类型是"代词宾语后置,名词宾语前置"。我们认为,原始汉语向 SVO 语序的转变过程正好经历了这三种可能存在的类型模式:②→③→①。

Hawkins(1983)把 Greenberg 对语言共性的描写表述为:"如果 P,那么 Q。"他认为一种语言在从 SOV 语言向 SVO 语言转变时,不会突然将其名词性宾语从动词的一边移至另一边,一定是先出现少量的 Q 结构,随之出现少量的 P 结构;或者是,Q 结构已经定型,然后,P 结构才开始发展。变化的过程是:

$$-P\&-Q > P\&Q$$

或者是:

$$-P\&-Q > -P\&Q > P\&Q$$

结合我们所讨论的问题,P 代表代词宾语后置,Q 代表名词宾语后置。也就是说,汉语在从 SOV 语言向 SVO 语言转变的过程中,先出现的是名词宾语后置,当名词宾语后置基本定型后,代词宾语后置才开始出现,最后名词宾语与代词宾语都后置。即:

代词宾语前置(-P)& **名词宾语前置**(-Q)＞**代词宾语前置**(-P)& **名词宾语后置**(Q)＞**代词宾语后置**(P)& **名词宾语后置**(Q)

为何代词宾语的后置速度慢于名词宾语呢？从共时的角度来看就是：为何代词宾语比名词宾语更倾向于前置于动词，而名词宾语比代词宾语更倾向于后置于动词呢？人类语言的普遍现象是，代词是一个特殊的词类，和名词相比，它从形式到意义都轻于名词。从形式上来看，汉语和英语的代词基本都是单音节，而名词则是双音节甚至多音节；从意义上来看，名词负载着实际的语义，而代词只起指代的作用。

石毓智、李讷(2001)用历时语言学中著名的"Wackernagel"规律来解释，代词的语音形式常趋于简化而成为一个附着成分，附着成分倾向于出现在句子的第二个位置上，即动词之前和主语之后。Hawkins(1983)的"重成分(复杂成分)后置"原则可以从另一个角度也就是名词来解释这个问题。

Dik(1997)的语序优先序列认为：在其他条件相同的情况下，各成分倾向于按其复杂性的增长排列语序，表示如下：

附着成分＜代词＜名词短语……

也就是说，代词比名词更容易靠前。

代词的特殊性在现代汉语中也存在。当动词后面同时带有宾语和时量或动量补语时，如果宾语是名词，则词序为"动词＋补语＋名词宾语"；如果宾语是代词，则词序为"动词＋代词宾语＋补语"。如我们说：

(9) 我们开了一晚上会。

(10) 我们等了你一晚上。

从古到今，山东方言里一直存在着"V. 他 V."结构，即如果重叠的动词V.后面接续的是人称代词宾语,则把人称代词嵌入重叠的动词之间,如"看他看""谢你谢"等。②

代词的这种特殊性是人类语言的共性,因此它在语序演变的过程中和名词宾语不同步。

3.2 不同句式中代词宾语的后置过程

我们从图1中发现的一个问题是:否定句中代词宾语的后置先于疑问句中的疑问代词宾语。不同句式中代词宾语后置的先后顺序表示为:

肯定句中的代词宾语＞否定句中的代词宾语＞疑问句中的疑问代词宾语

不同句式中宾语后置的速度也不一样,这是因为语言演变总是先从无标记项开始,然后才涉及有标记项。相对于否定句和疑问句来说,肯定句是无标记项,而否定句和疑问句是有标记项。首先,从使用频率上来看,否定句和疑问句的使用频率要大大低于肯定句。根据Givón(1984)的统计,英语学术论文中否定句只占5%,在小说中否定句也只占12%。其次,从形态上看,否定句和疑问句总是比相应的肯定句来得复杂,否定词和表示疑问的词就是一个多加的标志。

为什么疑问代词宾语语序的变化速度又慢于否定句中的代词宾语呢?这涉及一个焦点(focus)的问题。在疑问句中,疑问代词始终是句子的焦点,表现为如果用焦点标记的话,只能标志疑问代词。这一点我们可以参看石毓智和李讷所举的例子。③疑问代词的这种强焦点性使其在语序演变的过程中受到强大的阻力,因此演变的速度最慢。

否定与焦点也具有较为密切的关系,但它的焦点特征不如疑问代词高,而且不是强制性的。在否定句中,否定的辖域①通常是否定词后面的部分,包括谓语动词、宾语、介词短语、副词、补语等,它们中的任何一个都有可能成为否定的焦点。而在语义上关系密切的两种成分,在句法结构上也一定会互相紧密连接的,因此否定的焦点大多放在该否定词的直接后行成分上。由于宾语并不总是否定句的焦点所在,它与否定词的位置也就可远可近,所以古汉语中会出现宾语前置于动词靠近否定词和宾语后置于动词远离否定词两种语序共存的情况。如:

(11) 及尔如贯,谅不我知。(《诗经·小雅·何人斯》)

(12) 知我者,谓我心忧;不知我者,谓我何求。(《诗经·王风·黍离》)

以上两句同出于《诗经》,同样的动词"知"和宾语"我",一个宾语前置,一个宾语后置。我们认为,从历时的角度来看,这固然是一种在语言发展过程中新旧语序共存的现象;从共时的角度来看,就是当说话人要强调的成分即否定的焦点是宾语"我"时,宾语就靠近否定词,居于动词之前,形成 OV 语序,当否定的焦点是动词"知"时,动词就靠近否定词,居于宾语之前,形成 VO 语序。不同的焦点形成了不同的语序。

疑问代词的强焦点性使其在语序演变的过程中受到较大的阻力。有趣的是,这种句中焦点在语序演变过程中受到较大阻力的现象在否定句中也存在。我们考察了先秦时期"不"字句中代词宾语的位置,第一人称代词和第二人称代词后置的比例分别是 22.3% 和 40.9%,而第三人称代词后置的比例高达 93.1%,从历时的角度看就是第一、第二人称代词后置的速度慢于第三人称代词。这也是由于在句子中尤其是对话中第一、第二人称比第三人称

更易成为交谈双方强调的重点,成为句子的焦点。统计数据如下:

表 12

	第一人称		第二人称		第三人称	
	前置	后置	前置	后置	前置	后置
《诗经》	39	10	7	1	0	4
《论语》	4	2	1	0	0	14
《左传》	15	5	5	8	3	25
《孟子》	3	1	0	0	1	11
总计	61	18	13	9	4	54
后置的百分比(%)	22.3		40.9		93.1	

3.3 汉语代词宾语语序演变的类型学意义

代词宾语前置的现象在其他 SVO 语言中也并不少见,如法语、非洲的斯瓦希里语和澳大利亚的 Ngawun 语。我们推测,它们和上古汉语一样,正处于这一语序演变的过程中。

斯坦福大学的 Paul Kiparsky 教授在研究了大量印欧语言的发展历史后发现,世界上很多原来为 SOV 的语言,都变成或者正在变成 SVO 语言[5],而且这种转变在不同的语言中都经历着相同的过程。如英语、德语、法语、西北日耳曼语等,它们的形态成分也随之越来越少。

从共时的角度来看,凡是采用 SVO 的语言,形态标记相对简单;凡是采用 SOV 的语言,形态标记相对比较复杂。

汉藏语言历来被认为是形态贫乏的语言,这是一种不够全面的看法。研究汉藏语的学者们通过对汉藏诸语的研究推测,原始汉藏语的语序是 SOV,而且有丰富的形态变化和格助词。吴安其(2002)认为殷商卜辞中"叀""唯"的用法就相当于藏缅语的宾格助词。俞敏(1989)也讨论过有关上古汉语用"之""是"复指的宾语前置和藏语在某些用法上的相似之处。在现代汉语的许多方言里也还都保留有 OV 句型和格助词,如闽语仙游话和我国西北的一些方言。我们猜测,作为汉藏语的一支,汉语曾经经历了一个形态由复杂趋于简化而最终消失的过程,这一过程到了先秦时期就已经基本结束了,因此人们历来认为汉语是缺乏形态变化的语言。

为何语言有从 SOV 语序向 SVO 语序转变的趋势呢?

Givón(1979)认为,SVO 语言的语序最自然,在语言编码时最容易处理,最具有象似性。而且对于 SVO 语言来说,句子的基本成分已经由语序明确表示,谓语动词之前的为主语,之后的为宾语,无须再借助其他额外的标记来表示其语义角色,所以语言形态比较简单,符合经济性原则。而 SOV 语言倾向于用格标记来区别谓语动词之前的名词的语义角色,否则就会造成歧义。

我们可以把上面的论述表示为图 3:

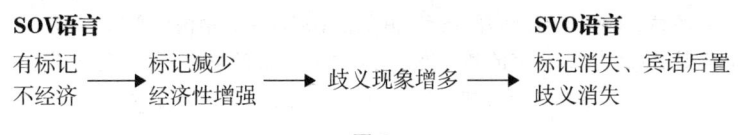

SOV语言   **SVO语言**

有标记 → 标记减少 → 歧义现象增多 → 标记消失、宾语后置
不经济   经济性增强   歧义消失

图 3

Kiparsky 教授还发现只有从 SOV 语言向 SVO 变化的现象,而没有相反的发展,即不存在本来为 SVO 的语言向 SOV 转变的现象。

我们认为,汉语中代词宾语前置变后置的现象顺应了世界语言发展的总体趋势。

四 结语

本文系统地分析了汉语代词宾语前置变后置这一语序演变的

具体过程和动因。

先秦时,否定句中代词宾语后置于动词的语序就已出现;东汉时这一类宾语后置的演变就基本完成了。而疑问句中宾语后置的发展速度明显慢于否定句中的代词宾语。从先秦到东汉,疑问代词宾语后置的比例变化不大;魏晋南北朝以后,后置的速度明显加快;到唐五代时期,疑问代词宾语后置的演变过程也基本结束了。汉语的 SVO 语序从此确定。

本文认为,汉语代词宾语前置变后置顺应了世界语言从 SOV 语序向 SVO 语序演变的总体趋势。

附注

① 沈家煊(1999)《不对称和标记论》第 18 页,江西教育出版社。
② 罗福腾(1998)山东方言"V. 他 V."结构的历史与现状,《语言研究》第 1 期。
③ 石毓智、李讷(2001)《汉语语法化的历程——形态句法发展的动因和机制》第 35—36 页,北京大学出版社。
④ 袁毓林(2000)论否定句的焦点、预设和辖域歧义,《中国语文》第 2 期。
⑤ 石毓智(2002)论语言的基本语序对其语法系统的影响——兼论现代汉语句子组织信息的原则形成的历史动因,《外国语》第 1 期。

参考文献

丁邦新　1997　汉语词序问题札记,《中国境内语言暨语言学》第 4 辑。
冯胜利　1997　《汉语的韵律、词法与句法》,北京大学出版社。
韩晓光　1995　《诗经》中的宾语位置考察,《古汉语研究》第 3 期。
何乐士　2000　《古汉语语法研究论文集》,北京:商务印书馆。
屈承熹　1984　汉语的词序及其变迁,《语言研究》第 1 期。
屈云柱　1992　《论语》宾语前置之分析,《山东师大学报》(社会科学版)第 1 期。
瞿霭堂　1988　论汉藏语言的形态,《民族语文》第 4 期。
沈家煊　1999　《不对称和标记论》,南昌:江西教育出版社。
石毓智　2002　论语言的基本语序对其语法系统的影响——兼论现代汉语

句子组织信息的原则形成的历史动因,《外国语》第1期。
石毓智、李讷 2001 《汉语语法化的历程——形态句法发展的动因和机制》,北京大学出版社。
孙宏开 1992 论藏缅语语法结构类型的历史演变,《民族语文》第5、第6期。
孙良明 1994 《古代汉语语法变化研究》,北京:语文出版社。
王大年 1994 《尚书》中的宾语前置句式,《古汉语研究》第1期。
王 力 1958 《汉语史稿》,北京:中华书局。
魏培泉 1990 《汉魏六朝称代词研究》,台湾大学中国文学研究所博士论文。
吴安其 2002 《汉藏语同源研究》,北京:中央民族大学出版社。
向 熹 2002 汉语探源,《纪念王力先生百年诞辰学术论文集》,北京:商务印书馆。
邢公畹 1983 《诗经》"中"字倒置的问题,《语言论集》,北京:商务印书馆。
徐 杰 2001 《普遍语法原则与汉语语法现象》,北京大学出版社。
杨伯峻、何乐士 1992 《古汉语语法及其发展》,北京:语文出版社。
俞 敏 1981 倒句探源,《语言研究》第1期。
俞 敏 1989 《俞敏语言学论文集》,哈尔滨:黑龙江人民出版社。
周光午 1959 先秦否定句代词宾语位置问题,中国语文杂志社编《语法论集》第三辑,北京:商务印书馆。
Dik, Simon C. 1997 The Theory of Functional Grammar. Berlin & New York: Mouton de Gruyter.
Givón, Talmy. 1979 "Syntacticization", On Understanding Grammar. New York: Academic Press. 1984 Syntax—A functional-typological introduction, Vol. Ⅰ & Ⅱ. Amsterdam: John Benjamins.
Greenberg, Joseph H. 1966 Some universals of grammar with particular reference to the order of meaningful elements. J. H. Greenberg, Universals of Language. MIT Press.
Hawkins, John, A. 1983 *Word Order Universals*. New York: Academic Press.

(于 萍 北京语言大学汉语进修学院 100083)

段學述要

趙麗明

段玉裁四十一歲著手,至七十三歲,以三十餘年之功,跨乾嘉兩朝而成的《說文解字注》,是許學乃至小學史的里程碑,不僅被王念孫等人贊之為"蓋千七百年以來無此作矣"(《說文注·序》),也是中國傳統語言學在當時所達到的最高水準的標誌。作為乾嘉之學的代表,自當世始即有眾多學者予以極大重視,紛紛研究、評論之,毀譽褒貶,竟形成了所謂"段學"。

所謂段學,一般指對段玉裁《說文解字注》(簡稱《段注》)的研究,也涉及段氏其他著作,可以說是以《段注》為中心的段氏說文學的研究,其中包括版本、校勘、古音、文字、訓詁以及段氏小學理論和方法論的研究。從十八世紀末迄今二百年來此學不衰。近年來國內外對段學的研究日臻深入。

一 對段注的研討而興起了乾嘉之學

段氏的代表作《說文注》尚未問世,在寫作期間便有人注意研究了。自乾隆末年,經嘉慶、道光、咸豐、同治、光緒至清末數十家的專著、專論及序跋劄記短篇,對《段注》進行匡繆、訂正、考校、補漏、箋疏、評議,例如:

錢大昕　《日記鈔》一則

盧文弨　《說文解字讀·序》

王念孫　《說文段注簽記》

桂　馥　《說文段注鈔案》

江　沅　《說文解字注·序》、《說文解字音韻表·弁言》

陳　煥　《說文解字注·序》

徐松、龔自珍　《說文段注劄記》一卷七十三條

王紹蘭　《段注說文訂補》十四卷

鈕樹玉　《段注說文注訂》八卷

阮　元　《段注說文訂序》

徐承慶　《說文解字匡繆》八卷

朱駿聲　《說文段注拈誤》、《說文通訓定聲》

王　筠　《說文釋例·序》、《說文句讀》

鄒伯奇　《讀段注說文劄記》

何紹基　《說文段注駁正》四卷

王　約　《段注說文私測》

林昌彝　《書段懋堂說文注後》

馮桂芬　《說文解字段注考正》十六卷

馬壽齡　《說文段注撰要》九卷

徐　灝　《說文解字注箋》二十八卷

馮世澂　《讀段注說文解字日記》一卷

于　鬯　《說文平段》一卷。

其他還有散見於隨筆劄記之中，或在著作中涉及而論之者，從另一個側面反映出《段注》的影響。正如同治年間馮桂芬所云："……讀《說文》者又不可不讀《段注》,數十年風行海內,承學之士

幾於家置一編。"(《代某序重刻·段氏說文解字注》)

段氏于《說文注》傾其學識功力,以淹通群書博引疏證,以精研古音,逐字歸部,以善理條例,明旨校注,有識有膽,勇於借注改書立說,成一家之言。然難免膽有餘而識有疏。後人對其創說精當者,竭盡褒辭恐未達;對其臆說疏漏者,苛薄抵毀亦不乏。譽之,斥之,當然不少學者還是校之,補之,評價中肯。時人即有云:"近有段氏玉裁注本,博而能精,直掩前人而過之。不無略有臆斷之處,而據及經傳發明許義,洵為許氏之功臣,其餘講說文者皆可廢矣。"(嘉慶間,李富孫《汪氏本說文系傳·跋》)

在研治說文學之中,還沒有哪一位學者、哪一部書能受到如此關注。讀段、研段、論段、評段蔚然成風。正如梁啟超所云:"百餘年來,人人共讀,幾與正經正注爭席了。"(《中國近三百年學術史》)

段氏《說文注》的價值是逐步被揭示的。總的來看,清人對之由震動、挑剔、訂誤,乃至平心靜氣地補注,一片褒貶之聲的討論中,自覺不自覺地加以承棄。段氏所提出的理論、方法,被時代接受,並將許學乃至整個小學的研究推向了一個新階段,即乾嘉之學。

二 錢大昕、盧文弨、王念孫等大家的質疑與商榷

2.1 段注寫作期間錢大昕、盧文弨等摯友便予以關注

段玉裁《說文解字注》發軔於乾隆四十一年(1776年)丙申,先為五百四十卷長編《說文解字讀》,乾隆五十九年(1794年)成;繼而精簡為《說文解字注》十五篇,嘉慶十二年(1807年)丁卯成。嘉慶二十年(1815年)己亥刊行。最早對段氏挑毛病的要算錢大昕,

在他的日記中有這樣一則:"讀段若膺《說文解字讀》第一本,其用心極勤,然亦有自信太過者,如艸部刪去芹字,並茈與芹為薪(右下非力為女)字。薪(右下為女)訓毒草,薪訓卷耳。今卻以毒草屬薪(右下為女)而刪薪。又疑示部之禪、艸部之蘦為人增入,又謂上諱不當篆文,皆未可信。"

乾隆碩儒七十老翁盧文弨在乾隆五十一年為《說文解字讀》序,指出:"今所賴以見制字之本源者,惟漢許叔重說文而已。""然其書多古言古義,往往有不易解者。"如果僅僅"以寡聞尠見之,用其私智小慧妄為穿鑿"不能治之。他總結以前治說文之弊正在於"不通眾經不能治一經"。而恰恰段玉裁"于周秦兩漢之書無所不讀,於諸家小學之書靡不博覽",才能對許書"其中尚有為後人竄改者、漏落者、失其次者,一一而考復之,悉有佐證,不同臆說,詳稽博辨。……蓋自有說文以來未有善於此書者。"盧序點明了段氏治許之長——通經治《說文》。

2.2 段注成書前後王念孫的批評與討論

《段注》成書第二年(嘉慶十三年),早被段氏視為知己的小學大家王念孫又為段書作序(乾隆五十六年段曾為王書《廣雅疏證》序)。他主要從古音學、訓詁學的角度評價《段注》。指出以往治許學因不明"《說文》之為書,以文字而兼聲音訓詁者也。凡許氏形聲讀若皆與古音相准"而混淆古今音,使得"聲音之學晦矣"。不明"說文之訓,首列制字之本意,而亦不廢假借",而混淆本字、假借字、本義、假借義,使得"訓詁之學晦矣"。正是段玉裁"于古音之條理,察之精,剖之密。嘗為《六書音韻表》立十七部以綜核之。因是為《說文注》,形聲、讀若,一以十七部之遠近分合求之,而聲音之道大明。於許氏之說,正義,借義,知其典要,觀其會通,而引經與今本異者,不以本字廢假字,不以借字易本字。"他充分肯定了段氏這條由古音入手通訓詁的治學之路。"揆諸經義,例以本書,若合附節,而訓詁之道大明。訓詁聲音明而小學明,小學明而經學明。"所以一語冠之"蓋千七百年來無此作矣!"他譏笑批評了那些以"辨點畫之正俗,察篆隸之繁省,沾沾自謂得之"者,"於轉注假借之通例,範乎未之有聞,是知有文字而不知有聲音訓詁也。其視若膺之學,淺深相去為何知邪?"正是因為他"交若膺久,知若膺深,而又皆從事於小學",才能從根本上指出《段注》對小學研究的學術價值——由古音入手,通訓詁,治說文。然而未免有些偏愛,仁者見仁,智者見智,他們批評的點畫篆隸之學,正是段玉裁所不足之處。

段玉裁對王念孫予以他的評價非常感謝,在寫給王念孫的信中說:"《說文注》近時就,迄為作一序。近來後進無知,咸以謂弟之學竊取諸執事者,非大序不足以著鄙人所得也。"(《段玉裁五種·與王懷祖書三》)可見當時有不少對段注過分偏激挑剔之語,段氏十分惱火,感謝這位同行摯友對自己學術上的賞識昭著。

2.3 王念孫畢竟是位嚴謹的治學巨匠,他別有專著《說文段注簽記》。認真地逐字審校段說,共收數百字。只是秘於家室,直到一百五十年後,民國二十四年被吳鷗收入《稷香館叢書》中得以刊行。王氏的《簽記》簡要精核,以寥寥數語,訂正《段注》誤刪、誤增、誤改、誤注、誤讀、誤引、誤解等處,指出穿鑿支離、謬妄、牽強、附會之弊。正如吳氏所云:"尤似老吏斷獄,毫不容假。"如:

【校段注解】:"說皆非、注未妥、注大謬、穿鑿"者如:芼、牛、牡、旬、隼、禿、馮、獻、亦、育、愆、惑、耿等字。

【校段注音】:班、右、衛、奇、噱、便、瞑、羿、刑、少、瑰、社、袷、崇、咨、否、息、意、衍、冶、引、劫、醉等。

【校段釋形】：迭、逹、彝、鯀、存等字。

【校段誤刪】："此字不當刪"者如帝、跛等字。

【校段誤增（補）】：琲"似不當補"、索"不必補"等。

【校段改】：琚"似不當改居為右"。裼"不當裼為裙"。

【校段誤字】："本"注不當改，下、末字同。

【校段誤解許】：薅、識、樊等字。

【校段誤引注】：葷、茵、婁、勃等字下注誤引山海經、凡將篇、廣韻新編、俗語等。

另外，對段氏關於會意的說解也予以訂正："四曰會意，同無聲者謂之會意，其意兼聲者即形聲。"針對段氏將形聲兼會意二者混淆而言。

我們可以看出儘管王氏與段氏磋學多年，情意篤實，也不因私護短，學術上的錯誤毫不含糊；也可以看出，儘管審嚴辭厲，但不是人身攻擊，是一種吾愛吾友，吾更愛真理的精神，足見乾嘉大師們的良好學風。

三 段氏弟子的質疑與匡正

除了深交老友，深研《段注》者，莫過於為他校勘的幾位弟子了。

江沅是江聲之孫，為段玉裁入室弟子，得意門生"沅出入其門數十年"，對《段注》"研讀其中十有餘年"，深窺段氏治《說文》之毫末，在為段書"作篆以正其體，編音均十七部以諧其聲"校勘時，有不少異議，"當時面質，親許駁勘"。[①]因此江沅隨注或加己見，但畢竟未能盡言。段玉裁很器重江沅，《段注》書末就便屬江承他的《古十七部諧聲表》(《六書音均表》第二表)作《說文音均表》，以了戴震"以聲相統"《說文》之夙願②。於是《段注》成稿後，江沅便立即着手著書，先成《說文釋例》二卷(江氏編畢記於嘉慶十年(1805年)辛末)，後成《說文解字音韻表》十七卷。

江沅《段注·後敘》："世之名許之學者多矣，究其所得，未有過先生者也。……先生亦自信以為於許氏之志什得其八矣。"指出段氏在闡發許書之旨、著書條例以及詞義研究上的貢獻。雖然指出段的不足，還是十分客氣，僅舉小毛病。③

然而，在後來寫的《說文解字音韻表·弁言》中卻多針對段氏而發，有些話說得相當激烈，甚至指點師名駁斥之，江沅批評段玉裁十幾條，大的方面主要有：

關於六書理論，江氏基本承戴反段。

(1) 六書次第同戴從許，即指事、象形、形聲、會意、轉注、假借。而段玉裁實際上是從班固說的，即象形、指事、會意、形聲、轉注、假借，只不過他很圓滑，沒明說，許多地方都分明主張象形為造字之首，會意於形聲之前。(見《敘·注》及正文中)

(2) 體用說，宗戴而有小異，即後二書體兼用，"既造而用之之法也"。

(3) 批評段注最甚者是轉注問題，他不同意段氏關於《說文》部首當"建類一首"，將"凡某之屬皆從某"，當"同意相受"(段恰恰是承江聲說)。他認為許慎關於轉注的"二語解古人轉注之意，非申己所作說文解字之例也。""先有六書，後有說文"，許氏遵古六書而作說文解字，非六書之義因說文解字而後有也。轉注假借之義在周禮保氏，說文解字之分別部居在後漢。"安有周之保氏為後漢許氏作說文解字例哉？"這裏涉及如何看待"六書"，六書的性質及產生等根本問題。江氏認為是造字之法，周時即有，所以才振振有詞地反駁段氏。段氏在六書上許多地方含糊不清，而江沅之論也未必皆是。他極力維護戴震的說法，認為"是故爾雅之始也，君也等為建類一首，初哉首基林丞天帝等為同意相授，東原戴氏之說誠如日月之出而爝火可息矣。"尊戴貶段可謂甚矣。

關於注解，江沅認為段氏有些地方過分強為解說，不闕疑。"……不必贅增渾舉之言，無須畫一、欯本來音……不應刪去以失古音。幸改從干，毋增多解不如仍舊，以免穿鑿空凡。此之類許無達例，段喜更張。""家之取豭，哭之從獄，必非強解，定有受之。"江氏對段主觀臆說極為不滿，他指責說："人隔數朝，無從面質，有難釋必當闕，自恃精淹，藐視古哲，改此就我，易彼作證，以己助己，古義遂亡，同我則標，不合斯諱，分韻無說，易古以通，戴已作甬，段遂效尤，凡此紕繆，略箋其失……。"訟詞可謂犀利矣。

關於古音，江沅雖然基本同意段氏十七部說，"部分十七部，大致已明，茲故不移，似其舊貫"，但具體問題有不少分歧，其中重要的一點是否定段氏古無去聲說，主張古有去無入。他說："段氏論音謂古無去，故譜諸書平而上入今《說文》得聲以貫……古今音異，輕重難分，如譜中來獸在入，夕惡在平，若以區分必成矛盾，不如合之以省穿鑿。沅意古音有去無入，平轉之重，平引成上，去促成入，上入之字少於平去，職是故耳，北人語言入皆成去，古音所沿至今猶舊。"敢於如此推翻師說，不迷信不泥師，精神可佳，其論可議。

江沅甚至指責段氏有剽竊先說之嫌，"支脂之之為三，真臻先與諄文欣魂痕之為二，皆陸氏之舊也，段氏謂前此未有發明其故者，遂矜為獨得之秘，故于說文解字嚴分其介以自殊異，凡許氏所合韻處皆多方改使離之，而一部之與十二部亦不使通，故䪳之讀若秘為逼,臆之乙聲刪去聲字,必之弋聲改為八聲。而于開章一篆說解極一物三字即是一部十二部十五部合韻之理,於是絕不敢言其韻,直至亥字下重文說之也。十二、十三部兩部之相通者,惟民昏字以就其說,而尤苦心孤詣者,畀字□(卑無下)聲,□(卑無下)聲十五部也,而有綼字從之得聲而綼即古綦字,在一部遂改畀字為□(卑無下)聲以避十五部,與一部之合音。凡此皆段氏之癥結處也。"所謂入其室,操其戈矣。

江氏對老師毫不客氣,對談及了但未明點者也不放過。如《說文》四篇上在鳥部之處另立烏部,只有三個字烏、舄、焉。許氏原來都注明"象形",在焉字後又舉朋、烏、舄、燕為例說明"所貴者故皆象形,焉亦是也。"對這種分部體例,段注道:"鳥多矣,非所貴者皆為形聲字(指前面鳥部所屬之字)。""按烏、舄、焉皆可入鳥部,云從鳥省,不爾者,貴之也。"江沅指責云:"段氏但甲其所貴象形,不言變例,蓋以形聯猶以義聯也。"又舉𠕅岐重之例,他認為段氏"亦未必悟其為變例矣"。

其他旁敲側擊,明裏暗裏批評段注者尚有古今字,假借等,凡不下十餘條。孰不知被公認抨擊為最者徐承慶之前,尚有段氏高足江沅。而且他指出多為要害,非皮毛之疵。但畢竟是老師,江沅對段玉裁還是予以不少讚頌之辭。"若膺先生由小學以通乎經學,功深力邃,擇精語詳,躦仰彌年,高深莫罄,真集諸家之大成者。"稱治說文古音"段氏之功巨矣"。江沅《說文釋例》中間或偶有匡段語④,遠不及《弁言》激烈。江沅弟子雷浚案云:"先師本段氏十七部先著《說文釋例》,後成是編(指《說文解字音韻表》)","而每部某聲某聲不盡與段相同,亦不盡與《釋例》同。先師不自言其所以然……"。不知段氏生前是否看他的得意門生如此激烈地批評,竊以為未必。由此亦可見嘉乾學風，並不嚴守師承，泥門之見。

段氏另一位弟子陳煥也為段書校勘，"朝夕誦讀"，是深探段氏治說文之大要的。他"跋"云："聞諸先生曰，若東原師之言，'僕之學不外以字考經，以經考字。'余之注說文解字也，蓋竊取此二語而已。"引段氏自說，明《段注》之旨。與盧文弨原序呼應。

四　嘉道同仁，論段紛紜，勢以段學言許學

段氏《說文注》刊行前後，當時小學大家都很重視，除上述錢大昕、王念孫等人之外，桂馥、阮元、朱駿聲、王筠等都有研究、評論，其他如王紹蘭、鈕樹玉、徐松、龔自珍、徐承慶、鄒伯奇、何紹基、王約、林昌彝、馬壽齡、徐灝、馮世澂、于鬯、田吳炤等先後有專著或論及。其間嘉道為一波，同光又為一波，紛紜論段，大有以段學言許學之勢。

4.1　桂馥年少段氏一歲，與段氏同時各自研治《說文》，甚至還早段幾年，彼此本不相知。後來桂氏見段氏《說文注》稿本，非常重視。當時段書尚未成書刊行（桂馥嘉慶十年去世，段書嘉慶二十年刊行），桂氏便逐字鈔之，並偶或在每字條後或文中加按語，常加著重點圈以識之，眉頭亦有提要略語。桂氏《說文段注鈔案》原不分卷。這部手稿淹佚多年，直到光緒二十七年（1901年）辛丑葉德輝才從京師書肆得之，收入《觀古堂匯刻》中。但葉刻只有案無鈔，且多漏衍，而所鈔又與坊本或異，因此吳氏又盡收鈔案於《稷香館叢書》內。

葉氏原記云："桂未谷先生手鈔說文段氏注真跡，計上冊九十二紙，下冊六十紙，注下按語訂正段誤甚多，與所作《義證》之例不

同。審其字跡,知為《義證》未成之前抄錄備檢之冊……得之不易,故先生抄此以待參稽……。"又記"是書原有三冊,得之都門廠肆。因往地肆觀望,為宗室伯兮祭酒持其一冊以去,坐索不與。"葉氏對此極不滿,斥之"嗜古成癖而不近人情","奪取無理"。後來這位祭酒死後,在庚子之亂中,連同他物被劫佚之。葉氏對此解氣地說:"何天之報之速與!"當然屬私怨,可於許學、段學亦為一件憾事。

桂氏在鈔時所案所論對段注有肯定,有補益,有訂正,有存疑,涉及古音、古讀、古今字,假借、方言俗語、山水地名,經典用字等,語切著實,完全是討論研究學問,無空議偏激之詞。

肯定段說者,如"'縗,衣戚也。'注云:'戚,今之蹙字也……'今按,下文縗一曰戚也,正與此義相關。段注詳矣。"在許多地方桂氏加點或圈以示著重,"如□(詞上下結構)"字條內,注云:"……言音而詞見,言詞而意見,意者文字之義也……積文字而為篇章,積詞而辭。""猶□(蠷左為犬)"字條內,注云:"'按古有以聲不以義者,如猶豫雙聲,亦作猶與,亦作猶豫。'今按,此說猶豫,故通人語也。大抵訓詁、名物多取雙聲疊韻。"可見他不但賞識段注並加以闡發。

補益段說者,如"'宋,尻也。'注云:'義未見之經傳,名子者不以國,而魯定公之名宋,則必取基本義也,從宀木讀若送。'注云:'蘇綜切九部。'今按,《釋名》宋,送也,以為殷後。竊謂殷之聲如衣也。衣者,人之所以尻體,與尻義又近矣。"當然桂氏所謂補益之說也不一定為是。"'仿佛,相侣。視不言是也。'注云:'仿佛雙聲疊韻字也……''侊,籒文仿,從丙。'今按,丙聲古讀如榜,方聲古讀如旁,亦如傍。《周禮》柄作枋,即其例。"桂氏所論多有可取之處。

訂正段說者,如"狄"字條內,注云:"'許無蜼,狄即蜼……蜼狄為古今字,許不取蜼,用今字也,'今按,蟲部有蜼,此注蓋失檢也,蜼狖亦非古今字。""兑，說也。注云：'說者，今之悅字……兑為□（兑下無儿）聲者，古今音也，大外切，十五部'，今按，兑從□（兑下無儿）聲。□（兑下無儿）與說為雙聲，疑說字古祇作兑。《戴記緇衣》引兑命可證。""'儔，□（翳下為非）也。'注云：'……然自唐以前用儔侣皆作疇，絕無作儔者，……然而用儔者起唐初，以至於今。'今按，《釋詁》郭注已用儔字，則非起于唐以後矣。"其他在鈔注行文間或加數字按語"此語誤"，"此說非是"等。

存疑者，如"'襦，短衣也。'注云：'……襦若今襖之短者，袍若今襖之長者。'今按，襦襖蓋古今字，又雙聲疊韻，取其濡而奥夬奥□（交上加宀）以為名也，俟考。"對不同意段注，又拿不准之處，按語中常用"似"、"疑"等字眼，同王念孫《簽記》中常見的"查"字一樣，足見大學問家之謙遜嚴謹。

龔自珍⑤是段玉裁的外孫，曾親受段氏學（段氏去世時龔已二十餘歲），光緒二十三年（1897年）丁酉劉肇隅得到徐松⑥的一部《段注》，"前有大興徐藏圖籍印，星伯校讀二朱印"，"徐錄龔說于上方，自識字以按別之，徐識語略謂龔受外祖氏學，而有所發現，故錄之書中。龔校有記段口授與成異者，有申明段所未評者，亦有正段失者。"共有七十三條，劉氏"竭數日之力，條而鈔之，凡有楷按別為一紙。"這樣經劉氏整理成二書即龔自珍《說文段注劄記》、徐松《說文段注劄記》（引語見劉氏敘）。

以上都是段注成書前後一些先睹者，即段氏的親朋師友門人弟子，對段書的初步考究、評論，他們具有的優勢是比較瞭解段氏治學方法和著書之旨，所言多中肯切要，這些是研究段注段學的重要資料，但是其中除了江沅有些問題談得比較深，涉及一些主要學術觀點外，其他大多為隨筆劄記，不系統。

4.2 嘉慶年間要提到的是王紹蘭①的《說文段注訂補》十四卷,這是較早的一部全面考校訂補段注的專著。王氏運用考據的方法,並吸收當代人研治說文的成果,訂段之譌,補段之略,如"元,從一謂兀聲,如元當補聲字本於錢竹汀。中和也。謂三字當連篆作一句讀,與威姑也,□(上道下禾)禾也通為一例,本于王石臞而更暢言之,……它若謂……灌渝即權輿之正字。"(潘祖蔭序)等。再如根據《公羊傳》考出"例"字不始於當陽,根據劉向賦考出"佋"字非造於典午。根據《漢書》表、志,考出邛成非□(姊右為氵)陰之縣等。據《玉篇》、《廣韻》駁"蕹"俗字之誤。又據□(折下加示)、哲、□(折下加石)、□(折左加犬)等字駁段氏從手為唐以後人增之誤。儘管瑣碎之功,然平心靜氣言之有據。同時,王氏還對段氏所未明之許書體例,予以補說,正如潘祖蔭所云:"至於融貫全書,如謂凡某某之屬皆從某,非僅指本部而言,它部有從某字皆於此部凡某眩之之類,尤為讀許書者開大法門,與王筠說文釋例相發明。"(潘序)因此被胡樸安稱之為"讀段注者所不可不讀之書。"

4.3 到了道光年間,由於《段注》刊本在社會上廣為流傳,研讀段書成風,一批匡段專書接踵而出。

4.3.1 道光三年,錢大昕的弟子鈕樹玉②先成《段氏說文注訂》八卷。道光四年,阮元為之序。此書影響很大。阮序是一篇評價《段注》的重要文章。他在序中云:"金壇段懋堂大令通古今之訓詁,明聲讀之是非,先成十七部音韻表,又著說文解字注十四篇,可謂文字之指歸,肆經之津筏矣。然智者千慮必有一失,況書成已時年七十,精力就衰,不能改正,而校讎之事又屬之門下。往往不參檢本書,未免有誤。吳門鈕君匪石,錢竹汀宮詹之高足也,深於六書之學。著段氏說文注訂八卷,介予弟仲裁亨郵寄嶺南書院,索弁言。序中所舉六端及書中舉正皆有依據,當與劉炫規杜並傳於世,惜此書成後大令已歸道山,不及見也。設使見之,必如何邵公所云入我之室,操我之戈矣。"阮序所論段書甚為中肯誠摯,較為公正。

鈕氏自序云:"(段注)刊成,余得而讀之,徵引極廣,鉤索亦深,故時下推尊以為絕學,然與許書不合者其端有六……"。即:

(1) 迷信許書必用本字。"許書解字大都本諸經籍之最先者,今則自立條例,以為必用本字"。

(2) 創古音十七部統說文字。"古無韻書,今創十七部以繩九千余文"。

(3) 互受轉注說。"轉注本在同部,故云建類一首,今以為諸它音恉略同,義可互受。"

(4) 引經不忠於原文,擅改附會己意。"凡引證之文當同本文,今或別易一字以為引經會意。"

(5) 輕言"疑為淺人增。""字者,孳乳浸多,今有音義相同,及諸書失引者輒疑為淺人增。"

(6) 篤信古書之誤而引。"陸氏《釋文》孔氏《正義》所引《說文》多誤,《韻會》雖本《系傳》而目有增改,今則一一篤信。"

由於當時學術條件所限,以及看法不同,鈕氏所舉六條也非皆是,如第二條,創古音十七部統《說文》九千字,恰是段氏說文學的一大突破性的成績。第三條關於轉注則為一家之言。但鈕氏這種把段注之弊歸納成條例,在當時影響很大。

4.3.2 繼鈕書之後,不久徐承慶亦成《說文解字匡謬》八卷,又密于鈕氏段注十五弊:

一曰便辭巧說,破壞形體,如段改篆"德"作"徳",徐氏匡之云:此因悳(德無彳)聲,而從直作篆,考金石文字,俱作悳(德無彳),不作恴,所改非也,又舉本末等例。

二曰臆決專輒,詭更正文,如"茸",段改從艸耳聲。注云:今本作聰省聲,淺人所臆改以形聲之取雙聲,不取疊韻者。徐氏匡之云:"原文聰省聲,取疊韻是也。以偏旁為聲,較省聲直捷,淺人容改聰省聲為耳聲,未必改耳聲為聰省聲。"

三曰依他書改本書。如"璠",段改為璠璵。注依《太平禦覽》所引。徐氏匡之云:"按璵璠,後人稱璠璵。據《禦覽》改《說文》段氏之信今疑古。多此類。"(筆者按:此條王念孫《簽記》中也曾指出"二字不當倒轉",徐氏並未見王書,所論卻與之暗合)

四曰以他書亂本書之謬。如"犧",段改"畜牷也",為"畜犧",畜牲也。"注云:依《廣韻》《手鑒》訂。徐氏匡之云:"按《廣韻》不引《說文》,《龍龕手鑒》不足據。"

五曰以意說為得理。如"叀",段改"專小謹也"為"小謹也"。注云:各本上有專字,此複字未刪,又誤加寸,徐氏匡之云:"按原文連篆文讀云,叀叀,小謹也。轉寫訛專,而以為複舉未刪之字,誤加寸。(筆者按:此條王念孫只批評"妄增"。似指段氏于正文說解中增"從屮"、"田象謹形"之語。)又舉"僕"字等。

六曰擅改古書以成曲說,如"玟"等字。徐氏匡之云:"按說文兩字相連為義,而字各有本義者矣。""又增一曰二字,加于本文之上,何其妄也"。

七曰創為異說,誣罔視聽,如"壯,大也"段注云:"尋《說文》之例,當云大士也。故下云從士,此蓋淺人刪士字。"徐氏匡之云:"按壯大也,《釋詁》文,凡士之屬皆云從士,何以故為曲說……"。

八曰敢為高論,輕侮道述。徐氏舉"哭"字等例,斥段云:"……意不主一,語無倫次,徒為有識之士所嗤耳,剛愎不遜,自許太過,吾為段惜之。"

九曰似是而非。如"審",篆文宷從番。段注云:"然則宷古文籀文也,不先篆文者從部首也。"徐氏匡之云:"按許書正字下有重文,曰古文、曰籀文、曰篆文,說者謂重文是篆籀,是本字古文,本字為古籀,則重文是篆,似得之矣。然細審全書義例,則所見尚淺淺,亦甚滯也,許敘篆籀古文之例,已於上字下詳之。"

十曰不知闕疑,徐氏舉"囈"、"鎮"等字,批評段氏"囈字無考,不必強作解事","不得其旨而強欲解之","如此武斷矣。"

十一曰信所不當信。如"薅",段氏改"拔田草"為"披田草"。注云:"《眾經音義》作除田草,《經典釋文》、《玉篇》、《五經文字》作拔田草,惟《繫傳》舊本作披,不誤,披者,迫地削去之也。"徐氏匡之云:"按此段氏異文為可喜也。《詩》本皆作拔,舊刻《繫傳》為轉寫誤耳。"

十二曰疑所不必疑,如"諾,䧹也,"段注云:"䧹者,應之俗字,說解中有此字,或偶爾從俗,或後人妄改,疑不能明也。"徐氏匡之云:"按䧹字乃徐鉉所增十九文之一,以為注義有之,而說文闕載,非也。許書明經載道,豈非偶爾從俗,其為傳寫者誤用俗書無疑。"

十三曰自相矛盾。如"瓊,赤玉也",段改"赤"為"亦",注云:"說文時有言亦者,如李賢所引'診,亦視也'。鳥部鸞亦神靈之精也之類。"徐氏匡之云:"按瓊字解改赤為亦,引鸞下亦神靈之亦字,證《說文》有言亦者,而鸞下注又亦為誤,是以改去之誤字作證也。前後乖異,而不自知,診下亦未依李賢增亦字。"又舉"挏"字等例,譏段"其說前後相違,旋改而旋忘之矣。"

十四檢閱麤(粗)。如"蓀",段注云:"鍇本無蓀。"徐氏匡之云:"按,《繫傳》有之。"

十五曰乖於體例，如"民"下，段注云："說詳《漢讀考》。""自言其《周禮漢讀考》，豈讀許氏書者必先講求段氏書與？"

徐氏直指段氏之謬如此之多，甚至不乏遣責之語，為後人感情上所難容。其實平心靜氣地看一下徐氏的意見，儘管繁瑣，甚至有些尖刻，其中還是有不少可取之處，不可眯目全否。歸納起來這十幾條，大致指出了段氏兩方面的錯誤：

一是主觀臆斷。表現在疏於形體而誤解、詭改正文，引證不嚴謹，或改古字以就己說，不作闕疑等；

二是自相矛盾，前後抵牾。其中大多數的批評是切中段氏的謬誤與不足的，如第一條，由於徐氏利用金石文為據，所言為不刊之論，第十、十二、十三、十四條等也如是。其中有些是可以商榷的。如有關省聲、引證等問題；有的可以作為參考，如第五條中"叀"字例。作者說詳見於自己的另書，也未嘗不可。

當然徐氏對《段注》一書的認識還較膚淺，如此直言不諱，有損段氏尊嚴。後人斥徐學遠不如段，似乎沒有資格言大人過。在整個學識上不如者，未必不能發現一些具體的錯誤。

徐承慶的這部書成於鈕之稍後，然卻"稿藏令子讓泉處，世鮮知。"直到幾十年後的光緒二年（1876年）丙子才被姚覲元索得而刻行。姚氏在序中很為段氏、徐氏說了不少公道話。"闡汶長之奧義者莫如金壇段先生《說文解字注》……段先生起，缺者補之，複者乙（抽）之，幽隱者袞眾說明之，謬者集諸書以證之，如鑱嵌確刜，灌莽闢厇，徑而達之康馗，如拔陰翳，去屏障，啟昏室而懸之白日，其功可謂勤矣。其學可謂博矣。惟是卷帙既多，抵牾不免……在先生自成一家之言，恐後學遂開武斷之弊。""徐氏此書，補苴罅漏，搜剔纖微，剝其浮辭，存其精義，甯為諍友，毋為佞臣，世之讀段注者應亦共諒苦心。"

4.3.3 道光年間還有王紹⁹的《段注說文私測》以及後來鄒伯奇⑩的《讀段注說文劄記》、何紹基⑪的《說文段注駁正》四卷、林昌彝的《書段懋堂說文注後》、《說文注辨段》等。王紹《段注說文私測》對於鈕氏駁段者一一申之，對段書之闕者，歧出者，欲刪不刪者一一釐正。鄒伯奇《劄記》中云："段注說文數十年，隨時修改，未經點勘，其說遂多不能畫一，茲隨記數條，以見一斑。"例如他指出段氏自相矛盾之弊，本來要刪大徐新坿十九字，可自己又增字，"段氏故欲反之，凡所增加必刪之，而其例卒不可通，於是複於佳部補雓，竹部補□（上竹下犬），又於竹部補箇，水部補池，兔部補㲿，女部補妥……又襲大徐竹部補笑（上竹下犬）之例，以他書有引《說文》者，於玉部補璕，肉部補腹……竹部補䇭……皆以為有據也……。"

而林昌彝批評段氏相當激烈。例如他的《書段懋堂說文注後》有許多這樣的按語："……段氏不能闕疑，故望文生義，向壁虛造耳。""此最為未合。""段注皆以意武斷，不能闕疑。""段氏強改許書殊為非是。""此段注最為舛繆。"特別是對段氏關於六書中的指事、象形、轉注之論抨擊最烈，"其論六書，以指事為象形，又以象形混為指事，其說轉注，合於建類一首，而不合於同意相受（筆者按：此似誤文，該書前曾云："段氏之說合於同意相受，而不合於建類一首。"）其說假借，謂令長如今漢之縣令縣長也，殊未分曉。凡段注文所言指事，象形、轉注無不錯誤。"林氏對段書總的評價還是比較平和的。"段氏于說文一書，發人神智不少，其精微之處，非淺人所能及，所病者往往勇於自信如是。"

五　朱駿聲、王筠對段氏的批評與繼承發展

道光間朱駿聲、王筠兩位許學大師對段注的研究和評價是不能不提及的。

5.1　朱氏有專著,《說文段注拈誤》亦為家藏手稿,一百年後才被收入《稷香館叢書》刊行。他在開頭有句引言"治《說文》者精審無過段氏玉裁,而千慮一失時亦有焉,特為指出,非敢譏彈其書,蓋尺璧之珍不欲抵其有微疵/刳也。"朱氏把有異議之字條指出,糾正段書。

誤言後人所增者,如二下遜字,段以為後人所增。不必。

說解字形之誤者,如二下足字,段謂從口上,此論甚謬。

二下牛字,段注羊豕等皆系四足,牛略之者,可思而得也。凡物之形,無不可思而得者,羊豕馬象之四足,豈不可思而得乎？此類斷不宜蛇足,或曰,朱以角用,身大而尾小,特著甚異者,然象亦小尾。

句讀之誤者,如十二下委字,說解委隨也,疊韻字。段注委字逗,非。

古音歸部不當者,如二上哇下,段注,醫在一部,翳在十六部,異韻,非是。

當稱疑而妄刪者,如五十飢字,段謂經典所無淺人增補。按經典所無之字多矣,何獨於此字疑之,此字訓糧也,從人食,其聲亦不傳。後人以為飼字耳。此類當稱疑,何得妄刪(下又有小字)以飾餵從此為聲之字推之,當云食亦聲。段之疑此,以各本從人食,不食人耳。

妄改者,如十四上鎦字,段改從金刀卯聲。按劉字當補為重文,一從金,留聲,一從釗畱聲。直改殊為未輒。

十四上斟字,……此泥信宋世家及淮南之書之誤引,不可從,

其他處還有"亦屬臆說","亦太迂","說不相應","矛盾","未喻本旨"等。既然是自己的讀書筆記式的手稿,如同王念孫之《說文段注簽記》、桂馥《說文段注鈔案》一樣,直言不諱。

這類劄記另一特點是常常有駁論有立論,不僅僅一否了之,還要說出自己的見解。如上述鎦字。而且,不斷有新的材料、新的研究所得,隨時補充。如上舉"飤"字。再如"夏"字下除了最先的按語,後面又陸續加了五個"又按"。可見清儒大家治學之勤。

朱駿聲巨著《說文通訓定聲》以聲依字,正是段氏欲為之業,很難說這與戴段首倡沒有關係。

5.2 王筠雖沒有專著治段注之書,他卻把對段書的研究融於自己的學問中,他十分善於吸收、消化、發展、創新前學的研究成果。王氏的主要著作可以說幾乎都與段書有關係。

道光十七年,王筠撰寫的《說文釋例·自序》便是一篇研究《段注》的重要論文。他能放開視野,站在一定的高度,將桂馥的《說文義證》和段玉裁的《說文注》相比較來看各自的得與失。云:"桂氏書徵引雖富,脈絡貫通,前說未盡,則以後說補苴之,前說則以後說辯正之,凡所稱引皆有次第,取足達許說而止。故專臚古籍,不下己意也,讀者乃視為類書已眯乎。惟是引據之典時代失於限斷,且泛及藻繢之詞而又未盡了加校改不皆如其初旨,則其蔽也。段氏書體大思精,所謂通例又前人所未知,惟是武斷支離時或不免,則其弊也。"並且對段氏形音義雙向之論又予以闡明,"夫文字之奧無過形音義三端。而古人造字也,正名百物以義為本而音從之,於是

乎有形。後人之識字也，由形以求其音，由音以考其義。"王筠也是位比較具有理論思維的進步學者。善於總結，繼承發展前學。

王氏先著《說文釋例》便是因段而作。他自明著書之旨云："余平生孤行一意，不喜奪人之席、略人之說，此《說文釋例》之所為也。""《段注》既創為通例，而體裁所拘未能詳備。余故輯為專書，與之分道揚鑣，冀少明許君之奧旨，補茂堂所未備。"（《說文句讀·序》）所謂分道揚鑣，即屏棄段那種隨文注例，散亂無章的做法，自創體例，專門一書。王氏治許書例緣于段注，然他自創這一"分"一"揚"，"為吾一家之言"，卻使他在說文學史上立起了另一塊里程碑。同時他在《釋例》中用很大的比重專論六書理論又補了段氏一大不足。使王氏在說文六書學上又獨佔鰲頭。

四年後，在他所著的《說文句讀》中又是"遂取茂堂及嚴鐵橋、桂未谷三君子所輯，加以手集者，或增或刪或改以便初學誦習，故名之曰《句讀》。"他在《自序》中明確說："余輯此書別有注意之端，與段氏不盡同者凡五事：'一曰刪篆，二曰一貫，三曰反經，四曰正雅，五曰特識。'"同時還言他與段氏同者為"稱心而出，明白洞達，不肯首施兩端使人不得其命之所在，以為藏身之固。"並將自己與段氏相比附，"有段氏開辟於前，為之擴其規模，斯我能開辟於後，為之劈其肌理。"王筠頗以段氏繼承人自居，他在《句讀》中便吸取桂段兩家之要，簡明扼要，極便初學。

六　同治諸儒對段學的深入研究

對《段注》歷經數十年的研討，至同治初年始出現一批持論平和、考證注箋、撰要舉例之作，主要有馮桂芬的《說文解字段注考正》十六卷、馬壽齡的《說文段注撰要》九卷、徐灝的《說文解字注箋》二十八卷等。

6.1 馮桂芬,字林一,又字景亭,江蘇吳縣人,道光進士(生於嘉慶十四年(1809年),卒于同治十三年(1874年),年六十六)。于同治七年校勘重刊《說文段注》,並撰《說文解字段注考正》十六卷,他認為自《段注》問世以來風行海內,在眾多研治說文之學者中(他提及有錢大昕、戴震、桂馥、嚴可均、孫星衍、王念孫父子等)"無慮數十家先後迭興,各辟門戶。蓋說文之學至乾嘉間而極盛。諸家所學,有淺深,亦至有得失,必推先生(段)為大宗。注以形為經,以聲為緯;又以說解為經,以群經傳注為緯,融會貫通,虛空粉碎,發一凡起一例無一部一文不如網之或失之偏,亦自來詁經家通病,如十七部合音,以互訓為轉注之類以多訾議之。"然而,他又對鈕樹玉、徐承慶的"恣其排擊"很不滿,認為他們"實則所學遠不逮先生(段),雖不至蚍蜉撼樹之譏,汔未能拔趙幟而立漢幟也。"他自命"與鈕徐書立意不同",著《段注考正》十六卷。考者,考其引用篇目;正者,正其字句訛誤。為功臣為諍友,不為入室操戈。(見《顯志堂集·代某序重刻段氏說文解字注》)馮氏運用校勘,將段注引用經籍的出處逐個查證,補正段書所漏略,如引用說文未注明版本考補,引書不著卷數、篇名及之傳某年者考補;引書與今本不同者探其所本,以今有之書為主加以訂正;引書有改竄節刪致不明者加以訂正;對依據不足而徑改"殊駭人目"者加以訂正,因此馮桂芬實為校勘段注之功臣。

6.2 段玉裁為《說文》發凡起例花了大力氣,而自己著書似未明凡例,其義例亦散淹於注中,後人還要為段書說明凡例。同治年間馬壽齡(字鶴船,安徽當途人。有《懷青山館集》)輯《說文段注撰要》九卷,舉其論說,析其義類,分條晰縷,釐為劄記,以舉段氏書之九例分卷,一辨別誤字,二辨別譌音,三辨別通用字,四辨別說文所無字,五辨別俗字,六辨別假借,七辨別引異字,八辨別引經異句,九辨別異解字。對於體大思精的段書。顯然這遠遠不夠,僅為膚淺舉例而已。於是近人胡樸安又補三十二例[②],馬氏後來的胡氏的工作雖遠不及王筠《說文釋例》,只是散條例舉。不過,既是歸納條例,就多少帶有理論研究的味道了。

6.3 徐灝(字子遠)所著巨帙《說文解字注箋》二十八卷於光緒二十年(1894年)在桂林刊行問世。在諸多研討段注之書中,可謂佳作。他議論平和,箋疏正誤,尤揚己所長,由於徐氏是廣東番禺人,得力于方言存古音,對古音的認識較他人更深一層;同時他對文字形體也頗有研究,曾著《象形文釋》四卷(道光二十六自序·稷香館叢書收其手稿),能夠用鐘鼎文考字形體,加上他對六書理論有深究。因此,徐氏不是一般的挑毛病,匡正謬訛,而是採取傳統的注箋著書體例將自己研治《說文》所得匯為一帙,名為段注作箋,實多述己論。

徐氏《注箋》每個字條的體例先列大徐本《說文》、次引段注,標〇下述己言。先釋形、注義、標音,後明六書歸屬。如:

丕,大也,從一,不聲,敷悲切。注曰:丕顯之類,於六書為假借。鐘怡切。〇箋曰:不即古丕字,故胚坏等字並從不聲,而讀與丕同。今猷讀不為入聲,北人讀平聲,皆與丕為一聲之轉。其輕唇音讀若夫,轉為方鳩切。又方久切,亦一聲之轉也。段氏以丕顯作不顯為假借,非是。又唐韻切字間有古音,敷之重唇讀若鋪,古文丕音敷悲切。段氏未達改為鋪怡切,不知其無以異也。(筆者按:得力于以方言考古音。)

神，天神引出萬物者，從示申聲。注曰：天神引三字古音同部。○箋曰，神之為言引也，祇之為言提也。……天曰神，地曰祇。對文則異，散文則通。鐘鼎文申作申，神從申，由古文變也。造字因聲載義。神從申聲，即有引申之義，或以為但從示從申，會意或疑會意有不盡而云申亦聲，皆未達造字之旨如此。（筆者按：得力于以金文考字源）

祇，敬也，從示氏聲（注略）。○箋曰：語辭之適皆借祇敬字為之，傳寫或省去一點。其或讀如支或讀如只，又讀他禮切……張彥、唐元度之徒，不通六書，所言不足為法，近儒多已辨之，而段注往往仍為所誤。

祖，始廟也。從示且聲。注曰：始兼兩義，新廟為始，遠廟亦為始，故祔祧皆曰祖也。《釋詁》曰：祖，始也。《詩·毛傳》曰：祖，為也，皆引申為凡始也。○箋曰：……段說引申借假往往混淆，學者所宜先辨也。

皇，大也，從王。自始也……注云：……自下曰鼻也。則自鼻二字為轉注……自與鼻，不但義同，而且音同，相假借也。○箋曰：……自部曰自象形，是自即古鼻字，因為自己之義所未欠而昧其本義耳，段以為假借，非也。

他在《象形文釋》手稿中云："學者求六書之恉，必以象形為先。近儒段若膺氏注說文號為精博，獨象形一事尚多穿鑿附會之譚，是不可以不辨也。"因此徐氏在書中很注重對形體上的分析箋識，所論大多精當。

徐灝書逐條逐字考證注疏，箋識已見，吸收最新研究成果，有許多發前人未發的精湛之語，特別是徐氏利用方言中古音遺留考證字音，以鐘鼎古文考證字形，具有科學性，正段所立言有據可信，令人服之。雖然引他書遠不如段、桂廣博，但往往能抓住關鍵，解決疑點、難點，其功于段，足可與段功於許相匹。不僅是段氏諍友，尤為許君之功臣。當然所言也難免疏漏，但對研讀《段注》者，很有參考價值。

6.4 清末還有其他論段之作如馮世徵《讀段注說文解字日記》一卷（《學古堂日記》）、于鬯《說文平段》一卷等。還有許多書有所涉及，如田吳炤的《說文二徐箋異》（光緒二十三年）中對段氏校勘提出不少不同意見。嚴章福《說文校議議》對段"讀若"說提出異議。洪頤煊《讀說文錄》（洪氏《說書叢錄》第九卷，傳堂叢書）對段說"闕"義及其他說解有不少自己的看法。

七　結語

段學，說明段氏的實踐和理論成就，是十八世紀末十九世紀初中國傳統語言文字學的代表。段玉裁和他同時代的學者，將小學的研究推進到一個新的時代——科學的語言文字學時代的前夜。段氏之學本身即傳統語言學的具有頂峰性質的里程碑。段學推動了傳統語言學的發展。充分展示了其精華與局限。體現了良好的學風。

十八世紀後半葉段玉裁有一段非常有名的論述："小學有形有音有義，三者互相求，舉一可得其二。有古形，有今形，有古音，有今音，有古義，有今義，六者互相求，舉一可得其五。古今者，不定之名也。三代為古，則漢為今；漢魏晉為古，則唐宋以下為今。聖人之制字，有義而後有音，有音而後有形。學者之考字，因形以得其音，因音以得其義。"（《廣雅疏證・序》）

這段字闡明了十分重大的理論問題,代表了十八、十九世紀之交中國語言學家的最高水準:

(1) 作為符號的語言、文字的產生;

(2) 治學原則、方法論;

(3) 傳統漢語言學的理論體系;

(4) 語言歷史觀。

附注

① 見《段注·後敘》、《說文解字音韻表·弁言》。
② 段玉裁序:"餘撰六書音均表,析古音為十七部,其弟二表既以說文九千字餘字形聲分隸十七矣。東原師既歿,乃得其答餘論韻書,書後附一條雲,'諧聲半主義半主聲。說文九千餘字,以義相統,今作諧聲表若盡取而列之,使以聲相統,條貫而下如譜系則亦必傳世之絕作也。'餘頻年欲為之而未果。歲己醜(嘉慶十年(1805年))乃屬江子子蘭譜之,略以弟二表之列某聲某聲者為綱,而件系之。聲複生聲,則依其次第三代。音韻之書不可見讀,是可識其梗概焉。其有此彼可兩入,不能明者,略箋其意趣,使學者不以小異閡大同。江子用力甚勤,惜不今吾師一見也。己巳(嘉慶十四年(1809年))三月。"
③ 江敘末云:"至於許書之例,有正文附見於說解者,有重文附見於說解者,此沅之私見,而先生或當以為然者也。附于此以便質諸先生。時嘉慶十有九年秋八月。"
④ 《說文釋例》中江沅認為,"許書之例有本義,引申義,無假借義。"病"今人習俗相承,類多通借證之。"濫用通假解釋《說文》,"往往不合",雖沒指名,也可看出是針對段而發的。
⑤ 龔自珍,更名鞏祚,字璱人,號定盦,浙江仁和人,道光進士。
⑥ 徐松,字星伯,順天大興人,嘉慶進士,官編修。
⑦ 王紹蘭,字南陔,浙江蕭山人。乾隆進士,官至福建巡撫,後罷職舊里乃覃思儒業,以治許鄭之書,其門曰"許鄭學廬"。另著有《說文解字集注》百二十四冊,惜佚為殘稿。《說文段注訂補》著於嘉慶時,世人不知,光緒十四年胡燏棻求得而刊行。
⑧ 鈕樹玉,字藍田,號匪石,江蘇吳縣人。生於乾隆二十五年(1760年),卒於

道光七年(1827年),年六十八。
⑨ 王約,字簡夫,號西嶼,浙江慈溪人。見黃式三儆居集王西嶼家傳,未見傳本。
⑩ 鄒伯奇,字一鳴,又字特夫,廣東南海人。精於數學。生於嘉慶二十四年(1819年),卒於同治八年(1869年),年五十一。此書未刊,存《鄒徵君遺書》內。
⑪ 何紹基,字子貞,號東洲,一字猨叟,湖南道州人,道光進士,見林昌彝《小石渠閣集·何子貞小傳》。未見傳本。
⑫ 具體有分部例、劉字次第例、說解例、象形例、指事例、會意例、形聲例、轉注例、假借例、象古文之形例、古音例、疊韻為訓例、雙聲為訓例、古籀例、辨或體例、引經證形例、引經證義例、讀若例、一曰例、闕例、同意例、古文以為或以為例、方言例、辨音義同例、音變例、經傳以為例、漢人用字例、古今字例、廢字例、語之原例、統言析言例、單呼例(見胡氏《中國文字學史》)。

(趙麗明　清華大學中文系　　100084)

关于"把"字句语义实现过程的分析及在对外汉语教学中的运用[*]

杨晓明　宋擎擎　孙雁雁

一　引言

长期以来汉语"把"字句在语法解释方面实际上都是与"'把'的宾语是有定的、动词通常不能是光杆儿、动词是及物的、表达'处置'的意义（王力，1943）"这种解释保持一致的。这样理解"把"字句首先是基于母语是汉语的人对常见"把"字句的一种归纳。很多学者已经对这种解释提出了自己的看法，比如："处置"意义宽泛（沈家煊，2002）；"把"的宾语有时也不是有定的（马真，1985；王还，1985）；动词是及物的是指和"把"的宾语构成动宾关系，而事实上很多符合这种关系的动宾结构进入"把"字句以后显得非常牵强，如：我把房子盖了；动词不能是光杆儿的说法具有不确定性。这些问题被以汉语为母语的人群的共同的文化背景、共同的心理素质和相同的认知习惯等潜在的因素包裹着，使这些解释的内在的逻辑性和整体性的欠缺被掩盖了。

---

[*] 本研究得到北京邮电大学校内社科基金项目（编号：2009BS08）以及国家社科基金项目（编号：08BYY035）的资助，谨致谢忱。同时，感谢北京市语言学会各位专家的评审。

对外汉语教学的实际提出了对包裹着"把"字句的文化背景、共同的心理素质和认知习惯等这些潜在的因素进行描述的要求，问题主要归结在以汉语为母语的人群在何种心理状态下，要表达何种语义时选择"把"字句，即"把"字句的使用条件问题。

本文尝试从分析"把"字句的语义实现过程出发，在众多前人研究成果的基础上，对"把"字句所表达的众多语义作进一步的归拢，从认知的角度出发，找到"把"字句的"运行"起点，从而使其内在的语法规定性更加具有逻辑性和连贯性。

二 "把"字句中"把"字宾语状态的变化

我们利用大量已有的研究中的例子来考察[①]：

1. "φ(ξ)"出现在动词"V"后的"把"字句

(1) 一场雨把我淋得浑身湿透。

　　我—原始状态（没有浑身湿透）→现在状态（浑身湿透）

(2) 你把裙子都弄湿了。

　　裙子—原始状态（没湿）→现在状态（湿了）

(3) 把原来坑坑洼洼的土地几乎填平了。

　　土地—原始状态（不平）→现在状态（平了）

(4) 我不想把那条船击沉。

　　已然—船—原始状态（没有沉）→现在状态（沉了）

　　未然—船—原始状态（没有沉）→意念中的状态（选择"沉"的结果）

(5) 你去把窗帘拉上。

　　窗帘—原始状态（没有闭合）→将要选择的状态（闭合）

(6) 我使劲把我的精神拉回来。

我的精神—原始状态(在别处,不可控)→现在状态(在此处,可控)

(7) 把这最后的帷幕揭开。

帷幕—原始状态(闭合)→现在状态(非闭合)

(8) 轻轻地把她拉进我的怀里。

她—原始状态(不在我怀里)→现在状态(在我怀里)

(9) 任微风把我吹到任何地方。

我—原始状态(说话时的地方)→将来状态(说话时的地方以外的任何地方)

(10) 我把马鞭交给他。

马鞭—原始状态(不在他手里)→现在状态(在他手里)

(11) 你把衣裳换换。

祈使句—衣裳—说话时状态—没有时量规定性的"换"→希望状态—有时量规定的"换换"

(12) 你把玻璃擦擦。

祈使句—玻璃—说话时状态—没有时量规定性的"擦"→希望状态—有时量规定的"擦擦"

(13) 你把稿子先过一遍。

祈使句—稿子—说话时状态—没有时量规定性的"过"→希望状态—有时量规定的"过一遍"

(14) 他把针在头皮上刮了一下。

针—原始状态(动作地点、量不明)→现在状态(两者都明确)

这是崔文所列举的各种"把"字句的代表("把 O—V"的句式

我们将专门讨论),表示"把"字宾语状态变化的变量都出现在"V"后。从中我们可以很明确地总结出"把"字宾语所发生的变化,尽管这些变化的内容纷繁复杂。我们认为"变化"应该是这些"变量"的上位概念,这些"变量"是"变化"的内容。从认知上来分析,我们也是先注意到"变化"的存在,进而再去分析其具体内容。值得一提的是,上位概念抽象,下位概念具体,抽象和具体的关系是一对基本的哲学概念,对于具有成熟的逻辑思维能力的外国成年人来说,实现从这个抽象到具体的转换难度不大。

张旺熹在《汉语句法的认知结构研究》中主张"把主要由方位介词短语和趋向动词充当补语且表示物体发生空间位移的'把'字句当做'把'字句系统中的典型形式",还有"以物理空间位移框架为基础的空间位移系统"等,这是非常准确的,这些"位移"就是"变化"。我们再分别从中选取一些例子来考察一下:

(15) 把几百公斤重的杆架一根一根从山下抬到山上。

  杆架——原始状态(山下)→现在状态(山上)

(16) 他们把可能发生的事情都想在前头,不放过一个疑点。

  可能发生的事情——一般状态(实时、滞后)→理想状态(提前)

(17) 把功劳记在神佛头上。

  功劳——原始状态(不在神佛头上)→现在状态(在神佛头上)

(18) 北京市、铁道部、邮电部把建设计划报请中央。

  建设计划——原始状态(未上报请示中央)→现在状态(上报请示中央)

  祈使句——说话时状态(未上报请示中央)→希望状态(上报请示中央)

(19) 把人民的疾苦时刻记在心上。

　　人民疾苦——非理想状态(不在或不常在心上)→理想状态(时刻在心上)

(20) 我们要把通胀率控制在低于经济增长率的水平。

　　通胀率——非理想状态(高于或等于经济增长率)→理想状态(低于经济增长率)

(21) 把汽车上价值不菲的零部件如发动机、电机和离合器等拆下来。

　　零部件——原始状态(整合的、在车上)→希望状态(分散的、离开汽车)

(22) 我们中国人把"吃"跟"福"联系在一起。

　　"吃"跟"福"——一般状态(没联系)→现时状态(联系在一起)

(23) 一些人把请客吃饭的排场看成一种"面子"。

　　排场——一般状态(不等同)→"一些人"导致的状态(等同)

(24) 我们把凤凰丢了。

　　凤凰——原始状态(没丢)→现时状态(丢了)

以上分析中对两种状态的冠名有的不太准确,特别是当句子涉及已然和未然的问题时。但是,这两种状态都或隐性或显性地存在着,两种状态的迁移就表明一种变化,至于这种变化的具体内容是什么,就是下位概念了,有的甚至虽能让我们体会到变化,但描述它的具体变化内容时显得非常不方便,如"维纳斯句型"[②]——我把你个千刀万剐的!但我们还是能把变量出现在动词"V"后面的"把"字句的语义实现过程通过图1表示:

```
           2（变化）
     ┌─────────┐
     │    ┌────┼──┐
  S…把…O…V…ф(ξ).
         │    │  │
         └────┘  ▼
     1（受到影响）
              （变化内容）
```

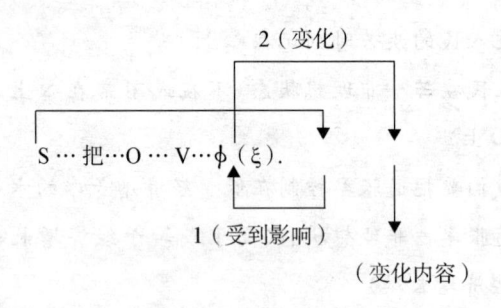

图 1

图 1 中,"S"是"把"字句中的动作发出者;"V"是"S"发出的动作;"O"是动作"V"的对象,是"V"语义上的受事;"ф(ξ)"代表出现在动词"V"后面的各种变量,是"O"受"V"的影响而产生的变化。从以上分析中可以看出:"ф(ξ)"出现在动词"V"后面的"把"字句的语义实现过程都能统一到图 1 所描述的模式中来。

2. "ф(ξ)"不出现在动词"V"后的"把"字句

在"ф(ξ)"出现在动词"V"后面的"把"字句中,"ф(ξ)"的作用就是使"V"具有了除"范畴意义"以外的限定性,就是沈家煊(1995)指出的"有界性",其中包括"动词重叠"和"V"前面同时出现其他修饰成分,从上面的分析中,这些成分都无一例外地为动词的"有界性"服务。有一些"ф(ξ)"出现在动词"V"前面的"把"字句特别值得注意,就是"S…把…O…[一]V"和"S…把 O[进行/加以]V",这些"ф(ξ)"也在为动词的"有界性"服务。我们先引用崔希亮(1995)的例子：

(25) 把筷子朝桌上一拍。

　　筷子—原始状态（拿着）→现时状态（没拿着,很快换了"拍",拍得也很快）

张旺熹(2006)也注意到了这种情况：

（26）他站起身,把烟往烟灰缸里一扔。

　　烟——原始状态（没扔）→现时状态（扔了,而且扔得很快）

（27）他把孩子往地上一扔就跑过去打妻子。

　　孩子——原始状态（抱着）→现时状态（扔了,而且扔得很快、很猛）

（28）大爷一见,故意把脸一沉。

　　脸——原始状态（脸部所表现出的不低落）→现时状态（低落,而且表现得很快）

　　（同时动作主体的主观情态——认为动作很简单进而随意——也得到了表达）

以上例中的"一"都是在强调"矢量"（崔希亮,1995）,都表示"V"很快、很猛,而且往往在语义上表示有后续动作或状态产生,例句（25）（26）（28）就属于这种情况。有的还附带表示条件,如：

（29）把领带一打就精神了。

（30）到时候您把"爷"的架子一端,任谁都不敢低瞧您了不是？（电视剧《五月槐花儿香》）

（31）咱们把匾这么一摘,看他董大兴还能蹦几天！（电视剧《大宅门》）

由此我们可以看出,这个"一"除了有时可以表示后续动作或状态的条件以外,还对动词的量进行了限制,使动词发生了从"无界"到"有界"的变化。

"S⋯把 O［进行/加以］V"类。我们知道"进行"、"加以"用在动词前,表示该动作不随意,进而对动作持续的量进行了与VV、V一下等相反的限制,由此我们也可以这样说"S⋯把 O［进行/加以］V"中的"加以"、"进行"也导致了句中动词从无界到有界的变化。至于动词前出现的其他表示程度或方式的修饰成分,我们认为不具有使动词从无界变到有界的功能,必须要依赖动词本身或其后的成分,也就是说它们必须结合起来而非单独起作用,这里不作论述。

至此,我们可以这样理解,"把"字句中"V"前后的成分都能使其发生从无界到有界的变化,使"O"由于受"V"的影响而发生的变化"φ(ξ)"成为确定的,而非不确定的。"把"字句的语义实现图示可以进一步描述为图2:

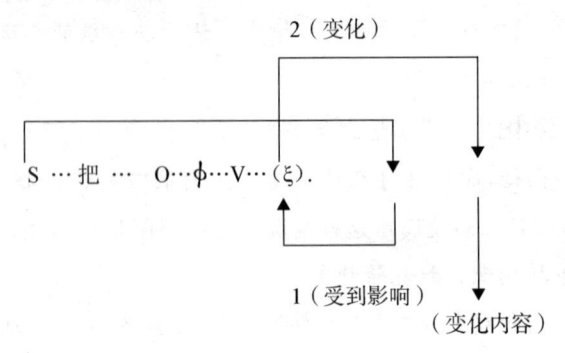

$$S \cdots 把 \cdots O \cdots \phi \cdots V \cdots (\xi).$$

2(变化)

1(受到影响)

(变化内容)

图 2

"φV(ξ)"表示动词"V"前后都有修饰成分。

三 "把"字句动词有界的动因

"把"字句中为什么"V"要有"φ(ξ)"从而变为有界的,而非无界的?

沈家煊(1995)指出:"事物的有界和动作的有界是相通的",陈平(1988)进一步指出"两者存在着清晰的对应关系"。"把"字句中的"V"由于"φ(ξ)"而成为有界的,这和"O"的有界性清晰地对应着。

从图2我们不难看出,"O"是"二元"的,即1要受到动词"V"的影响,然后2产生已然或未然的确定性的变化(有界)。"V"也是"二元"的,但情况有所不同。沈家煊(1999)指出"一个动作概念总是包含相关的事物概念在内,不可能想象一个动作而不同时联想到跟动作有关的事物;相反,事物可以在概念上独立,完全可以想象一个事物而不联想到动作"。这就说明,由动作联想到动作所影响的对象是自然的[3]。在对常规动宾句的认知过程中,我们会自然在动词后为"O"预留位置。然而"把"字句中"O"先于动词出现时,我们就不得不考虑非自然的主观因素和其常规位置变化之间的关系[4],何况"O"还可以在概念上独立,完全可以不联想到动作;其次,我们在使用"把"字句时有这样的经验,几乎所有的"把"字句都可以在"O"后停顿,应该是这种独立性的体现。而且"O"应该是包含常规信息和某种主观信息,因为"语言系统的任何一个符号单位都是以它所对应的心理存在为基础的"[5],即主观性[6]。所以从信息等级上看"O"高于"V",在认知过程中由于说话人的主观因素而先于"V"存在。

有一种"把"字句需要在这里说明一下:我们听到有人在讲三国周郎"赔了夫人又折兵"时用了这样的方式——"周瑜除了损兵折将以外,还把个媳妇儿也搭上了"。这个"把"字句中,"把"的宾语"媳妇儿"前有表不定指的"个",就是"一个"的意思,是不是说这个宾语是不确定的,也就是说无界? 回答是否定的。马真(1985)、王还(1985)指出:"把"字宾语为无定名词的句子"都表示出乎意外的意思",表示一种"意外的行动",尤其是"把"字宾语前只有"个"而"一"不出现时[7],这个"个"形式上表示"把"字宾语的不确定性,而实际上是宾语受到影响后所产生的出乎预料的变化的标志。宾语是确定的,不是在形式上,而是在说话人心里。"把个媳妇儿"中的"媳妇儿"是周瑜的媳妇儿,"搭上了"是出乎说话人的预料之外的。再如:

(32) 前年,他把个父亲没了。

我们不会怀疑"父亲"确定性,而是对"没了"感到意外,意思是"他父亲怎么没了?"

(33) 好不容易盼来了110米栏,咳,偏把个刘翔给折(shé)了!

例句(33)是2008年奥运会时一位出租车司机说的话。

以上例句是"把"字宾语"O"主观性的明确体现⑧,而且"O"都是靠说话人主观因素才使形式上的不确定有了确定性。

"O"是"把"字句的话题,是起点(沈家煊,2002),我们认为"O"既然是主观认定的,也就应该是认知"把"字句的起点。其次,从"把"字句的实际使用中看,"S"[见例句(3)(7)(15)(17)(19)(21)(25)(29),其中承前省略居多,例句(23)的主语是不定指的,虽未省略,但可以看出其在信息等级中的位置],甚至连"V"和"φ(ξ)"都可以被省略(许光烈,2005),而从不省略"O",句中的所有关系都是围绕"O"展开的。这可以说明"O"是"把"字句的核心。所以我们认为:"把"字句中,主语或说话人主观确定的、有界的"O"先存在,并且是导致"V"必须有"φ(ξ)"从而有界的原因。

四 结论及在对外汉语教学中的运用

根据以上分析,我们可以这样描述"把"字句的语义实现过程:"S"或说话人先主观认定了一个焦点"O",并通过"V"对其施加影响,并且要求得到"O"由于受到"V"的影响而产生的确切的变化"$\phi(\xi)$"。

在初中级对外汉语教学的"把"字句教学中,也就是"把"字句的基础阶段,我们采取了以下的方法:

1. 引导学生把主观注意力投射到一个具体事物上。

运动变化的物体是容易引起注意的,注意某物的前提是它的运动和变化。比如:摘下手腕上的手表,放在桌子上。重复这个过程,并提问:"什么在变化?"让学生的注意力集中在得出的结论上。需要说明的是,实际操作过程中,我们先由对"运动变化"的注意引导学生注意"运动变化的主体'O'",这是不是跟上述内容冲突了?从石毓智(2006)的研究中可以看出,"把"字句作为句式结构出现前上述认知过程就存在,而且是存在于人类中的普遍认知过程,而"把"字句句式结构的出现,实际上是把客观认知过程主观化、民族化为这种语言形式了。我们所追求的,似乎正是通过普遍认知引导留学生注意并学习我们民族化了的语言形式——汉语。

2. 引导学生自己总结具体事物的变化内容。

用提问"它怎么变化"引导学生运用已经学过的各种补语、结构助词"了"、动词重叠形式等来描述这个变化的内容。还可以适当引入状态或者程度等修饰成分,置于动词前。

3. 追索运动变化的原因。

用提问"它为什么变化"引导学生描述"V",而不是"S",因为这是下一步要做的事。

4. 追索"V"的来源,找到"S"。

5. 回归"把"字句结构,成句。

6. 各变量逐渐由具体到抽象转化,扩大"把"字句使用范围,加深语义认知和结构形式的对应。

这种方法是针对"呈现式教学"[9]提出来的,可以给学生提供一种能动的思维方式,学生们会在可能的情况下用这样的模式去思索,回避使用"把"字句的现象有很大改观(将另文讨论),但是"把"字句主观性的问题在这个阶段至少在教学方法上体现得不明显,更多是靠学生自己体会,这方面还有待进一步探索。

附注

[1] 例句(1)—(14)引自崔希亮(1995)"把"字句的若干句法语义问题,《世界汉语教学》第3期。
[2] 许光烈(2005)维纳斯句型——近代汉语中一种特殊的把字句,《语言教学与研究》第4期。把字宾语后面的部分由于说话者极其强烈的主观情感而找不到合适的部分进行匹配,留给听话者弥补。
[3] "把"字句中的动词都有动作所影响的对象。
[4] 石毓智(2006)指出"结构赋义"——即名词短语被"把"提到动词前后,被自动赋予一个"有定性特征"。这虽是"O"有界性的一个佐证,但没有涉及"主观因素"。
[5] 张旺熹(2006)《汉语句法的认知结构研究》,北京大学出版社。
[6] 参见汤廷池(1986),张洪明(1994)。
[7] 参见王惠(1997),杉村博文(2002)。
[8] 参见沈家煊(2002)。
[9] 指先呈现几个例句,然后根据例句的框架提供变量。还有的使用把"把"字句拆分成两个句子的方法,如:我喝水 水没了——我把水喝没了。

参考文献

陈 平 1988 论现代汉语时间系统的三元结构,《中国语文》第6期。
马 真 1985 "把"字句补议,陆俭明、马真著《现代汉语虚词散论》,北京大学出版社。
杉村博文 2002 论现代汉语"把"字句"把"的宾语带量词"个",《世界汉语教学》第1期。

沈家煊 1995 "有界"与"无界",《中国语文》第5期。
沈家煊 1999 转指和转喻,《当代语言学》第1期。
沈家煊 2002 如何处置"处置式"——论把字句的主观性,《中国语文》第5期。
石毓智 2006 处置式产生和发展的历史条件,《语言研究》第3期。
王 还 1985 "把"字句中"把"的宾语,《中国语文》第1期。
王 惠 1997 从及物性系统看现代汉语的句式,《语言学论丛》第19辑,北京:商务印书馆。
王 力 1943 《中国现代语法》,1985年版,北京:商务印书馆。
许光烈 2005 维纳斯句型——近代汉语中一种特殊的把字句,《语言教学与研究》第4期。
张旺熹 2006 《汉语句法的认知结构研究》,北京大学出版社。
Tang, Ting-chi 1986 Chinese Grammar and Functional Explanation. *Chinese World*, No. 39-41
Zhang, Hongming 1994 The Grammaticalization of bei in Chinese. In P. Jen-kuei Li, et al. (eds.) *Chinese Languages and Linguistics*, II, Taipei, Academia Sinica, 321-360

(杨晓明、宋擎擎、孙雁雁 北京邮电大学313信箱 100876)

第二语言学习者汉语双字调动态发展的跨语言比较研究[*]

陈 默 王建勤

一 引言

非汉语母语者言语中的洋腔洋调主要体现在汉语声调上,即使是高级汉语水平的非汉语母语者有时也不能正确地产出汉语声调,所以汉语声调是非汉语母语者学习汉语的难点和重点。要想解决这个难点,就必须真正了解非汉语母语者汉语声调的习得过程,必须了解非汉语母语者汉语声调的习得方式。目前跨语言的声调研究包括声调的感知研究和产出研究两方面。其中跨语言的声调感知研究成果较多,而跨语言的声调产出研究较少。本文的跨语言研究指的是母语为声调语言和母语为无声调语言的非汉语母语者汉语声调感知或产出的比较研究。

1.1 跨语言的汉语声调感知研究

跨语言的汉语声调感知研究的成果主要有:

(1) 无声调语言母语者重视元音和辅音线索、调域线索,而有

---

[*] 本文受到 2008 年国家社科基金一般项目和北京语言大学青年自主科研支持计划资助项目(中央高校基本科研业务费专项资金)的资助,项目编号分别为 08BYY023、09JBT07。

声调语言母语者对元辅音和声调有关特征线索都重视(Gandour, 1983; Jongman & Moore, 2000; Mattock & Burnham, 2006)。

(2) 母语是否为声调语言对声调范畴的感知能力是不一样的。无声调非汉语母语者是基于普遍的生理和认知因素来感知声调范畴的,而有声调非汉语母语者是基于声调的语言功能来感知声调范畴的(Leather, 1987; Stagray & Downs, 1993; Hallé 等, 2003)。

(3) 母语是否为声调语言对声调感知的正确度和速度不一样(Burnham, 1996; Lee 等, 1996)。有声调非汉语母语者声调的感知的正确率比无声调汉语母语者高,速度快于无声调非汉语母语者。

1.2 跨语言的汉语声调产出研究

母语为声调语言与母语为无声调语言的跨语言声调产出的研究较少。Chen(1974)对英语母语者和汉语母语者的音高区域进行了对比研究。结果表明汉语母语者说汉语时的音高区域比英语母语者说英语时宽1.5倍。而当英语母语者说汉语时,他们的音高区域显著增加了,但还和汉语母语者有差距。这说明无声调语言母语者要成功地习得声调语言必须加宽音高区域。陈默和王建勤(2008)对有声调和无声调非汉语母语者的汉语单字声调声学特征与范畴初期产出进行了较为全面的研究,发现无声调非汉语母语者的单字调调形特征最好,调值、调强和高音点特征最差;有声调非汉语母语者的单字调调值和调形特征最好,调长和高音点特征最差。另外,无声调和有声调的非汉语母语者都是去声最好,上声次之,阴平和阳平次之。

1.3 跨语言的汉语声调的神经生理研究

利用正电子发射体层摄影技术(position emission tomography)和功能性核磁共振成像技术(functional magnetic resonance imaging)对汉语声调进行神经生理研究发现(Gandour 等,1998;Hsieh 等,2000;Klein 等,2001;Wang 等,2000;Wang 等,2003),有声调母语者进行汉语声调感知时激活的是左大脑语言区域,没有受过声调训练的无声调母语者激活的是右大脑语言区域。这为声调语言母语者和无声调语言母语者声调感知与产出的差异提供了神经生理上的证据。

1.4 现有研究的局限性

纵观国内外的声调习得研究,虽然称得上是硕果累累,但仍有一些局限:(1)大部分研究局限于对汉语声调偏误现象的描写;(2)对成人声调习得的发展过程缺少不同时间层面的观察;(3)局限于对某些声调声学特征的分析。由于存在以上的局限性,目前对非汉语母语者汉语声调的习得机制还缺乏深层的认识。因此对汉语声调习得过程和机制的系统研究就很有必要。本研究试图通过对汉语声调产出的研究,来探讨声调语言母语者和无声调语言母语者汉语双字组声调的学习方式。

1.5 声调的习得过程是声调特征发展的过程

因为"音质、音高、音强和音长是同时到达大脑的,大脑有能力把这四部分分解开(林焘、王理嘉,1992)",所以本文认为声调习得过程就是声调特征发展的过程。声调特征主要有五个:(1)基频曲线。根据基频曲线,汉语声调有四类声调曲线:阴平是平调调形,阳平是升调调形,上声是曲折调调形,去声是降调调形(Xu,1997)。(2)元音时长。声调时长对限制声调识别错误具有重要作用(Fu & Zeng,2000)。(3)音强包络。即使当基频成分和谐波结构被部分或完全消除后,元音时长和音强包络可以有效地保留声调信息,识别正确率高达 70%－80%(Fu & Zeng,2000)。
(4) 音质(Voice quality)。比如嘎吱音(creaky voice)。汉语声调的上声常伴有嘎吱音,汉语母语者对这种音敏感(Davison,1991)。
(5) 基频高度。它是汉语声调主要声学参数(Howie,1976)。

上述五个声调特征中基频曲线是最重要的感知特征(Massaro 等,1985),其他声学特征也是不可忽视的,因为听话人根据语音声学参数之间的相关性来决定这个声调是什么(Nearey,1997;Kluender & Lotto,1999)。所以本研究的汉语双字组声调特征分为五项:调值特征(声调五度值)、调形特征(基频曲线)、调强特征(平均音强)、调长特征(声调时长)、调域特征(高音点和低音点基频值)。由于轻声的声学特征值要依赖于前音节声调的变化(Shen,1990),一般不把它看做是一个声调,所以本研究不考虑轻声。

本文是从声调产出的角度来研究非汉语母语者双字组声调特征的发展,由于被试在第一次测试时已学过半年汉语,所以本文分别考察非汉语母语者学习汉语 6 个月、8 个月和 10 个月的双字组声调的发展情况。着重比较有声调和无声调非汉语母语者汉语双字组声调特征的发展过程。

二 实验说明

2.1 研究假设

(1) 母语是否为声调语言对非汉语母语者双字组声调特征的发展有影响——无声调的非汉语母语者声调特征的发展不同于有声调的非汉语母语者。

(2) 时间因素对非汉语母语者双字组声调特征的发展有影

响——非汉语母语者五项声调特征会随着时间发展得越好。

（3）声调所处的位置对非汉语母语者双字组声调特征的发展有影响——前字位置声调特征的发展不同于后字位置。

（4）母语是否为声调语言对非汉语母语者双字组四类声调的发展有影响——无声调的非汉语母语者双字组四类声调的发展不同于有声调的非汉语母语者。

（5）时间因素对非汉语母语者双字组四类声调的发展有影响——非汉语母语者四类声调会随着时间发展得越好。

（6）声调所处的位置对非汉语母语者双字组四类声调的发展有影响——前字位置四类声调的发展不同于后字位置。

2.2 被试

母语为无声调语言的印尼女性被试 1 名，母语为声调语言的瑞典女性被试 1 名。瑞典语是音高重调语言（pitch-accent language），音高重调语言是声调语言的一个子类（王士元，2006；Gussenhover，2004）。这两位被试在第一次测试时已学过半年汉语。另外，作为参照组的被试是普通话水平为一级甲等的中国女性被试 2 名。被试的年龄均为 26 岁。

2.3 实验材料

一共有 3 个双字组表，每个词表有 120 个词。3 次测试时间分别为 3 月（学习汉语 6 个月）、5 月（学习汉语 8 个月）和 7 月（学习汉语 10 个月）。所有的单字都是被试学习过的，都以汉字的形式呈现，不出现拼音。为了避免任务效应，3 个双字表都是根据被试的学习进度设计的。课文里出现的各个频率段都要抽取一定数量的双字词，以便尽量反映真实的输入情况。录音是在安静的语音实验室，用 praat 语音软件进行录音，语音样本都为 16 位单声道的录音,语音采样率为44 100 Hz。

2.4 项目变量的计算和统计

调值的取值方法是用 praat 语音软件计算出每个音节的10个基频点值,并转换成五度值。四类声调都取起点、中点和末点的五度值。调形分为四类:平调、升调、曲调和降调。调强取的是每个音节的平均音强值。调长计算的是每个音节声调的时间长度。调域计算的是每个音节高音点和低音点的基频值。统计分析工具是 SPSS。

三 基于声学特征的双字组声调产出实验

3.1 比较方法

双字组声调特征包括:调值特征、调形特征、调强特征、调长特征、调域特征。为了更好地看出双字调声调特征的发展过程,把五项声调特征分别赋值。分别把印尼母语者和瑞典母语者与汉语母语者进行比较,用 SPSS 进行描述统计分析。如果四类声调的五项声调特征在每次测试和汉语母语者无显著差异,每项声学特征分别得4分,每类声调得5分;如果和汉语母语者差异显著,得0分。得分高的声调特征或声调说明被试赋予其的权重高,得分低的声调特征或声调说明被试赋予其的权重低。比较印尼母语者和瑞典母语者声学特征和四类声调的发展。

3.2 声调特征发展的比较

3.2.1 前字声调特征发展的比较

印尼母语者前字声调特征(见图1)的得分排序是:学习汉语6个月时的得分排序是调强＞调形＞调域＞调值＞调长;学习汉语

8个月时的得分排序是调值/调形＞调域＞调强/调长;学习汉语10个月时的得分排序是调形＞调值＞调域＞调强/调长(＞表示好于,/表示得分相同)。瑞典母语者前字声调特征(见图2)的得分排序是:学习汉语6个月时的得分排序是调形/调强/调长＞调域＞调值;学习汉语8个月时的得分排序是调形/调长＞调域＞调值/调强;学习汉语10个月时的得分排序是调长＞调形＞调值＞调域＞调强。

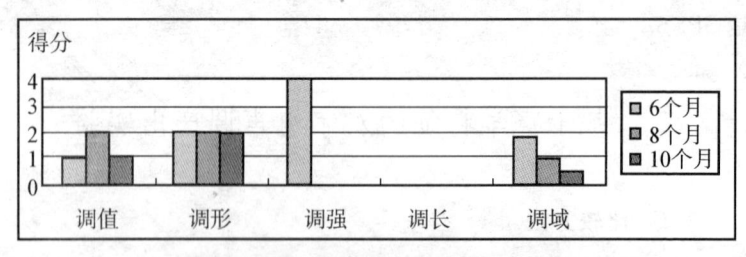

图1 印尼母语者前字声调特征的发展

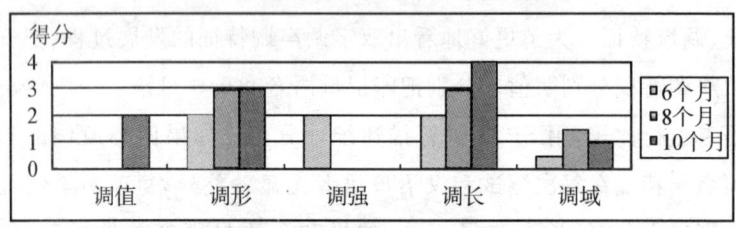

图2 瑞典母语者前字声调特征的发展

3.2.2 后字声调特征发展的比较

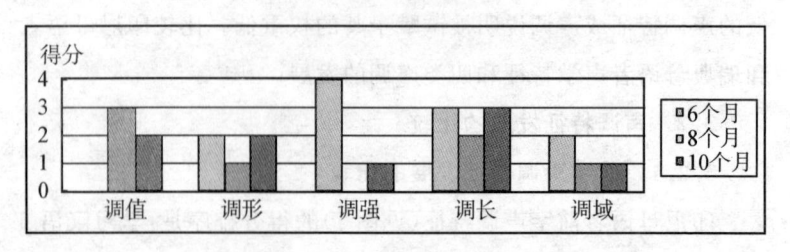

图3 印尼母语者后字声调特征的发展

印尼母语者后字声调特征(见图3)的得分排序是:学习汉语6个月时的得分排序是调强＞调长＞调形/调域＞调值;学习汉语8个月时的得分排序是调值＞调长＞调形/调域＞调强;学习汉语10个月时的得分排序是调长＞调值/调形＞调强/调域。瑞典母语者后字声调特征(见图4)的得分排序是:学习汉语6个月时的得分排序是调值/调形＞调域＞调长＞调强;学习汉语8个月时的得分排序是调形/调域＞调长＞调值/调强;学习汉语10个月时的得分排序是调形＞调值/调强/调长/调域。

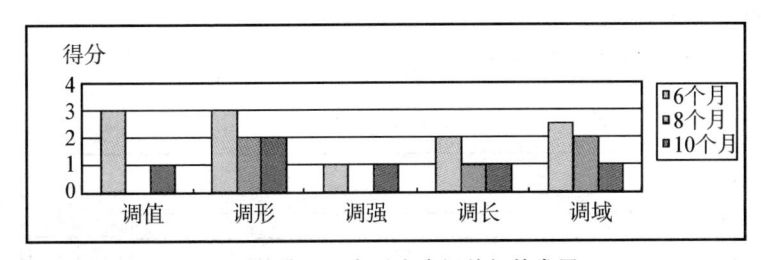

图4 瑞典母语者后字声调特征的发展

3.2.3 前后字声调特征发展的比较

印尼母语者只有前字调形好于后字,而后字调值、调强、调长和调域好于前字。瑞典母语者前字调形和调长好于后字,而后字调值和调域好于前字,前后字调强得分一样。

3.3 声调特征发展类型的比较

3.3.1 前字声调特征发展类型的比较

不同的声调特征随着时间的变化会有不同的表现。印尼母语者前字(见图1)调值的发展是倒U形;调形和调长的发展都是直线型;调强和调域的发展是下降型。瑞典母语者前字(见图2)调值、调形和调长的发展都是上升型;调强的发展是下降型;调域的发展是倒U形。

3.3.2 后字声调特征发展类型的比较

印尼母语者后字(见图 3)调值的发展是倒 U 形;调形、调强和调长的发展都是 U 形;调域的发展是下降型。瑞典母语者后字(见图 4)调值和调强的发展是 U 形;调形、调长和调域的发展是下降型。

3.3.3 前后字声调特征发展类型的比较

印尼母语者前后字调值和调域的发展类型一样,而前后字其他声调特征的发展类型不一样。瑞典母语者前后字声调特征的发展类型不一样。

3.4 基于声调特征的四类声调发展的比较

3.4.1 前字四类声调发展的比较

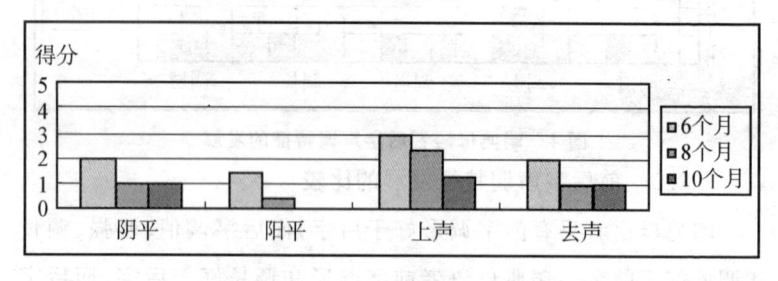

图 5　印尼母语者前字四类声调的发展

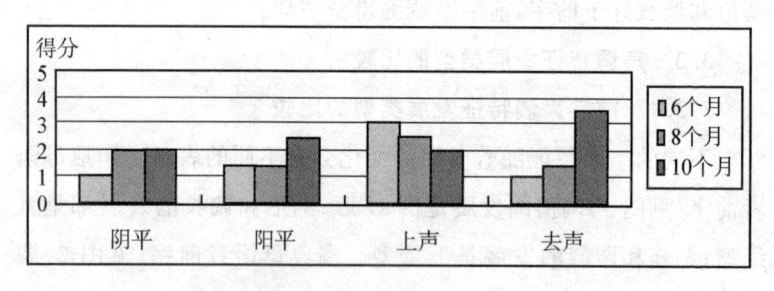

图 6　瑞典母语者前字四类声调的发展

印尼母语者前字四类声调(见图 5)的发展:学习汉语 6 个月、

8个月和10个月时的得分排序都是上声＞阴平/去声＞阳平。瑞典母语者前字四类声调(见图6)的发展:学习汉语6个月时的得分排序是上声＞阳平＞阴平/去声;学习汉语8个月时的得分排序是上声＞阴平＞阳平/去声;学习汉语10个月时的得分排序是去声＞阳平＞阴平/上声。

3.4.2 后字四类声调发展的比较

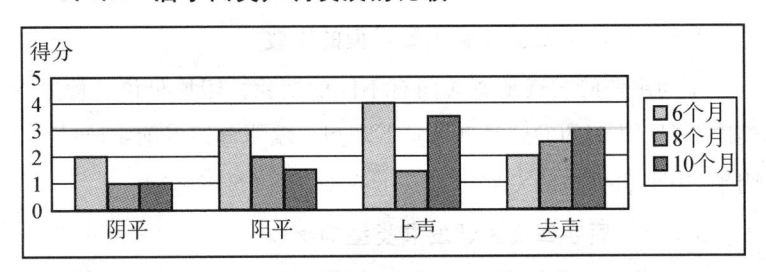

图7　印尼母语者后字四类声调的发展

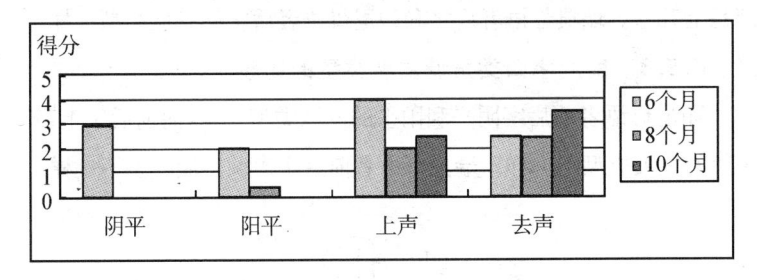

图8　瑞典母语者后字四类声调的发展

印尼母语者后字四类声调(见图7)的发展:学习汉语6个月时的得分排序是上声＞阳平＞阴平/去声;学习汉语8个月时的得分排序是去声＞阳平＞上声＞阴平;学习汉语10个月时的得分排序是上声＞去声＞阳平＞阴平。瑞典母语者后字四类声调(见图8)的发展:学习汉语6个月时的得分排序是上声＞阴平＞去声＞阳平;学习汉语8个月时的得分排序是去声＞上声＞阳平＞阴平;学习汉语 10 个月时的得分排序是去声＞上声＞阴平/阳平。

3.4.3 前后字四类声调发展的比较

印尼母语者后字阳平、上声和去声好于前字,而前后字阴平的得分一样。瑞典母语者前字阴平和阳平好于后字,后字的上声和去声好于前字。

3.5 基于声调特征的四类声调发展类型的比较

3.5.1 前字四类声调发展类型的比较

不同声调的发展随着时间有不同的变化。印尼母语者前字四类声调(见图 5)的发展类型都是下降型。瑞典母语者前字(见图 6)阴平、阳平和去声的发展类型是上升型,上声是下降型。

3.5.2 后字四类声调发展类型的比较

印尼母语者后字(见图 7)阴平和阳平是下降型;上声是 U 形;去声是上升型。瑞典母语者后字和印尼母语者后字的发展类型一样。

3.5.3 前后字四类声调发展类型的比较

印尼母语者前后字阴平和阳平的发展类型一样,而前后字上声和去声的发展类型不一样。瑞典母语者前后字声调发展类型不一样。

四 讨论

围绕实验说明中的六个基本假设,对以上的实验结果进行讨论。

4.1 假设一:母语是否为声调语言对非汉语母语者双字组声调特征的发展有影响——有声调的非汉语母语者声调特征的发展不同于无声调的非汉语母语者。

实验证实了假设一。实验结果表明不同母语背景的非汉语母语者对五项声调特征赋予的权重不同,即不同母语背景的非汉语母语者对五项声调特征注意力的分配是不一样的。这表示有声调的非汉语母语者声调特征的发展不同于无声调的非汉语母语者。母语为无声调语言的印尼母语者前字最重视的是调形,最不重视的是调长。后字最重视的是调长,最不重视的是调强和调域。而母语为声调语言的瑞典母语者前字最重视的是调长,最不重视的是调值和调强。后字最重视的是调形,最不重视的是调强。

另外,有声调非汉语母语者的汉语双字组声调特征的发展不一定都好于无声调非汉语母语者。印尼母语者前后字调值和调强都好于瑞典母语者。瑞典母语者前后字调形都好于印尼母语者。这说明无声调母语背景的被试对基频值和音高强度比有声调母语背景的被试更敏感,而有声调母语背景的被试对基频曲线的变化比无声调母语背景的被试更敏感。声调语言中基频曲线的变化是具有语言学功能的,所以有声调非汉语母语者会更关注调形的变化,而无声调非汉语母语者会更关注调形以外的其他声调特征。

4.2 假设二:时间因素对非汉语母语者双字组声调特征的发展有影响——非汉语母语者五项声调特征会随着时间发展得越好。

实验没有证实假设二。非汉语母语者在学习汉语初期,五项声调特征的得分并非都随时间而逐渐上升,而是呈现出直线型、下降型、上升型、U形和倒U形的五类发展类型。这说明非汉语母语者五项声调特征权重的设置随时间的变化而变化,声调特征发展是非线性的。造成这种现象的原因可能是在习得汉语初期,随着声调知识的增多,学习者会随时调整五项声调特征的权重,于是就会产生各种各样的声调特征发展的变异现象,学习者声调特征的发展可能会倒退、停滞或者进步。

另外,前字声调除了调强特征以外,后字声调除了调域特征以外,无声调母语背景的被试其他声学特征的发展类型不同于有声调母语背景的被试。这说明不同语言背景的被试在不同的时间对声调特征赋予的权重也不同,无声调语言背景的被试在某个时间会对一些声调特征更重视,而有声调语言背景的被试在某个时间会对另一些声调特征更重视。

4.3 假设三:声调所处的位置对非汉语母语者双字组声调特征的发展有影响——前字位置声调特征权重的设置不同于后字位置。

实验证实了假设三。声调特征权重的设置受前后字位置的影响较大,非汉语母语者前字五项声调特征权重的设置不同于后字,这说明非汉语母语者对前后字声调特征的关注程度不是平均分配的。在前字位置上会重视一些声调特征,而在后字位置会更重视另一些声调特征。印尼母语者对前字调形的关注高于后字,对后字调值、调强、调长和调域的关注高于前字。瑞典母语者对前字调形和调长的关注高于后字,对后字调值和调域的关注高于前字,对前后字调强的关注程度一样。

4.4 假设四:母语是否为声调语言对非汉语母语者双字组四类声调的发展有影响——有声调的非汉语母语者双字组四类声调的发展不同于无声调的非汉语母语者。

实验没有完全证实假设四。有声调的非汉语母语者和无声调的非汉语母语者四类声调的发展并不是完全不同的。因为不同语言背景的被试汉语双字组声调的发展受人类共同认知发展因素的影响,会表现出相似的发展趋势。印尼母语者和瑞典母语者都是上声和去声比阴平和阳平发展得好。这可能是因为上声有两个凸显性质:明显的折点和嘎吱音(creaky voice),使被试对上声赋予的权重最高。去声的降调性质也使被试对去声赋予的权重较高。

阳平主要以升调为主，而且折点不明显，使被试赋予阳平的权重较低。阴平是高平调，处在后字位置时容易被读成去声。所以被试赋予阴平的权重较低。

虽然两种语言背景的被试四类声调发展的大体趋势类似，但发展的程度却不一样。这表明有声调非汉语母语者的汉语双字组四类声调的发展不一定都好于无声调非汉语母语者。瑞典母语者的前字四类声调都好于印尼母语者。瑞典母语者的后字只有去声好于印尼母语者，而阴平、阳平和上声比印尼母语者差。这可能是因为有声调母语背景的被试对前字声调关注程度高于无声调母语背景的被试，而无声调母语背景的被试对后字声调的关注程度高于有声调母语背景的被试。

4.5 假设五：时间因素对非汉语母语者双字组四类声调的发展有影响——非汉语母语者四类声调会随着时间发展得越来越好。

实验没有证实假设五。非汉语母语者在学习汉语初期，四类声调的得分并非都随时间而逐渐上升，而呈现出下降型、上升型和U形的三类发展类型。这说明非汉语母语者四类声调权重的设置随时间的变化而变化，四类声调发展是非线性的。造成这种现象的原因可能是在习得汉语初期，随着声调知识的增多，学习者会随时调整四类声调的权重，在某个时间会更关注某类声调。于是就会产生各种各样的声调发展的变异现象，学习者四类声调的发展可能会倒退或者进步。

另外，两种语言背景前字上声和后字四类声调的发展类型一样，这说明语言背景只对非汉语母语者汉语双字组前字声调发展类型有影响。前字上声和后字声调发展类型主要受人类共同认知发展因素的影响，从而显示出类似的发展类型。而不同语言背景的被试在不同的时间对四类声调赋予的权重不同,被试在某个时间会对某类声调更重视,所以造成了被试间的差异。

4.6 假设六:声调所处的位置对非汉语母语者双字组四类声调的发展有影响——前字位置四类声调权重设置不同于后字位置。

实验证实了假设六。四类声调权重的设置受前后字位置的影响较大,非汉语母语者前字四类声调权重的设置不同于后字,这说明非汉语母语者对前后字声调的关注程度不是平均分配的。在前字位置上会重视某几类声调,在后字位置上会更重视另几类声调。印尼母语者对后字阳平、上声和去声的关注高于前字,而对前后字阴平的关注一样。瑞典母语者对前字阴平和阳平的关注高于后字,对后字的上声和去声的关注高于前字。

五 小结

通过对汉语双字组声调发展的跨语言研究,发现有三个因素对五项声调特征和四类声调发展具有不同程度的影响,这三个因素分别是母语是否为声调语言、时间因素和声调所处的位置。

总体来看,非汉语母语者汉语双字调的发展具有共同的特点:

(1) 汉语双字调发展的非线性。体现在声调特征发展的非线性、声调特征发展类型的非线性、四类声调发展的非线性和四类声调发展类型的非线性四个方面。

(2) 汉语双字调发展的复杂性。体现在母语背景、时间、前后位置和声调特征本身的物理属性都对双字调发展有不同的影响。这说明影响汉语双字调发展的因素众多。

造成双字组声调发展非线性和复杂性最重要的原因是汉语双

字组声调学习方式的影响,也就是说非汉语母语者通过调节不同声调特征的权重来学习汉语双字组声调。同时,非汉语母语者又受到认知普遍发展规律的制约,从而表现出类似的发展趋势。

以上的研究结果表明,在进行汉语声调教学时,最好能针对不同语言背景的非汉语母语者提出相应的教学对策。

参考文献

陈默、王建勤　2008　非汉语母语者汉语单字调声调意识发展的个案研究,《南开语言学刊》2008年第2期。

林焘、王理嘉　1992　《语音学教程》,北京大学出版社,第31页。

王士元、彭刚　2006　《语言、语音与技术》,上海教育出版社,第119页。

Burnham, D., Francis, E., Webster, D., Luksaneeyanawin, S., Lacerda, F., & Attapaiboon, C. 1996. *Facilitation or attenuation in the development of speech mode processing? Tone perception over linguistic contexts*. Paper presented at the Sixth Australian International Conference on Speech Science and Technology, Adelaide, Dec 10-13, 1996.

Chen, G, T. 1974. The pitch range of English and Chinese speakers. Journal of Chinese Linguistics 2, 159-171.

Davison, D. S. 1991. An acoustic study of so-called creaky voice in Tianjin Mandarin. *UCLA Working Papers in Phonetics*, 78:50-57.

Fu, Q. -J., & Zeng, F. -G. 2000. Identification of temporal envelope cues in Chinese tone recognition. Asia Pacific Journal of Speech, Language and Hearing, 5, 45-57.

Gandour, J. T. 1983. Tone perception in Far Eastern language. Journal of Phonetics, 11, 149-175.

Gandour, J. Wong, D., & Hutchins, G. 1998. Pitch processing in the human brain is influenced by language experience. *NeuroReport*, 9, 2115-2119.

Gussenhover, C. 2004. The phonology of tone and intonation. Cambridge University Press, Cambridge, MA. 28.

Hallé, P., Y-CH. Chang., C. Best. 2003. "Identification and discrimination of Mandarin Chinese VS. French listeners."Journal of phonetics.

Howie, J. M. 1976. *Acoustical Studies of Mandarin Vowels and Tones*. Cambridge University Press, Cambridge, MA.

Hsieh, L., Gandour, J., Wong, D., and Hutchins, G. D. 2001. Functional heterogeneity of inferior frontal gyrus is shaped by linguistic experience. Brain and Language, 76, 227-252.

Jongman, A., and Moore, C. 2000. The role of language experience in speaker and rate normalization processes. Proceedings of the 6th international conference on Spoken Language Processing, I, 62-65.

Klein, D., Zatorre, R. J., Milner, B., and Zhao, V. 2001. A cross-linguistic PET study of tone perception in Mandarin Chinese and English speakers. *NeuroImage* 13, 646-653.

Kluender, K. R., & A. J. Lotto. 1999. "Virtues and perils of empiricist approach to speech perception." Journal of the acoustic society of America, 105, 503-511.

Leather, J. 1987. F0 pattern inference in the perceptual acquisition of second language tone. In A. James and J. Leather (eds.), Sound patterns in Second Language Acquisition. Dordrecht: Foris Publications, pp. 59-81.

Lee, Y., Vakoch, D. and Wurm, L. 1996. Tone perception in Cantonese and Mandarin: A cross-linguistic comparison. Journal of Psycholinguistic Research, 25, 527-544.

Massaro, D. W., Cohen, M. M., & Tseng, C.-y. 1985. The evaluation and integration of pitch height and pitch contour in lexical tone perception in Mandarin Chinese. *Journal of Chinese Linguistics*, 13(2), 267-290.

Mattock, K. & Burnham, D. 2006. Chinese and English infants' tone perception: Evidence for perceptual reorganization. *Infancy*, 10(3), 241-265.

Nearey, T. 1997. 'Speech perception as pattern recognition.' Journal of the acoustic society of America, 101, 3241-3254.

Shen, X. 1990. ' On Mandarin tone 4.' Australian journal of linguistics. 10, 41-59.

Stagray, J. R., and Downs, D. 1996. Differential sensitivity for frequency among speakers of a tone and nontone language. Journal of Chinese Linguistics, 1993, 21, 143-163.

Wang, Y., Sereno, J. A., Jongman, A., and Hirsch, J. 2000. Cortical reorganization associated with the acquisition of Mandarin tones by American learners: An fMRI study. *Proceedings of the 6th International conference on Spoken Language Processing* II, 511-514.

Wang, Y. Sereno, J. A., Jongman, A., and Hirsch, J. 2003. fMRI evidence for cortical modification during learning of Mandarin lexical tone. *Journal of Cognitive*.

Xu, Y. 1997. Contextual tonal variations in mandarin. Journal of Phonetics 25:61-83

(陈默　北京语言大学汉语进修学院　100083；

王建勤　北京语言大学对外汉语研究中心　100083)

华裔与非华裔汉语习得者对待目的语群体态度及习得动机比较研究*

闻 亭

一 问题的提出

对于华裔汉语习得者的研究是华文教育研究重点之一,其研究角度主要分为以下四类:第一类为华文教育重要性研究,如:《东南亚华裔学生语言与文化背景调查刍议》(王爱平,2001),《试论华裔留学生的特点、教育与管理》(赵氚,2001)等,主要是理论上阐述华文教育的重要性。第二类为对华文教育教学特点的研究,如《华裔背景对听力教学的影响及对策》(朱湘燕,2001),《华裔学生的汉语口语教学及其相关因素》(李善邦,2002)等,此类研究的特点是从华裔学生的特点出发探讨华文教学特殊性。第三类为华裔的文化认同研究,如:《文化与认同——印尼华裔青少年调查研究》(王爱平,2004),《印尼华裔青少年语言与认同的个案分析》(王爱平,2004)等,此类研究目前理论阐述较多,部分采用在调查的基础上

---

* 本研究为教育部人文社会科学重点研究基地重大项目"全球文化竞争背景下的汉语国际推广策略研究"(编号:06JJD740004,王建勤主持)成果之一,并得到了北京语言大学"十一五"规划项目"全球文化竞争背景下的汉语国际推广策略研究"(编号:06GH02,王建勤主持)的资助。北京语言大学崔永华、张凯、郭树军、江新等先生为研究提供了宝贵意见,谨表谢忱。

统计百分比的方法,结果表明华裔对华人、中国传统文化有较强的认同意识。第四类为华裔习得动机研究,如:《对一百名华裔学生语言文化情况的调查报告》(吴建玲,1996),《东南亚华裔学生的文化认同与汉语习得动机》(王爱平,2000)等,前者对北京语言文化大学(现北京语言大学)100 名华裔汉语学习者的学习目的进行了调查,平均数统计结果显示职业性目的 32 人,非职业性目的 21 人,职业性与非职业性均有 47 人;后者考察了各年龄段的华裔学习者习得汉语动机,结果表明 9－15 岁学习者习得汉语的主导动机为父母长辈的要求,16－19 岁学习者为非实用性目的,20 岁以上学习者为职业性使用目的。

以往的研究,从内容上看,范围广泛,推动了华文教育事业的蓬勃发展;从研究方法上看,理论分析多于实证研究。此外,对于华裔与非华裔习得者在对待目的语群体态度、习得汉语动机上的比较有待进一步展开。本文以前人研究为基础,以 44 名华裔习得者与 44 名非华裔汉语习得者为被试,采用量表方式考察态度动机,探讨华裔与非华裔习得者在对待目的语群体态度及习得目的语动机上的差异。其中,对待目的语群体的态度分为对待目的语群体成员的态度,对待目的语群体政治、经济、文化的态度,对待目的语群体的总体态度[①];习得动机分为工具型动机和融合型动机[②]。

二 研究假设及研究方法

2.1 研究假设

研究假设一:华裔与非华裔汉语习得者在态度上存在显著差异,在态度上,华裔习得者在三种态度上都显著优于非华裔习得者。

研究假设二：华裔与非华裔汉语习得者在动机上存在显著差异，华裔习得者比非华裔习得者更倾向于融合型动机，非华裔习得者比华裔习得者更倾向于工具型动机。

2.2 研究方法

2.2.1 研究主要变量及操作性定义

华裔、非华裔：华裔为华侨在侨居国所生，并取得侨居国国籍的子女，本研究中的华裔90％以上为华裔第三代、第四代；非华裔为非华侨在侨居国所生，并取得侨居国国籍的子女。

态度：根据前人对态度研究方向的分类，在本研究中态度被分为三类：(1) 第二语言习得者对待中国人的态度，具体体现为被试在量表中1－10题上的总分；(2) 第二语言习得者对待中国政治、经济、文化等方面的态度，具体体现为被试在量表中11－20题上的总分；(3) 第二语言习得者对待中国的总体态度，具体体现为(1)(2)分数之和。

动机：根据前人对动机的分类，在本研究中动机被分为两类：(1) 工具型动机，具体为被试在量表中21－40题中奇数题上的总分；(2) 融合型动机，具体体现为被试在量表中21－40题中偶数题上的总分。

2.2.2 被试情况

本研究共有被试88名。华裔被试的国籍分布为：印度尼西亚、缅甸、泰国、马来西亚、菲律宾、美国、英国、德国、墨西哥、巴拿马10个国家。非华裔被试国籍分布为：日本、韩国、美国、英国、俄罗斯、德国、西班牙、荷兰、挪威、爱尔兰、意大利、法国、加拿大、罗马尼亚、波兰、保加利亚、比利时17个国家。

2.2.3 测量工具

前人在测量态度时使用过在本质之上无差异的投射、量表两种方法(Anastasi & Urbina,1997),本研究采用量表方式测量被试对目的语群体的态度。量表由20道题目组成,前10题测量被试对中国人的态度,后10题测量被试对中国政治、经济、文化的态度。20题中16道题取自前人态度量表(Gardner,1985;James,1969;Svane,1987),4道题为在前测基础上对前人题目的改编。出题方式统一为积极的表述方式,借鉴Likert Scale及Gardner采用的AMTB(Attitude/Motivation Test Battery)(Gardner,1985),设计了六度量表。

2.2.4 数据收集

2005年3月17日—3月22日,对19名被试进行试测,并对个别题目进行了修订。2005年3月23日—4月6日,发放、回收问卷。共收回问卷250份,符合实验要求被试的问卷205份,在有效问卷中按照实验设计要求分层抽取问卷88份,组成参加统计的数据。

2.2.5 数据统计方法

本研究主要采用相关与差异显著性检验两种统计方法:(1)采用独立样本T检验的统计方法对华裔与非华裔习得者在态度、动机上的方差、平均数进行差异显著性检验;(2)统计华裔与非华裔变量与三种态度以及两种动机的相关。

三 研究结果

3.1 华裔、非华裔与对待目的语群体态度的研究结果

方差齐性检验显示华裔习得者与非华裔习得者在三种态度上

的方差差异不显著。平均数差异显著性检验显示:在对待中国人的态度上,华裔平均分高于非华裔,但差异不显著($t=-.137$,Sig. $=.891$);在对待中国政治、经济、文化等方面的态度上,华裔习得者的平均分在.01水平上显著高于非华裔习得者($t=-3.811$,Sig. $=.000$);在对待中国的总体态度上,华裔平均分高于非华裔,但差异不显著($t=-1.947$,Sig. $=.055$)。

相关分析统计显示:华裔变量与习得者对待中国人态度变量无显著相关($r=.006$,Sig. $=.943$),与对待中国政治、经济、文化等方面的态度显著相关($r=.311$,Sig. $=.001$),与对待中国的总体态度相关($r=.185$,Sig. $=.037$)。

以上统计结果说明:华裔汉语习得者和非华裔汉语习得者在对待中国的三种态度上存在差异,华裔习得者在三种态度上都优于非华裔习得者,其中在对待中国政治、经济、文化等方面的态度上,华裔习得者的态度明显优于非华裔习得者,在对待中国人的态度上,华裔与非华裔的态度差异很小。研究假设一被证明。

3.2 华裔与非华裔与习得动机的研究结果

方差齐性检验显示华裔习得者与非华裔习得者在两种动机上的方差差异不显著。平均数差异显著性检验显示:在工具型动机上,华裔平均分显著高于非华裔($t=-4.595$,Sig. $=.000$);在融合型动机上,华裔习得者的平均分高于非华裔习得者,但不显著($t=-1.862$,Sig. $=.066$)。

相关分析统计显示:华裔变量与工具型动机变量显著相关($r=.379$,Sig. $=.000$),与融合型动机无显著相关($r=.140$,Sig. $=.116$)。

以上统计结果说明:华裔汉语习得者和非华裔汉语习得者在

习得动机上存在差异,华裔习得者的工具型动机及融合型动机在程度上都强于非华裔习得者,尤其在工具型动机上。研究假设二一部分被证明,一部分被推翻。

四 讨 论

4.1 对华裔习得者与非华裔习得者态度差异的讨论

态度是复杂的心理概念,态度的形成过程需要更多数据的支持,因此以下仅以对数据的进一步分析[3]为基础,对华裔习得者与非华裔习得者态度差异的来源进行讨论。

在10道测量习得者对待中国人态度的题目中,对平均分的统计显示,华裔习得者的平均分只在第1题(移居到我们国家的中国人为我的国家做出了重大贡献)、第9题(我喜欢参加中国人的聚会)上高于非华裔习得者,其中在第1题上差异显著($t=-6.482$, $Sig.=.000$),第9题上差异不显著($t=-.851$, $Sig.=.397$),在其余8道题中,非华裔习得者平均分均高于华裔习得者,但未达到显著水平。结合5.1的统计结果,研究结果可丰富为:在对待中国人的态度上,虽然华裔习得者在整体上优于非华裔习得者,但在很多方面华裔习得者对待中国人的态度劣于非华裔习得者,也正因为如此,华裔与非华裔在对待中国人态度上的差异并不明显。

在10道测量习得者对待中国政治、经济、文化等方面的态度的题目中,华裔在所有题目上的平均分均高于非华裔,其中在第11题(中国人的传统习俗是世界的珍贵宝藏)、第13题(中国人的传统美德,如孝、德、勤俭、仁爱,对现代世界的发展起到了推动作用)、第18题(从我所看到的人和事,我觉得中国是一个民主的国家)、第19题

（中国的家庭观念为我们做了很好的表率，如白头偕老），四道题上华裔平均分显著高于非华裔（t＝－2.302，Sig.＝.024；t＝－3.794，Sig.＝.000；t＝－.851，Sig.＝.029；t＝－2.693，Sig.＝.009）。所以，从上面的统计结果可以看出，华裔习得者在对待中国政治、经济、文化等方面的态度上，全方位地优于非华裔习得者，尤其是在文化的认同感上。

习得者对待中国的总体态度在统计中反映为对待中国人的态度，对待中国政治、经济、文化等方面态度的分数之合，所以，在对待中国的总体态度上，华裔习得者优于非华裔习得者是由华裔对中国政治、经济、文化等方面态度显著优于非华裔带来的，而差异不大的原因在于华裔对中国人的态度与非华裔的态度差异很小。

4.2 对华裔习得者与非华裔习得者动机差异的讨论

我们以测量习得者动机的题目为基础，讨论华裔习得者与非华裔习得者动机差异的来源。

对测量工具型动机题目的进一步统计显示：在10道题中，华裔习得者在第23、27、31、33、35、37、39七道题上的平均分高于非华裔习得者，其中在31（我学习汉语是因为别人知道我会汉语会更加尊敬我）、33（我学习汉语是因为它是我的家庭语言之一）、39（我学习汉语因为这是我家人的要求）题上的差异达到显著水平（t＝－2.933，Sig.＝.004；t＝－14.347，Sig.＝.000；t＝－5.78，Sig.＝.000）。在第1、5、9题三道题上，华裔习得者平均分低于非华裔习得者，但均未达到显著水平。我们对华裔分数高的七道工具型动机题目在内容上进行了分类：第一类为家庭的要求，在华裔平均分显著高于非华裔的三道题中有两道题属于此类，第二类为事业与社会地位的需要，在七道题中有四道属于此类。因此，华裔习得者明显倾向于工具型动机主要是由家庭要求以及汉语有利于提升习得者地位两个原因带来的。

对测量融合型动机题目的进一步统计显示:华裔习得者在第26、32、34、38、40 五道题上平均分高于非华裔习得者,其中在 32(我学习汉语是因为我希望更加自如地参加中国人的活动)、40(我学习汉语是因为我希望更深地理解中国的文学和艺术)两道题上差异显著(t=-2.935, Sig.=.004; t=-2.614, Sig.=.011);在第 22、24、28、30、36 五道题上华裔习得者平均分低于非华裔习得者,但差异均不显著。所以,在融合型动机上,华裔习得者与非华裔习得者的差别不显著。

五 有待进一步研究的问题

华文教育是一项事业,了解华裔汉语习得者的心理特点不仅有助于推进华语教学,同样也是增进华裔文化认同感的需要。本研究通过比较华裔与非华裔习得者对待中国社团的态度、习得汉语的动机,从一个层面考察华裔的心理特点,但由于被试及测量题目的限制,只能测量部分华裔习得者在三种态度、两种动机上的反应,后续研究可以扩大被试数量及研究范围,更为全面地反映华裔汉语习得者的心理特点。此外,态度、动机的形成原因是多方面的,鉴于数据有限,本文只是从数据的角度讨论了华裔与非华裔态度、动机差异的来源,态度与动机的形成需要更多的研究来揭示。最后,本文只对心理进行了考察,没有与习得效果相联系,如果能考察不同习得效果的华裔汉语习得者在心理上的差异,可以进一步揭示心理与习得效果的关系。

附注

① 在前人对态度的研究中,对态度的分类主要包括:对待目的语群体成员的态度、对待目的语群体文化的态度、对待目的语群体的总体态度、对待学习目的语的态度、对待生活在本国的说目的语者的态度、对待习得环境的态度、对待课程和对教师教材的态度等。其中前三者为学者们研究的主要(Gardner,1985;Ellis,1994;刘珣,2000)。态度是复杂的心理概念,态度与习得效果的关系也受到诸多因素的影响,因此前人研究很少一次性考察以上所有态度,而是将重心集中在几种态度上,其中前三者是学者们共同的关注焦点,本文也仅将对态度的考察框定在此三种态度上。

② 动机的分类主要有内部动机、外部动机,近景动机、远景动机,外在型动机、内在型动机(Deci,1985),融合型动机、工具型动机(Gardner & Lambert,1972),也有学者(Graham,1985)将融合型动机又进一步分为融合型与整合型两种。在本研究的动机分类中,我们将使用第二语言习得领域比较认可的1972年由Gardner和Lambert提出的融合型动机、工具型动机的分类方法。

③ 统计华裔与非华裔在每一态度题目上的平均分和标准差,并检验平均分差异显著性。

参考文献

高彦德、李国强、郭旭 1993 《外国人学习与使用汉语情况调查研究报告》,北京:北京语言学院出版社。

李善邦 2002 华裔学生的汉语口语教学及其相关因素,《华侨大学学报》(哲学社会科学版)第4期。

王爱平 2000 东南亚华裔学生的文化认同与汉语习得动机,《华侨大学学报》(哲学社会科学版)第3期。

王爱平 2001 东南亚华裔学生语言与文化背景调查刍议,《华侨大学学报》(哲学社会科学版)第3期。

王爱平 2004 文化与认同——印尼华裔青少年调查研究,《中国人民大学学报》第4期。

王爱平 2004 印尼华裔青少年语言与认同的个案分析——华侨大学华文学院印尼华裔学生的调查研究,《华侨华人历史研究》第4期。

王建勤主编 1997 《汉语作为第二语言的习得研究》,北京语言文化大学出版社。

吴建玲　1996　对一百名华裔学生语言文化情况的调查报告,《语言教学与研究》第 4 期。

赵　氚　2001　试论华裔留学生的特点、教育与管理,《暨南学报》(哲学社会科学)增刊。

朱湘燕　2001　华裔背景对听力教学的影响及对策,《暨南大学华文学院学报》第 2 期。

Anastasi, A. and Urbina, S. 著,缪小春、竺培梁译 (2001)《心理测量》,杭州:浙江教育出版社。

Ellis, R.　1994　The Study of Second Language Acquisition. Oxford University Press.

Gardner, R. C. & Lambert, W. E.　1972　Attitude and Motivation in Second Language Learning. Rowley, Mass. : Newbury House.

Gardner, R. & Masgoret, A.-M.　2003　Attitude, motivation, and second language learning: A meta-analysis of studies conducted by Gardner and associates. Language Learning, 53, 123-63.

Schumann, J. H.　1978　The acculturation model for second language acquisition. in Gingras (ed.).

Svane, B.　1987　Motivation and cultural distance in second language acquisition. Language Learning, 37.3, 341-59.

【附录】

调 查 问 卷

亲爱的朋友,为了帮助您更好地学习汉语,创造更加愉快的学习环境,我们正在进行一项研究。本问卷是研究的一部分,我们真诚地希望您能够参与到我们的调查之中,我们将确保您的所有信息得到保密。感谢您的参与!

(Dear friends, we are doing a research in order to help you with your Chinese learning and to improve our teaching environment. This questionnaire is a part of the research, and we appreciate your help if you would spend a few minutes on it. All your information will be kept strictly secret. Thanks for your participation.)

Instruction

There are some statements below with which you may agree or disagree.

There is no right or wrong answer to each of them. Please give your own opinion by circling just one number above the string for each question.

Note: Your natural and instant reaction is expected.

1= strongly disagree   2= moderately disagree
3= slightly disagree   4= slightly agree
5= moderately agree   6= strongly agree

Sample: I like reading novels.

```
1   2   3   4   5   6
|   |   |   |   |   |
```

I Circle 5 to indicate that I am moderately agree.

Let's Begin

1. The Chinese in my country have made great contribution to the richness of my country.

(移居到我们国家的中国人为我的国家做出了重大贡献。)

2. The more I get to know Chinese people, the more I like them and want to be able to speak their language.

(我认识的中国人越多,我越喜欢中国人和他们的语言。)

3. We can learn much of value by associating with Chinese friends.

(在与中国人的交往中,我们能从他们的价值观中受益。)

4. People in my country should make a greater effort to meet more Chinese people.

(我们国家的人应该尽力去认识更多的中国人。)

5. I want a Chinese roommate when I am in China, and even after I go back to my country.

(我在中国,甚至回国以后,希望找到中国人做同屋。)

6. Generally speaking, the Chinese people who I have met are trustworthy and dependable.

(在我认识的中国人中,我觉得他们是令人信赖的。)

7. Generally speaking, the Chinese people who I have met are sincere and honest.

(在我认识的中国人中,我觉得他们是真诚的。)

8. It is possible for me to fall in love with a Chinese boy or girl.

(我可能会交一个中国男朋友或者女朋友。)

9. I like participating Chinese parties. (我喜欢参加中国人的聚会。)

10. If I had my own choice, I would rather live in China. (如果我能够选择,我宁愿住在中国。)

11. By bringing their traditional Chinese folkways to the world, Chinese have contributed greatly to our way of life. (中国人的传统习俗是世界的珍贵宝藏。)

12. Chinese economic development has made great contribution to the world economy.

(中国的经济发展为世界经济的进步做出了重大贡献。)

13. Chinese traditional virtue beliefs are positive to modern world. (For example: filial piety, self-cultivation, hard working, thrift, kindness, and etc.)

(中国人的传统美德,如孝、德、勤俭、仁爱,对现代世界的发展起到了推动作用。)

14. China is much better than what I thought before I came here.

(中国的实际情况比我没来之前想象的好得多。)

15. We can learn better life style from Chinese people. (我们在很多地方得益于中国人的生活方式。)

16. Although I don't know China's actual economic statistic, I feel that the economic level of China is the same as my country.

(虽然我不知道中国的经济发展数字,我觉得中国的经济水平和我们国家的经济水平相等。)

17. We would like to introduce Chinese art into my country. (我希望把中国的艺术介绍到我的国家。)

18. According to what I have seen here, I feel that China is a democratic country.

(从我所看到的人和事,我觉得中国是一个民主的国家。)

19. Chinese have set good examples for us by their family virtue, such as remaining a devoted couple to the end of their life. (中国的家庭观念为我们做了很好的表率,如白头偕老。)

20. Chinese people have every reason to be proud of their economic de-

velopment.

（中国人应该为他们的经济发展感到自豪。）

21. I learn Chinese for my further study in China.

（我学习汉语是为了在中国继续学习。）

22. I study Chinese since I am interested in China.（我学习汉语是因为我对中国感兴趣。）

23. I study Chinese because I believe it will be useful in getting a good job.

（我学习汉语是因为它能帮我找到好工作。）

24. I study Chinese since I want to understand Chinese culture.

（我学习汉语是因为我希望了解中国的文化。）

25. I study Chinese in order to be better educated to serve my country.

（我学习汉语是为了学到更多的东西，以便为我的国家服务。）

26. I study Chinese since I want to think and behave as Chinese do.

（我学习汉语是因为我希望和中国人想的和做的一样。）

27. I study Chinese since I'll need it in my future career.

（我学习汉语是因为它对我未来的事业很重要。）

28. I study Chinese since it enables me to make good Chinese friends more easily among Chinese.

（我学习汉语是因为我希望更容易和中国人成为好朋友。）

29. I study Chinese since it makes me a more knowledgeable person.

（我学习汉语是因为它能使我更有知识。）

30. I study Chinese since it will help me better understand Chinese people and their way of life.

（我学习汉语是因为我希望更加了解中国人以及他们的生活方式。）

31. I study Chinese since a good command of this foreign language may earn me more social recognition.

（我学习汉语是因为别人知道我会汉语会更加尊敬我。）

32. I study Chinese since it will help me participate more freely in the activities of Chinese cultural group.

（我学习汉语是因为我希望更加自如地参加中国人的活动。）

33. I study Chinese since it is my family heritage language.

（我学习汉语是因为它是我的家庭语言之一。）

34. I study Chinese since I want to immigrate to China.

（我学习汉语是因为我希望移民到中国。）

35. I came here to study Chinese since my country encouraged us to come and paid my tuition.

（我学习汉语因为我的国家鼓励我们来中国学习汉语，而且提供奖学金。）

36. I study Chinese since it will help me meet and converse with more and varied Chinese people.

（我学习汉语是因为它能让我认识更多不同的中国人。）

37. I study Chinese since it will improve my social status.

（我学习汉语是因为它可以提高我的社会地位。）

38. I study Chinese since it will help me live in China or live among Chinese people in the future.

（我学习汉语是因为我希望以后在中国生活或者和中国人一起生活。）

39. I study Chinese since it is required by my family.（我学习汉语因为这是我家人的要求。）

40. I study Chinese since it will help me better understand and appreciate Chinese art and literature.

（我学习汉语是因为我希望更深地理解中国的文学和艺术。）

Personal Information

姓名(Name)：＿＿＿＿＿　　　　国籍（Nationality)：＿＿＿＿

第一语言（Mother tongue）：＿＿＿＿＿性别（Gender)：＿＿＿＿

您的"汉语水平考试"等级（Your HSK level)：(＿＿＿＿)级

文化程度（Educational level)：＿＿＿(high school graduate, college or above)

您学习汉语多长时间了（How long have you studied Chinese)：＿＿＿＿

您是否为华裔（Are you foreign citizen of Chinese origin)：＿＿＿＿（Yes or No)

汉语是否是您的家庭语言之一（Is Chinese your family heritage language)：

＿＿＿＿(Yes or No)

（闻　亭　北京语言大学汉语学院　100083）

第二语言语用习得研究述评

杨 黎

一 引言

第二语言语用习得,又称为中介语语用习得,是第二语言习得在语用学研究的一个分支。Kasper & Dahl(1991)将"中介语语用学"(interlanguage pragmatics)定义为:研究非母语学习者对目的语中言语行为的理解和产出,以及与之相关的语用知识和语用能力的习得过程。

1.1 第二语言语用习得领域的三个基本问题

第二语言语用习得领域已经有20多年的历史,但由于该领域一直以跨文化语用学为研究模型,多侧重于研究学习者的目的语产出和使用,因而较少关注学习者语用能力的发展过程(Bardovi-Harlig,1999;Kasper,1992;Kasper & Schmidt,1996;Kasper & Rose,2002)。本文侧重于考察关于学习者语用能力发展过程的研究。笔者把第二语言语用习得领域的三个基本问题,即研究理论、研究方法和测量工具简单列表如下(具体参见 Kasper & Rose, 2002):

表 1　第二语言语用习得的基本问题

基本问题	基本内容	备注
1.研究理论	(1) 文化适应模型	
	(2) 认知加工理论	该理论模型受到研究者关注
	(3) 社会文化理论(sociocultural theory)	
	(4) 语言社交理论(language socialization)	
	(5) 互动能力理论(interactional competence)	
2.研究方法	(1) 横向研究方法	
	(2) 纵向研究方法	该方法对研究语用能力发展重要
3.测量工具	(1) 口头互动(spoken interaction)(authentic discourse, elicited conversation & open role play)	
	(2) 调查问卷,主要是语篇补全任务 DCT(written or oral DCT)	该工具最常用
	(3) 自我报告(self-report)(think-aloud protocols or diaries)	

1.2　第二语言语用习得与认知加工理论

目前,第二语言语用习得领域用来进行解释的理论包括文化适应模型(acculturation model)、认知加工理论(cognitive processing theory)、社会文化理论(sociocultural theory)、语言社交理论(language socialization)和互动能力理论(language competence)。其中,认知加工理论由于从学习者的认知过程这个角度来研究和解释语用能力的获得,而受到了许多研究者的关注。它主要包括 Schmidt(1993)的"注意假说"(noticing hypothesis)和 Bialystok(1993)的关于二语水平发展的两维模型(two-dimensional model of L2 proficiency development)。

Schmidt 的"注意假说"关心的是,要使来自外界的"输入"(input)变成"吸收"(intake),需要满足的输入加工和注意条件是怎样的。他认为,对目的语的整体感知是不够的,要使学习者有意识地注意到某个语言项目的形式以及其所出现或使用的语言或社会环境才是必要的(Schmidt,1993)。而 Bialystok 的理论认为,二语学习者要习得语用能力,面临着两个任务,一个是获得越来越多的语用知识或语用原则,其在人脑中主要是以分析性的表征形式存储;一个就是如何对已存储在脑中的表征形式进行合理控制及注意力的适当分配。而对于成人来说,由于在开始第二语言的学习之前,已经具有了母语或其他语言的语用文化知识,所以面临的主要任务是注意力的合理分配。

除了二语语用习得中的教学干预研究曾经用来检验认知加工理论的合理性外,认知加工理论多用来作为研究二语学习者语用发展的理论框架或对研究结果的后续解释。比如,Koike(1989)、Trosborg(1995)就曾使用 Bialystok 提出的二语水平发展的两维模型来对研究结果进行解释。按照 Bialystok 的理论,由于学习者的加工控制能力还没有发展到相当的程度,所以他们在话语输出时会为了减少加工的难度和总量而采取一些策略(DuFon,1999),如回避策略、简化策略。Barron(2003)、DuFon(1999)、Pearson(2006)经过研究为 Schmidt 提出的"注意假说"提供了一定的证据,此外,DuFon(1999)和 Pearson(2006)的研究结果也同时表明,注意仅仅只是语用学习的必要条件但并非充分条件,DuFon(1999)在研究中观察的 6 名学习者虽然在日记中都注意到了印尼语中称呼语的多种形式,但不同的学习者在日常交际中不管交际情境,只倾向于使用其中的某种或某几种形式;Pearson(2006)在研究中也发现接受元语用知识教学干预的实验组与另一实验组虽然在定性分析上存在一定的差异,但在统计上却并未表现出显著差异,这可能是因为学习者只注意到语言项目,但仍不能保证其能否对项目进行深层加工,而使之从短时记忆进入到长时记忆的缘故。

1.3 语篇补全任务(DCT)

在语用学和中介语语用领域的研究中,不同形式的问卷是研究者普遍采用的用来收集数据的方法。问卷可以一次性地收集到大量数据,操作简单迅速,可靠性也较高。而语篇补全任务(discourse completion task,以下简称 DCT)是其中最重要的研究方法之一。经典的 DCT 源自于 CCSARP(Cross-cultural Speech Act Realization Project),它包括一个对情境的描述和一个简短的对话,其中既有提示语(prompts)也有答句(rejoinders);但是发展到今天,研究者为了特定的研究目的,使 DCT 也产生了很多变体形式,比如是否包括提示语或答句、答句的不同类型以及口头的 DCT 等。

DCT 作为一种用来收集数据的方法,它的有效性受到许多研究者的关注,但研究结果存在很大的分歧。属于此类的研究大致可以分为三类:一种是比较 DCT 和其他形式的问卷方法(如多项选择形式的问卷)以及不同形式的 DCT 的比较(如书面 DCT 和口头 DCT 的比较)(Eisenstein & Bodman,1993;Rose,1994;Rose & Ono,1995);一种是比较 DCT 和真实语言环境中收集到的数据(如角色扮演、观察或记录下的数据)(Beebe & Cummings,1996;Eisenstein & Bodman,1993);一种是 DCT 多种变体形式的比较,即对其不同设计特征的考察(Bardovi-Harlig & Hartford,1993;Billymer & Varghese,2000)。虽然研究结果不能统一,但可以发现,对于同一种言语行为,不同形式的问卷方法、DCT 和从真实语言环境中收集数据的方法、DCT 的不同变体形式都可能会获得不同的数据;对于同一种言语行为、不同的第二语言,一种在某一语言上效度很高的研究方法,却有可能不适于研究另一种语言;同时,具有不同设计特征的 DCT 对于母语者和非母语者的影响程度也可能存在差别。Bardovi-Harlig & Hartford(1993)研究发现,两种不同类型的 DCT 变体形式,即包括情景描述和提示语的形式及只包含情景描述的形式,对非母语者使用拒绝言语行为(rejections)的不同影响要大于其对母语者的影响。因此,对于不同的研究目的、不同的语言研究、不同的言语行为、不同的被试,研究者要选择最合适、特定研究效度最高的收集数据的方法。

表 1 是第二语言语用习得领域在研究理论、研究方法和测量工具方面基本情况的列举,由于该领域所涉及的问题比较繁复,故本文下面主要从语用能力发展过程、语用和语法关系两个方面进行简单的概括综述。

二 第二语言语用习得过程研究

从 1980 年 Canal & Swain 的文章《关于二语教学和测试的交际法的理论基础》(*Theoretical bases of communicative approaches to second language teaching and testing*)开始,虽然经过了 20 多年,中介语语用学领域仍处于以跨文化语用学为研究的基本模型的阶段,其中很多的研究关注于语言的使用或某种言语行为的产出,而忽略了学习者语用能力的发展过程(Bardovi-Harlig, 1999;Kasper, 1992; Kasper & Schmidt, 1996;Kasper & Rose,

2002)。Kasper(1992)在文章中提供了两个主要的原因,一个是目前的研究多集中于对高级语言水平的学习者语用习得的情况考察,而没有关注不同语言水平的二语学习者;另一个是,中介语语用学与文化关系密切,跨文化语用学一直都是它的研究模型。

2.1 第二语言言语行为习得过程研究

在中介语语用学的研究中,对言语行为(speech acts)的研究一直是中心研究领域。因为自从1955年Austin提出"言语行为理论"开始,到后来Searle对之进行继承和发展,言语行为理论从人们以言行事这一新角度来研究言语交际,成为了语用学的一个非常重要的领域。

2.1.1 请求言语行为(requests)

在言语行为的语用习得研究中,请求言语行为(requests)又成为其中的重点(Achiba,2002;Barron,2000b;Barron,2003;Ellis,1992;Hill,1997;Pearson,2006;Schmidt,1983;Trosborg,1995;郦帅,2007;薛秋宁,2005;杨仙菊,2006)。其中多数是采用横向的研究方法,只有少数采用纵向的研究方法。根据Achiba(2002)和Ellis(1992)的纵向研究,以及其他研究者的横向研究,可以得出二语学习者请求言语行为学习中语用能力发展的五个基本阶段,具体参见表2(Kasper & Rose, 2002, p. 140)。

表2 第二语言请求言语行为习得发展的五个阶段

阶段	特征	举例
1. 前基本阶段	高度语境化、没有句法、不考虑礼貌程度	Me no blu Sir.
2. 套语阶段	大量使用套语或一些祈使句	Let's play the game. Don't look!

续 表

3. 拆解阶段	套语开始分解成可与其他一起使用的单位,出现规约性间接言语策略	Can you pass the salt, please? Can you do me another favor, please?
4. 语用扩展	语言形式扩展,语法渐趋复杂	Could I have another chocolate because of my children?
5. 灵活调试 (Fine-tuning)	根据不同的交际者、交际目的和语境选择合适的表达策略	You could put so blu-tack down there. Is there any down there?

这五个阶段主要是从 Achiba(2002)和 Ellis(1992)两篇纵向研究的数据中总结出的。但 Achiba 的被试只有一名,Ellis 的被试也只有两名,并且这两篇文章在观察背景和研究结果方面也存在一定的差异(具体参见 Kasper & Rose, 2002)。此后,虽也有一些研究者采用了同样的纵向研究方法,观察的被试数量上也增多了,但并没有关注学习者请求言语行为习得的发展阶段。如,Barron(2000)研究了33名在目的语环境中学习德语达10个月的爱尔兰学习者,研究者关注的是学习者在语用语言形式方面请求言语行为的习得结果,最后发现随着学习者在目的语环境中学习时间的增长,他们的语用语言形式的发展更趋近于德语母语者;此外,一些横向研究的文章(侧重于对请求策略的研究)在某些方面的研究结果与上述的五个阶段是一致的,如,Hill(1997)的研究发现,在外语环境中学习英语的日本学习者随着语言水平的提高,他们越来越倾向于使用间接性请求策略,即更加接近目的语者的请求方式。但同时指出,这反映的只是总体的趋势,其中的很多下属类别(sub-categories)结果则是完全相反的,如 want 策略,ability

策略等等。郦帅(2007)也得出了相似的结论:在语用语言层面,随着二语学习者汉语水平的提高,他们所使用的间接性请求策略的比率一直维持在低水平,实际上是越来越偏离目的语的标准而不断接近于学习者的母语(英语)标准。

2.1.2 其他言语行为

关于其他言语行为,关注学习者语用能力发展过程的文章在数量上无法与请求言语行为相比,也没有得出表2所列出的五个阶段。Takahashi & Beebe(1987)对初级和高级水平的以英语为第二语言的日本学习者拒绝言语行为实施情况进行了考察。由于研究的目的是探求语用迁移和语用发展的关系,因此也对两组英语和日语的母语者进行了考察,从而提出了著名的正相关假说(the positive correlation hypothesis),即语言水平高的学习者更容易将母语中的语用因素负迁移到他们的目的语使用中,而语言水平低的学习者正好相反。至于学习者拒绝言语行为语用能力的发展情况则涉及甚少。

综观二语言语行为语用能力发展的研究,一个总体的发展趋势(主要是语用语言层面)可以总结如下:发展的早期阶段多依赖于一些不能分解的语用套语,到后来逐渐灵活地使用一些语言单位来实现一定的语用功能;策略也从最初的单一化发展为多样化,最终越来越趋近于目的语的规范用法。至于社会语用方面的发展,Kasper & Rose(2002)也提到,学习者对于语言社会语用层面的习得似乎要晚于对语用语言层面的习得。一方面,研究者关注得较少;另一方面,研究者的研究结果存在很大的不一致性。比如,Ellis(1992)和 Hill(1997)研究发现学习者没有表现出任何社会语用方面的发展,而 Achiba(2002)、郦帅(2007)都发现了学习者社会语用方面不同程度的发展,如,学习者 Yao 在语言使用中,会根据不同的言语交际者采用不同类型的策略。

因此,在第二语言言语行为习得方面,需要更多的纵向研究和横向研究,研究范围也应同时涉及语用语言和社会语用两个维度,而在每个维度下面,关注点也要细化,深入到对每个小的类别习得过程的考察;另外,研究的语言种类也应进一步扩大,现在研究者进行的二语研究还是多集中于英语,其次是西班牙语,研究德语、日语、印尼语的也有一些,而汉语等其他的诸多语言似乎还没有引起研究者的关注。

三 第二语言语用习得中关于语用和语法关系的研究

中介语语用学一直都将语用和语法两个因素隔离开,单独关注语用的发展。直到 Bardovi-Harlig & Dornyei(1998)和后来 Niezgoda & Rover(2001)对前者的重复研究,引起了研究者对学习者语用能力和语法能力关系的关注。目前,根据前人的研究,研究者对语用能力和语法能力两者的关系持两种观点:即语用能力先于语法能力和语法能力先于语用能力。

3.1 语用先于语法

文化或语用究竟是共性的还是特性的,这个问题至今也是跨文化语用学争论的一个焦点。很多跨文化交际专家,如 P. Brown、S. Levinson 和 Leech,认为某些文化或语用原则是全世界通用的,即具有共性。那些普遍的语用原则或语用能力是内隐的、一些程序性的知识和能力的集合,通过有意识的方法是很难获得的,这就是所谓的"普遍语用原则"(the universal pragmatics principles)(Kasper & Rose,2002)。既然语用原则是普遍的、具有共性的,所以研究者认为二语学习者学习过程中,语用能力的获得先于二语语法能力的获得(Koike,1989;Schmidt,1993;Walters,1980;Pearson,2006)。Pearson(2006)通过对初、中、高三种不同语言水平的西班牙语学习者请求语习得过程的考察,结果发现学习者虽然还没有学过或熟练掌握西班牙语中的代词和动词变位的对应情况,但在言语交际中已经能够正确地根据不同情境和不同的交际者选择不同的代词,即使是初级水平的学习者也已经具有了这种意识。

3.2 语法先于语用

支持"语法先于语用"的研究者提出了两种研究结果来证明:(1)二语学习者虽然已经习得了某种语法结构,但在言语交际中并不使用这种结构来表达某种交际功能或语力(illocutionary force);Salsbury & Bardovi-Harlig(2001)在研究了外语环境下二语学习者情态动词的习得顺序后发现,即使学习者已经习得了一系列的情态动词,在表达表示"反对"或"不同意"(disagreements)功能的言语行为时,仍只依靠词汇形式来表达这种语力,而没有运用已经习得的情态动词类。(2)二语学习者习得并能够使用某种语法结构来表达某种交际功能,但这种形式和功能的对应关系在目的语中是不存在的。Hill(1997)研究发现,随着日本学习者英语水平的提高,他们更多地使用条件句来表达请求,但实际上英语母语者几乎根本不用这种语法结构来表达请求的功能。

如果从Bardovi-Harlig & Dornyei(1998)算起,对这个领域的研究还不到十年的时间,研究这个问题的文章在数量上也不多。总之,有关语用能力和语法能力的关系是比较复杂的。因此,在二语学习者语法能力习得和语用能力习得这两个方面的研究尚不深入时,就来研究两者的交互作用,应该是比较困难的。Bardovi-Harlig(1999)建议研究两者关系时,应多采用纵向研究的方法,这样在观察被试时,既能记录下学习者语法能力的习得过程,也能同时关注其语用能力的发展,并能发现两者发生相互作用的项目,这样客观的进行观察记录,也许能令我们对这个复杂的问题产生新的灵感。

四 汉语作为第二语言的语用习得研究

上个世纪90年代,Kasper和一些学者已经开始对汉语作为第二语言的语用习得产生了兴趣(Kasper,1995),但是其中只有一篇文章采用半结构式访谈(semi-structured interview)对美国学习者有关汉语礼貌语言问题进行了初步的分析。以汉语作为第二语言的语用习得研究应该以关于汉语语用和汉外语言文化对比的研究为基础,所以Kasper(1995)书中强调了汉语言语行为的深入研究。

中国国内由于英语学习和英语教学的优势,关注汉语学习者习得英语过程中的语用问题研究要比以汉语作为第二语言的语用习得研究起步得更早,受到的关注也更多。而研究留学生或少数民族的汉语语用习得研究数量极其有限(李丽娜,2004;郦帅,2007;李艳淘,2006;刘蕊,2007;熊云茜,2007;薛秋宁,2005;张汉娇,2006;综述文章不计算在内)。笔者根据收集到的有限资料,概括总结出以下的研究特点,具体情况可参考表3:

表3 国内汉语第二语言语用习得研究举例

文章	言语行为	研究方法	研究目的	学习者	研究理论
李丽娜(2004)	感谢	横向(问卷)	分析使用差异、提出教学建议	多个国家(高级)	跨文化语用学、教学
郦帅(2007)	请求	横向(oral DCT)	考察语用能力发展过程	美国(初、中、高)	跨文化语用学、认知加工理论
李艳洵(2006)	道歉	横向(问卷)	分析文化差异、提出教学建议	日韩(高级)	跨文化语用学
刘蕊(2007)	多种	横向(问卷)	分析语用失误、提出教学建议	美国(中、高)	跨文化语用学、教学
熊云茜(2007)	招呼	横向(问卷)	分析使用差异、提出教学建议	泰国(高级)	跨文化语用学
薛秋宁(2005)	请求	横向(open questionnaire)	为对外汉语教学提供借鉴	12个国家(初、中、高)	跨文化语用学、教学
张汉娇(2006)	招呼	横向(访谈、问卷)	分析语用失误、提出教学建议	多个国家(初、中、高)	跨文化语用学

(1)研究方面不平衡:侧重于对汉语言语行为的研究,涉及请求语、招呼语、感谢语、道歉语等。与国外研究不同的是,国外言语行为研究中,有关请求言语行为的研究数量和研究成绩都是最多和最突出的,但国内所涉及的言语行为研究量基本平衡,即各言语行为均有涉及,但研究并无明显的侧重之处。另外,也有少量探讨语用失误的文章,但其他方面的语用习得研究几乎为零。

(2)研究目的多为进行跨文化对比或提出对外汉语教学的建

议,很少侧重于关注学习者语用习得过程的研究。为对外汉语教学服务、对教材和教学提出建设性建议是国内相关文章的研究重点。这与国外相关领域的研究目的存在明显差异。

(3)研究方法均为横向研究,没有纵向研究。以调查问卷和访谈等社会语言学方法为主,少量采用语篇补全任务(DCT)或其变体形式,如开放式问卷(open questionnaire)或口头的语篇补全任务(oral DCT)。

(4)理论基础多为跨文化交际理论或教学理论,这些理论多用于对研究结果的后续解释,只有郦帅(2007)在文章中略涉及认知语言学的信息加工理论,并尝试以此理论作为研究的基本理论框架。

(5)学习者有从多语言背景趋向于特定语言背景发展的趋势。比如,同为研究留学生的汉语请求策略,薛秋宁(2005)调查的学习者涉及印尼、泰国、英国等12个国家,而郦帅(2007)则只关注美国学习者的习得情况。这种采用实施第一语言控制的方法,利于对语用迁移的进一步探讨。

(6)数据分析时,分析方法有从描述式的列举方法向推论性的统计方法过渡发展的趋势,虽然现阶段在相关领域的研究中,两种数据分析方法多以并存形式呈现,但是采用科学的统计方法来分析数据愈来愈受到学者的重视。

五 结语

第二语言语用习得,作为语用学和第二语言习得的交叉领域,其中涉及的内容相当广泛,除了本文涉及的几个方面,还有学习环境、第二语言语用理解等问题。和第二语言习得的其他领域一样,第二语言语用习得研究者对其中每个分领域都或多或少有一定的研究,但每个领域似乎都不够深入和细致,即使是研究过的问题,得出的结果也不尽相同,在理论和方法上都仍需探索和改进。

参考文献

李丽娜 2004 汉语感谢言语行为分析及其教学探讨,暨南大学硕士学位论文。

李艳洄 2006 日韩留学生汉语道歉言语行为及其应答策略习得研究,暨南大学硕士学位论文。

郦 帅 2007 A study of interlanguage development of making requests by American learners of Chinese,北京语言大学硕士学位论文。

刘 蕊 2007 美国学生汉语习得中社交语用失误的考察与分析,北京语言大学硕士学位论文。

熊云茜 2007 汉语招呼语语用及教学对策研究,北京语言大学硕士学位论文。

薛秋宁 2005 留学生实施汉语请求言语行为调查及习得研究,暨南大学硕士学位论文。

杨仙菊 2006 第二语言语用习得(英语),上海外国语大学博士学位论文。

张汉娇 2006 留学生汉语招呼言语行为研究及教学探讨,暨南大学硕士学位论文。

Achiba, M. 2002 *Learning to Request in a Second Language: Child Interlanguage Pragmatics*. Clevedon, England: Multilingual Matters.

Bardovi-Harlig, K. 1999 Exploring the interlanguage of interlanguage pragmatics: A research agenda for acquisitional pragmatics. *Language Learning*, 49, 677-713.

Bardovi-Harlig, K., & Dornyei, Z. 1998 Do language learners recognize pragmatic violations? Pragmatic vs. grammatical awareness in instructed L2 learning. *TESQL Quarterly*, 32, 233-259.

Bardovi-Harlig, K., & Hartford, B. S. 1993 Refining the DCT: comparing open questionnaires and dialogue completion tasks. In L. Bouton & Y. Kachru (Eds.), *Pragmatics and Language Learning* (143-165). Urbana: University of Illinois at Urbana-Champaign.

Barron, A. 2000b "Acquiring different strokes: A longuitudinal study of the development of L2 pragmatic competence"[HTML document]. *German as a*

Foreign Language Journal, http://www.gfl-journal.com/

Barron, A. 2003 *Acquisition in Interlanguage Pragmatics*. Amsterdam: Benjamins.

Beebe, L., & Cummings, M. 1996 Natural speech act data versus written questionnaire data: how data collection method affects speech act performance. In S. Gass & J. Neu (Eds.), *Speech Acts across Cultures: Challenges to Communication in a Second Language* (65-86). Berlin: Mouton de Gruyter.

Bialystok, E. 1993 Symbolic representation and attentional control in pragmatic competence. In G. Kasper & S. Blum-Kulka (Eds.), *Interlanguage Pragmatics* (21-42). Oxford: Oxford University Press.

Billmyer, K,. & Varghese, M. 2000 Investigating instrument-based pragmatic variability: Effects of enhancing discourse completion tests. *Applied Linguistics*, 21, 517-552.

DuFon, M. A. 1999 The acquisition of linguistic politeness in Indonesian as a second language by sojourners in a naturalistic context. *Dissertation Abstracts International*, 60, 3985.

Eisenstein, M., & Bodman, J. 1993 Expressing gratitude in American English. In G. Kasper & S. Blum-Kulka (Eds.), *Interlanguage Pragmatics* (64-81). New York: Oxford University Press.

Ellis, R. 1992 Learning to communicate in the classroom: A study of two learners' requests. *Studies in Second Language Acquisition*, 14, 1-23.

Hill, T. 1997 The development of pragmatic competence in an EFL context. *Dissertation Abstracts International*, 58, 3905.

Kasper, G. 1992 Pragmatic transfer. *Second Language Research*, 8, 203-231.

Kasper, G., & Dahl, M. 1991 Research methods in interlanguage pragmatics. *Studies in Second Language Acquisition*, 13, 215-247.

Kapser, G., & Rose, K. 2002 *Pragmatic development in a second language*. A supplement to *Language Learning*, 52.

Kasper, G., & Schmidt, R. 1996 Developmental issues in interlanguage pragmatics. *Studies in Second Language Acquisition*, 18, 149-169.

Kasper, G. (Ed.) 1995 *Pragmatics of Chinese as Native and Target Language*. Honolulu: University of Hawai'i Press.

Koike, D. A. 1989 Pragmatic competence and adult L2 acquisition. *Mod-

ern Language Journal, 73, 279-289.

Maeshiba et. al. 1996 Transfer and proficiency in ieterlanguage apologizing. In S. Gass & J. Neu (Eds.), *Speech Acts across Cultures: Challenges to Communication in a Second Language* (155-187). Berlin: Mouton de Gruyter.

Ninezgoda, K., & Rover, C. 2001 Pragmatic and grammatical awareness: A function of learning environment? In K. Rose & G. Kasper (Eds.), *Pramgatics in Language Teaching* (63-79). New York: Cambridge University Press.

Pearson, L. 2006 Patterns of development is Spanish L2 pragmatic acquisition. *Modern Language Journal*, 90, 473-495.

Rose, K. R. 1994 On the validity of discourse completion tests in nonwestern contexts. *Applied Linguistics*, 15, 1-14.

Rose, K., & Ono, R. 1995 Eliciting speech act data in Japanese: the effect of questionnaire type. *Language Learning*, 45, 191-223.

Salsbury, T., & Bardovi-Harlig, K. 2001 "I know your mean, but I don't think so": Disagreements in L2 English. In L. Bouton (Eds.), *Pragmatics and Language Learning*. Urbana-Champaign, IL: University of Illinois.

Schmidt, R. 1993 Consciousness, learning and interlanguage pragmatics. In G. Kasper & S. Blum-Kulka (Eds.), *Interlanguage Pragmatics* (21-42). Oxford: Oxford University Press.

Takahashi, T., & Beebe, L. 1987 The development of pragmatic competence by Japanese learners of English. *JALT Journal*, 8, 131-155.

Trosborg, A. 1995 *Interlanguage Pragmatics*. Berlin: Mouton de Gruyter.

Walters, J. 1980 Grammar, meaning, and sociological appropriateness in second language acquisition. *Canadian Journal of Psychology*, 34, 337-345.

(杨 黎 北京语言大学对外汉语研究中心 100083)

对计算机化自适应测验的一次简单模拟及部分理论的验证[*]

高莹莹

近年来,语言测验领域新出现一种计算机化自适应测验(Computerized Adaptive Test,简称 CAT),它与计算机技术结合,克服了很多纸笔介质及传统测验方式的缺陷,为语言测验开拓了一个新的发展空间。CAT 以项目反应理论(Item Response Theory,简称 IRT)为理论基础,并以 IRT 的理论假设为前提,再加上自身的一些特点和优势,使其在当代语言测验领域中正受到越来越多的关注。但是由于受到计算机技术的限制以及一些其他原因,CAT 尚未得到广泛普及。那么 CAT 究竟是否与传统纸笔测验相比拥有更多的优势呢?以 IRT 为理论基础的测验是否更优于经典理论框架下的测验?本文将试图通过模拟一个简单的计算机化自适应测验的过程来对以上问题进行讨论。

一 理论基础

1. 项目反应理论(IRT)

IRT 假设所有被试对测验项目的反应都可以用某一种潜在

---

[*] 本文写作过程中得到业师张凯教授非常耐心的指导和帮助,谨致谢忱!

特质来解释,如果不同被试对项目的反应不同,那么这种不同可以体现这些被试在某一潜在特质上的水平差异。"该理论的'核心'是一个数学模型,它表明在该特质上水平不同的被试会如何回答题目。"(Crocker & Algina,1986,第383页)这个模型的曲线叫做项目特质曲线(ICC),它以图的形式表示了被试对某一项目的正确反应概率与使被试作出该反应的潜在特质之间的函数关系,在语言测验中,这种潜在特质就是语言能力(θ)。被试的语言能力水平越高,其对项目的正确反应概率越高。

IRT常用的数学模型是三种逻辑斯蒂(Logistic)模型,分别为单参数逻辑斯蒂模型、双参数逻辑斯蒂模型和三参数逻辑斯蒂模型。三参数逻辑斯蒂模型公式为:

$$L(\theta) = c + \frac{(1-c)e^{Da(\theta-b)}}{1+e^{Da(\theta-b)}} \tag{1}$$

其中a为题目区分度,b为题目难度,c为题目猜测度(pseudo guessing parameter),$D=1.7$,是一个调节系数,它使逻辑斯蒂曲线和早期使用的正态拱形曲线的$L(\theta)$在任意潜在特质θ上的差异不会超过0.01(Lord & Novick,1968,转引自Crocker & Algina,1986)。双参数模型中$c=0$;单参数模型中$a=1,c=0$。

在估计题目参数和被试能力参数时,我们常使用极大似然估计法(maximum likelihood)。在估计题目参数时,我们需要已知所有被试的能力参数,或在不知道的情况下假设已知所有被试能力为某一个值,一般假设为0;在估计被试能力参数时,我们则需知道所有题目的题目参数,或用与上面同样的方法假设其已知。

IRT的一个很重要的特点是具有"参数不变性"。在经典理论框架下的语言测验存在题目与被试之间互相依赖的问题,即我们获取的题目参数与被试群体有直接的关系,例如:如果被试群体能力水平较高,则题目难度参数则会偏低,反之则偏高;相应地,如果题目难度普遍较低,则所得被试能力水平会普遍偏高。所以如果获取题目参数时所用的被试群体与真实测验环境中的目标群体有差异,测量结果将有较大误差。而 IRT 的题目难度参数和被试能力水平是在一个量表上获得的,它规定能力为 θ 的被试答对某题目的正确概率为 0.5 时,θ 等于该题目难度 b。这使得 IRT 获取的题目参数与被试群体不互相依赖。换句话说,无论通过什么水平的被试都能获得一样的题目参数;无论使用什么样的题目,对被试能力水平的估计结果也都是一致的,这就是"参数不变性",它克服了经典理论的缺陷,所以在 IRT 框架下去"选择在某一能力范围内最有用的题目是可行的"(Humbleton et al., 1991,第 100 页)。

2. 计算机化自适应测验(CAT)

传统的语言测验以纸笔为介质,并且对所有被试都使用的一份试卷,而"理论的分析与实践的经验都证明,当项目难度与被试水平相适应时,测验项目所能提供的信息量最大,被试接受测试的积极性极高,测验分数的效度也就最好"(漆书青等,2002,第 253 页)。所以在测验的编制和施测中,要从根本上改变原则,使测验"像'因材施教'那样'因人施测'"(漆书青等,2002,第 253 页),而 CAT 就是在这种思想的提倡下应运而生的。

除了可以提高测验的效度之外,CAT 还被认为具有很多传统纸笔测验没有的优势,如:在不损失测验精度的前提下可以缩短测验长度;针对于个人的答题速度;即时的测验分数报告;对部分被试来说,可以降低挫败感至最低;在选择项目形式时具有更大灵活性等(Humbleton et al., 1991,第 147 页)。此外,与经典理论框架下的测验不同,CAT 的每个被试都有自己的测量误差,而不是对于所有被试都报告相同的测量误差。

CAT 大体分为两个阶段:试验性探测阶段和精确估计真值阶段。前一阶段所有被试需要做几道相同的题目,根据被试对这几个项目的反应初步粗略估计其能力值。后一阶段则是"严格按'因人施测'思想施测的阶段"(漆书青等,2002,第 254 页),根据被试每道题答对还是答错,重新估计其能力值,如果答对,则使其接受更难的题目;如果答错则接受稍易的题目,"从而使被试沿着固定结构中的某一特定途径前进,最后达到能力连续统上的某一位置"(漆书青等,2002,第 253 页),即对其能力测量的最终结果。这个过程可以大致图解如下:

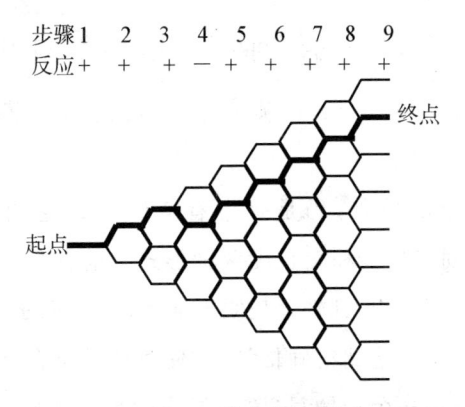

```
步骤 1  2  3  4  5  6  7  8  9
反应 +  +  +  -  +  +  +  +  +
```

图 1 CAT 能力估计图解

被试被施与的测验项目及其顺序取决于被试在之前项目上的表现,根据这些表现,能够在被试能力水平上提供最大信息量的项目将被选取。项目信息函数(Item Information Function)(Weiss, 1982)如下:

$$I_i(\theta) = \frac{2.89 \times a_i^2(1-c_i)}{[c_i + e^{Da_i(\theta-b_i)}][1+e^{-Da_i(\theta-b_i)}]^2} \tag{2}$$

由函数性质可知：

(1) b 值越接近于 θ，信息函数越大；

(2) a 值越大，信息函数越大；

(3) 当 c 无限趋近于 0 时，函数越来越大。

项目信息函数可以累加，故，整个测验提供的信息是测验所包含的所有项目的信息之和：

$$I(\theta) = \sum_{i=1}^{n} I_i(\theta) \tag{3}$$

Birnbaum(1968)还提出一个公式，用来计算当项目提供最大信息量时能力 θ 所在的水平：

$$\theta_{\max} = b_i + \frac{1}{Da_i}\ln[0.5(1+\sqrt{1+8c_i})] \tag{4}$$

如果猜测度极小，那么 $c_i = 0$，则 $\theta_{\max} = b_i$，在双参数模型中便是这种情况。

CAT 终止的原则，仍是一个有待继续讨论的问题。目前 CAT 主要有固定长度和变长度两种形式。前者当施测项目数累加到预设值时即停止，其好处是便于推行，但预设的长度不利于使所有被试的测量都达到精确估计，或使一些被试在已经得到恰当的估计后仍需做多余的题目（漆书青等，2002，第 258 页），这等于抹杀了前面提到的 CAT 代替传统纸笔测验的一个优势。后一形式有两个标准：一是比较被试能力参数的连续估计量，当两值之差小于某一预先设定值时，测验停止；另一标准是计算测验标准误：

$$SE(\hat{\theta}) = \frac{1}{\sqrt{I(\hat{\theta})}} \tag{5}$$

当标准误降低的速度减小到一定程度时,测验停止。但这个方法的缺陷是当估计标准过于严格时,测验可能会过长,这又抹杀了CAT的另一个优势。

但总体而言,CAT应用了最新的IRT理论,"被人们喻为'测验领域的新天地'"。"现在,美国教育测验服务社(ETS)将其举办的研究生资格考试(GRE)、建筑师以及护士的资格证书考试等,在美国国内以及欧洲与澳大利亚等地实行了计算机化自适应测验。"(漆书青等,2002,第252页)

二 问题的提出及试验目的

既然CAT如此备受推崇,那么它是否真的具有前面提到的诸多优势呢?不可否认,与传统纸笔测验相比,CAT的客观形式决定了它必然存在某些优越性,如每个被试的答题速度确实更个性化,因此可以使部分水平较低的被试不致被由挫败感引起的焦虑情绪影响其对项目的真实反应情况,并且只要题目参数符合所需,题目形式所受局限较小,以及被试在测验结束时即可获得的分数报告等。它甚至或许可以缩短测验长度,大大降低整个测验运作过程的成本,但这究竟是否真的是发生在"不损失测验精度的前提下"呢?

据此,本文的试验目的将包括:

1. 检验CAT是否能够缩短测验长度。

2. 通过与以经典理论为基础的分数报告比较能力值估计的偏差,检验CAT测量结果的准确性,即CAT所实现的突破是否是以牺牲测验精度为代价的。

3. 我们还将通过修改一些试验中的参数,来比较不同次试验产生的测量结果,从而检验 IRT 所声称的参数不变性是否可靠。

三　试验流程

试验的大致思路是根据已有的被试答案,应用 IRT 估算所有题目参数,并将这些题目作为题库,通过假设被试是先按 CAT 过程接受题目再作出反应的,来模拟一个计算机化自适应测验。

1. 试验准备

本试验采用的数据来源为 HSK 初中等试卷 J322。在试验开始前,我们要根据现有被试答案用逻辑斯蒂模型估算所有题目的题目参数。虽然数据显示三参数模型与数据的拟合度更优(Crocker & Algina,1986,chapter 4),但参数 c 的加入往往使题目参数的估计更不稳定[①],所以在试验中我们使用的是双参数模型。

(1) 选取样本

由于一些实际原因,例如知道自己成绩不高的人大多不来考试,所以参加 HSK 的实际被试总体能力水平偏高,这对估计题目参数可能会有一定的影响,所以我们首先要选取一个接近正态分布的好样本来估计题目参数。

首先,我们删除了一些异常数据,例如空答大部分题目或大部分题目答案均为一个选项的被试(视为被试猜测所有答案,而非依靠真实能力水平)。这样,成绩低于 20 分的被试被全部删除。

按标准正态分布,数据应覆盖正负 4 个区间,如下图所示:

但实际分数的分布往往只能覆盖正负 2—3 个区间,所以,根据前面得到的数据,我们将按被试覆盖正负 3 个区间来抽取理想

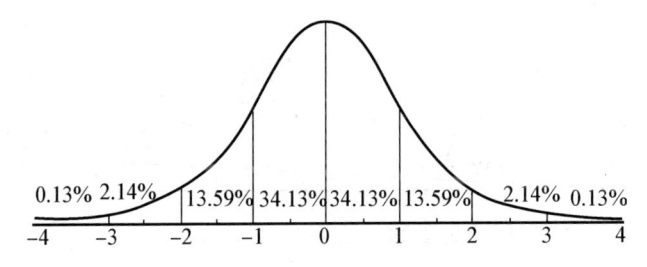

图 2　标准正态分布面积图

样本。结合各部分实际包含的数据量（有的区间数据较少，不足够抽取），我们调整 6 个区间的面积如下图所示：

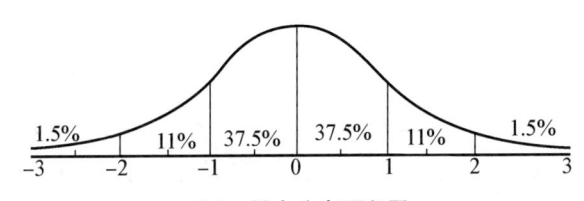

图 3　样本分布面积图

按上图比例，最后共抽取容量为 4997 的样本 1，其描述性统计特征[②]如下表所示：

表 1　样本 1 的描述性统计特征

	第一部分	第二部分	第三部分	第四部分	总分
题数	50	30	50	40	170
样本数	4997	4997	4997	4997	4997
平均数	26.9168	16.1043	28.4295	22.2702	93.7206
方差	80.2288	24.3928	53.4025	35.6340	484.5035
标准差	8.9571	4.9389	7.3077	5.9694	22.0114
偏态值	0.0346	0.2284	−0.1494	−0.1387	0.0579
峰态值	−0.6349	−0.2725	−0.1368	0.2301	0.4045
ALPHA 系数	0.8738	0.7373	0.8067	0.7975	0.9278
标准误	3.1818	2.5312	3.2127	2.6862	5.9158

续　表

平均难度	0.5383	0.5368	0.5686	0.5568	0.5513
总点双列	0.3752	0.3427	0.3136	0.3393	0.3431
总双列	0.4842	0.4408	0.4119	0.4673	0.4518

(2) 估计所需题目参数

利用双参数模型，通过三次迭代，估算样本1的所有被试能力参数及所有题目参数，过程如下：

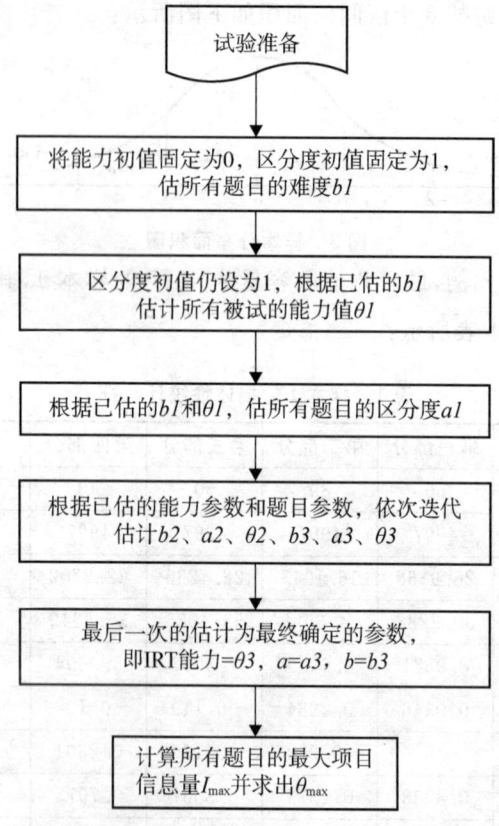

```
┌─────────────┐
│  试验准备   │
└──────┬──────┘
       ↓
┌─────────────────────────────────┐
│ 将能力初值固定为0，区分度初值固定为1， │
│      估所有题目的难度 b1         │
└──────┬──────────────────────────┘
       ↓
┌─────────────────────────────────┐
│ 区分度初值仍设为1，根据已估的 b1  │
│   估计所有被试的能力值 θ1        │
└──────┬──────────────────────────┘
       ↓
┌─────────────────────────────────┐
│ 根据已估的 b1 和 θ1，估所有题目的区分度 a1 │
└──────┬──────────────────────────┘
       ↓
┌─────────────────────────────────┐
│ 根据已估的能力参数和题目参数，依次迭代 │
│   估计 b2、a2、θ2、b3、a3、θ3    │
└──────┬──────────────────────────┘
       ↓
┌─────────────────────────────────┐
│ 最后一次的估计为最终确定的参数，  │
│   即 IRT能力=θ3, a=a3, b=b3      │
└──────┬──────────────────────────┘
       ↓
┌─────────────────────────────────┐
│ 计算所有题目的最大项目           │
│ 信息量 $I_{max}$ 并求出 $θ_{max}$ │
└─────────────────────────────────┘
```

图4　试验准备－估算题目参数和被试能力参数

通过 SPSS 软件计算,我们得知用以上方法估出的区分度 a 与该测验用经典理论计算的区分度 rpb 在.01 水平上显著相关,相关系数为.754,说明 IRT 估算结果可应用于下面的试验。

(3) 选取 CAT 试验样本 2

由于 θ_{max} 最集中的区间大致在 [−0.2, 0],所以为了使题目更适应于被试能力,在选择 CAT 试验样本时,最终抽取了 IRT 能力均为 −0.1,容量为 60 的样本 2。

(4) 手动选取 CAT 初始题目

前面说过,所选取的题目应该能够在被试能力水平上提供最大信息量,所以题目选取的过程主要需要考虑两个方面:第一,该题目的 θ_{max} 应当与被试能力相符;第二,该题目的所能提供的最大信息量应该较大。基于以上两点,我们在 $-0.2 < \theta_{max} < 0.15$ 的范围内选取了 $I_{max} > 1$ 的 5 道题目。

2. 试验核心

试验核心的流程图如下:

试验核心有两个步骤比较关键:一个是选题的标准;另一个是测验终止的标准。

(1) 选题标准

前面说过题目选取过程中需要考虑的能力水平和信息函数两方面。由于本试验的题库容量太小,不可能只抽取 θ_{max} 与被试能力完全相等的题目,所以我们试验了 $[\theta_{max} - 0.1, \theta_{max} + 0.1]$ 和 $[\theta_{max} - 0.15, \theta_{max} + 0.15]$ 两种选取范围。在信息函数方面,我们优先选出 $I_{max} > 1$ 的题目,如果题目不够,再将范围扩大到 $I_{max} > 0.7$,然后是 $I_{max} > 0.4$(当收敛标准较宽时,可能不需要这一步,就可以让被试完成测验),如果还没有题目可选,则令程序报告"已无题目可选"。

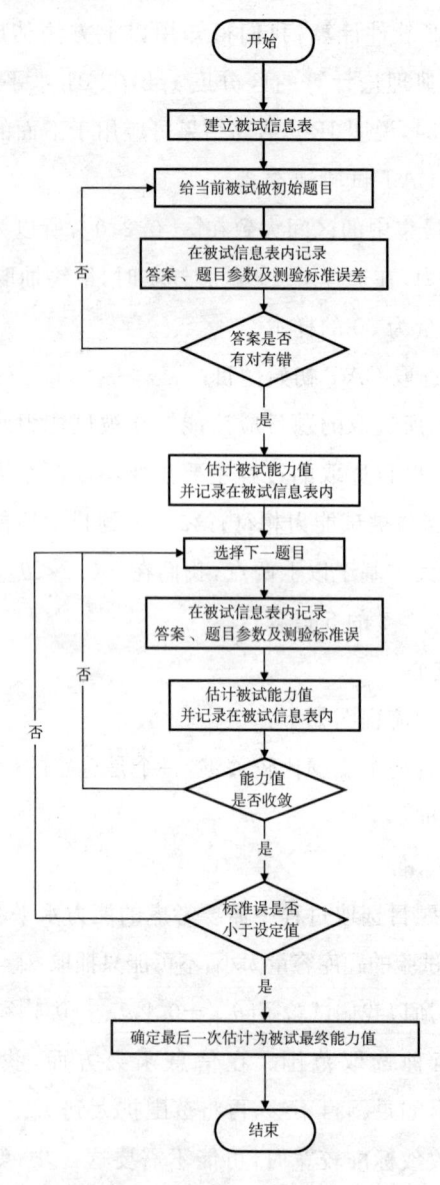

图 5　试验核心流程图

（2）测验终止标准

这里也有能力差和标准误两个标准。首先要看能力估计的两次连续量之差,这个差的标准如果定得较大,可能会导致结果不精确,因为能力估计可能还在继续摆动中;但如果定得太小,则易导致测验拖得过长,在我们的试验中,将会体现为被试不再有题目可选。所以我们也分别试验了 0.05 和 0.02 两个标准。此外,所有试验的标准误均定为 0.01。

3. 改变初始题目

前面 4 个试验均采用相同的初始题目,由被试答题情况(答案是否有对有错)决定被试需要做几道初始题目(程序控制为 3—5 道),所有题目对于被试水平都是中等难度。为了进一步检验 IRT 提出的"参数不变性",我们又分别选取难、中、易三个程度的题目作为初始题目,进行试验。在这两次试验中,为保证题目够选,均将能力筛选范围定在较宽的区间 $[\theta_{max}-0.15, \theta_{max}+0.15]$。根据上述参数设置,共进行 6 次试验:

表 2 6 次试验的参数设置

试验		1	2	3	4	5	6
选题标准	θ_{max}	±0.1	±0.1	±0.15	±0.15	±0.15	±0.15
	I_{max}	1—0.7—无可选题目	1—0.7—0.4—无可选题目	1—0.7—无可选题目	1—0.7—0.4—无可选题目	1—0.7—无可选题目	1—0.7—无可选题目
终止标准	θ	0.05	0.02	0.05	0.02	0.05	0.02
	$SE(\hat{\theta})$	0.01					
初始题目		中等难度				难、中、易	

四 试验结果及分析

1. CAT 的题量

经过试验,得出6种不同的参数设置所需要的测验长度如下表所示。

表3 6次试验所用的题量

试验编号		1	2	3	4	5	6
题量	<15	17	0	15	0	2	1
	<20	59	0	60	0	48	1
	<=30	60	10	60	2	60	1
	>40	0	7	0	8	0	25
	平均	15.6	34.9	15.9	36.5	18.5	39.7
因题目不够而未能完成测验的被试人数		0	18	0	1	1	2

由上表可以看出:

(1) 总体来说,所有 CAT 试验所用的题量的确都远远少于传统测验。

(2) 试验1、3、5所需题量甚少,绝大部分被试只需不到20题就可以完成测验,而2、4、6的收敛标准相对较严,故所用题量基本为1、3、5所需的一倍多。有一个值得注意的现象是很多被试的能力估计值在测验后半部分都在一个范围内多次来回摆动,直至最后停止。所以测验的长度与收敛标准有着非常直接的关系,即使收敛标准只提高.01,也可能会导致所需题量的大量增加。试验2由于选题和收敛标准都较严格,导致18个被试因已无合适的可选题目而不能完成测验。我们事先已经预料到了这种情况可能会发生,所以故意挑选了θ_{max}最集中的中等能力水平的被试,可见为了避免这样的问题在真实的考试中出现,编制CAT必须首先进行大量的题库建设。

(3)试验1-4初始题目的均为中等难度,比较适应于被试能力水平,所用题量均略少于相应收敛标准的试验5、6。可见初始题目的选择对测验长度也有一定的影响,如果对被试事先有一些了解,则应尽量选择与之能力相符的题目作为初始题。例如知道被试已学习汉语3年以上,可能已达到高级水平,则应当选择难度较高的初始题目。

2. 能力测量的准确性

6次试验测量结果与经典测验分数及各测验之间的相关系数如下表所示:

表4 试验结果的相关系数
Correlations

	经典分数	test 1	test 2	test 3	test 4	test 5	test 6
经典分数	1	-.411(**)	-.221(**)	-.422(**)	-.448(**)	-.405(**)	-.331(**)
test 1		1	.690(**)	.870(**)	.511(**)	.510(**)	.305(**)
test 2			1	.553(**)	.586(**)	.263(**)	.297(**)
test 3				1	.563(**)	.518(**)	.349(**)
test 4					1	.390(**)	.496(**)
test 5						1	.731(**)
test 6							1

** 在0.01水平上显著相关(双尾)。
* 在0.05水平上显著相关(单尾)。

我们很遗憾地发现,尽管6次试验之间有时候相关较高,但所有试验的结果均与经典测验的分数呈负相关。CAT虽然大大缩短了测验长度,我们却不得不再次质疑其"不损失测量精度"的说法。

3. 参数不变性

为了检验参数不变性,我们将收敛标准相同但选题不同的测验进行平均数差异显著性检验。测验 1、3、5 的收敛标准一致,测验 2、4、6 一致,所以分两组两两进行平均数比较结果如下表:

表 5 平均数差异显著性检验
Paired Samples Test

	Paired Differences					t	df	Sig. (2-tailed)
	Mean	Std. Deviation	Std. Error Mean	95% Confidence Interval of the Difference				
				Lower	Upper			
test 1-test 3	-.0323333	.0999045	.0128976	-.0581414	-.0065253	-2.507	59	.015
test 1-test 5	.0018333	.2281056	.0294483	-.0570926	.0607593	.062	59	.951
test 3-test 5	.0341667	.2234346	.0288453	-.0235526	.0918859	1.184	59	.241
test 2-test 6	-.0130000	.1039606	.0134212	-.0398559	.0138559	-.969	59	.337
test 4-test 6	34.9431667	5.1510682	.6650000	33.6125047	36.2738287	52.546	59	.000
test 4-test 6	.0211667	.1700657	.0219554	-.0227660	.0650993	.964	59	.339

我们发现只有测验 1 与测验 3、测验 4 与测验 6 之间的平均数差异十分显著,这似乎可以说明"参数不变性"存在的一定的问题,因为在被试完全相同,收敛条件也相同的条件下,只有所选题目不同时,估计的结果有可能是不一致的。但是尽管直观地来看试验结果,可以发现被试之间的能力估计差异较大,但经过平均数差异的显著性检验,只有上面提到的这两组差异显著,其他几组差异并不显著,所以这还不足以驳倒"参数不变性",只能从某个角度证明,被试能力值的估计在一定程度上是依赖于题目选择的,而这

一点违背了 IRT 所提出的"参数不变性"。

五 余 论

由于时间和条件所限,本试验中仍然存在许多问题。最大的问题是题库太小使试验的某些部分不能得到最佳效果,真正的 CAT 应该需要远远大于本题库的题量,而且如果我们能用一个更大更有效的题库来作同样的试验,结果会更有说服力。高区分度题目的信息函数较大,往往容易被优先选取,导致被试在试验中所接受的题目信息量整体呈下降趋势,Green et al. (1984)曾提出过应该在需要的能力水平上随机抽取能够提供最大信息的项目,然而我们的试验受题库题量所限,所以很难保证完全按随机顺序抽取,因为有些题目的最大信息函数并不是特别高,如果被试所接受题量不大的话,我们还是尽量希望大信息量的题目被优先抽取的。此外,试验 1 与 3、2 与 4 结果相关较高还有一个可能的解释是,选择题目时没有采取随机方法,而是每次从上至下扫描,第一道符合条件的题目将被选取(当然,选取后会做删除标记,以免后面再次选取),所以部分题目的出现顺序有可能一致。如果试验能够改正这一点,或许这两组相关系数也会有所改变。

附注

① 张凯(2008)《项目反应理论入门》(讲义)。
② 样本的描述性统计特征使用张凯老师的题目分析程序计算。

参考文献
漆书青、戴海崎、丁树良编著　　2002　《现代教育与心理测量学原理》,北京:

高等教育出版社。

张　凯　2008　《项目反应理论入门》讲义。

Birnbaum, A.　1968　Some latent trait models and their use in inferring an examinee's ability. In F. M. Lord, and M. R. Novick, *Statistical theories of mental test scores*(chapters 17-20). Reading, Mass: Addison-Wesley, 1968.

Crocker, L., and Algina, J.　1986　*Introduction to classical and modern test theory*, Wadsworth group, Thomson learning.

Green, B. F., Bock, R. D., Humphreys, L. G., Linn, R. L., & Rechase, M. D.　1984　*Techinical guidelines for assessing computerized adaptive tests*. Journal of educational measurement, 21(4), 347-360.

Humbleton, R. K., Swaminathan, H., Rogers, H. J.　1991　*Fundementals of item response theory*, International eduacational and professional publisher.

Lord, F. M., and Novick, M. R.　1968　*Statistical theories of mental test scores*. Reading, Mass: Addison-Wesley, 1968.

Weiss, D. J.　1982　*Improving measurement quality and efficiency with adaptive testing*. Applied psychological measurement, 6, 473-492.

（高莹莹　北京语言大学汉语水平考试中心　100083）

重谈基础英语语法教学

陈 力

一 引言

语法教学是个老话题,语言教学的历史,其实就是各种支持或不支持语法教学的观点之间相互切磋的历史(Thornbury,2003)。随着基础教育英语教学的发展,特别是本世纪初开始的新一轮课程改革以来,语法教学问题经常被有意或无意地忽视甚至遭到排斥,所受到的正面关注越来越少。可是,由于语法是语言系统运行的根本规律,从事语言教学工作的人没有谁能绕过语法教学问题,也由于语法教学中仍有许多问题尚未解决,所以本文不避落伍之嫌,再作老生常谈。

纵观外语教学的发展历程,语法教学的潮流常从一个极端滑到另一个极端,语法有时被当做语言教学的法宝而身价倍增,有时又突然被挤到角落里变得一钱不值(Swan,2006)。几百年来语法教学的砝码在外语教学的天平上一直左摇右摆,从未平静过。从理论研究到教学实践,支持和反对语法教学的主张好像又各有自己的理据,外语教学中语法"教与不教"的问题始终困扰着我们。

二 国内外语法教学现状

国内对语法教学价值的判断很大程度上受西方影响,对语法教学的态度也历经起伏。在基础教育领域,20世纪80年代以来特别是新一轮课程改革后,外语课堂发生了显著变化,对过去语法教学中的繁、难、偏、死等弊端有所矫正,更加关注语言的运用。这种进步和发展体现在很多方面,比如新课标教材从语篇内容选择到练习设计对意义和语境的突出、教师教学方式的改进、学生口头交际能力的普遍提高等,较此前都有明显改观。另一方面,从教研系统到一线教师,对语法教学的认识尚存某些误区。教师培训中语法教学受到冷落,理论研讨中语法问题淡出研究视野而被"交际能力"和"任务"等话题所取代。这种理论导向给教学实践带来的影响已开始显现:虽然许多教师出于自身经验或考试压力等原因在日常教学中还没有放弃语法教学,但公开场合正面讲究语法的人越来越少了。"有人听课搞交际,没人听课讲语法"的普遍现象表明,教师一方面对语法教学的价值有内在认同,另一方面又担心搞语法教学会被贴上"思想落伍、教法落后"的标签,所以教语法时不免遮遮掩掩。令人担忧的是,这种偏向的影响仍在扩大。直至今日,对以语法为主要内容的知识教学的批评仍未停止(张正东,2001);语法所受到的忽视乃至排斥有增无减,使得原本就奄奄一息的语法教学更难生存(彭昆湘,2007),以至有人发出感慨"语法似乎成了谈论英语教学时的一大忌讳;好像谁提及语法,谁就是教法陈旧,不重视教育教学改革,不重视素质教育和学生交际能力的培养"(戚绍领,2007)。与此相对照的是国际上SLA和FLT领域的语言教学出现多元化、本土化的趋势,语法形式教学的价值近来受到更多关注。刚刚结束的 TESOL 40 届和 TEFL 41 届年会上,语法教学的论题很多,TESOL 41 届年会大会报告第一个题目就是"以语法为基础的教材编写"。

三 支持和反对语法教学的理据

为了解教师对语法教学的看法,我们参考 Thornburg(2003)的框架设计问卷对部分中小学英语教师进行了抽样调查,结果显示对语法教学持负面态度的教师占调查总数的 44.89%。随后,我们又对相关地区的 17 位教研员和教师进行了追踪访谈,进一步了解他们支持或反对语法教学的理由和根据。经梳理,对语法教学的正反意见列简表如下:

表 1

支持语法教学的理由 (按被提及的次数多少排列)	反对语法教学的理由 (按被提及的次数多少排列)
1. 根据自己的教学经验	1. 对语言能力培养作用不大
2. 学生应试的需要	2. 不符合现代教学理论
3. 语法是语言的基础	3. 不符合新课程理念
4. 有助于提高语言准确性	4. 费力,效果不明显
5. 教学大纲的要求	5. 枯燥,学生不喜欢

我们把以上调查结果与 Thornburg(2003)和 Swan(2006)列举的理由相对比,发现国内支持语法教学的理据与西方文献存在很大共性:(1)语法是语言的基础规则,有助于提高语言能力,使语言运用精确有效;(2)语法教学防止过早产生化石化(fossilization);(3)语法教学起到类似先行组织者(advance-organizer)作用,对后续学习有长效;(4)学生需要。此外,西方文献中很少提到的理据还有实践经验、考试需要、大纲要求、提高效率、方便教学等。

在反对语法教学的理据中,国内表现出更多的特殊性,例如以新课程理念不支持语法教学等作为依据。下文主要针对国内情况,分别从语言能力、新课程理念、西方教学理论、教学效果四个方面简析国内反对语法教学的主要理论依据。

四 对反对语法教学理据的分析

4.1 对语言能力培养作用不大

对语言能力与语法教学之关系的不恰当认识,原因之一是将语法和语言能力对立而看不到二者的一致性。语法知识当然不等于语言能力,语言能力包含更多的内容;但这不等于说强调语言能力就要忽视甚至排斥语法教学,相反,语法知识的学习仍然是语言能力提高的基础。针对某些否定语法教学的观念,胡壮麟(2002)曾提出"提高交际能力是一个复杂的综合工程,需要各方面的长久努力。把语法教学当靶子打,不能解决问题"。我们同意这一观点,认为学习者语言能力的培养同语法教学是互相支持的,需改进的是语法教学的内容和方法,使语法知识学习以能力发展和语言运用为目的和归宿。

原因之二是对"语言能力"概念的模糊认识。外语教学中的众多研究都使用"交际能力"概念,其含义却并不一致,有的指 performance,有的指 ability,有的指 skill,还有的指 proficiency。这种混乱一直持续至今(黄国文,1993)。原因很简单,对人类的这种特殊能力我们所知有限,无论母语、二语还是外语,语言能力的发展都还是个"黑箱",有待脑神经科学、计算机科学、认知科学等多学科的长足发展才能了解清楚,现有的关于语言能力的假说性的理论模型很难统一。外语教学中常有人引证Chomsky(1965)的语言能力(linguistic competence)概念(如张绍杰、杨忠,1989;戴曼纯,1997;杨文秀,2002等),实际上Chomsky的语言能力是与言语表现(performance)相对的概念,指人脑中的"内化语法",是一种天生的、抽象的内在机制,它与外语教学中所谈的"语言能力"不是一回事。更多人引证Hymes(1972)的交际能力(communicative competence)概念(如洪岗,1991;徐海铭,1995;许力生,2000;张思武,2002等)。Hymes的交际能力跟Chomsky的语言能力不同。在Hymes的模型中,交际能力包含四个参数:可能性(possibility),可行性(feasibility),合适性(appropriateness)和表现性(performance)。四个参数交互作用,决定什么人在什么场合和什么时间用什么方式讲和不讲什么话。Hymes的交际能力,是一个绝对的、静态的、抽象的、理想化的概念,它不关乎语言学习,与外语教学中的交际能力无关(黄国文,1993)。外语教学中影响较大的"语言能力"概念是Canales和Swain提出的交际能力四维模型。在这个模型中,语言能力包括四个方面的能力。(1)语法能力:包括语音、词汇、句法等语言知识;(2)社交能力:涉及语言使用的社会文化因素;(3)话语能力:指使用话语规则和组织话语的能力;(4)语言策略:包含非言语交际手段的交际策略使用能力(黄国文,1993)。其中语法能力是语言能力的第一构成要素。此后出现的几种主要的语言能力模型(Skehan,1998;Johnson,2001

等)也都把语法能力放在重要位置。

4.2 不符合现代教学理论

认为西方现代语言教学理论反对语法教学,这是目前又一个普遍误解(陈力,2008a)。尽管外语教学领域的各种研究已相当丰富,但至今我们对"语言究竟如何被习得"所知有限,对"怎样教语言更有效"知道的更少。Swan(2006)认为,语言教学研究中并不缺少理论和主张,缺少的是事实和证据,语法教学方面尤其如此。因此,国内基础英语教育中借鉴西方的实证研究成果或结论时还需谨慎从事。(1)区分假说与事实。反对语法教学的主张最常提到的理论依据是 Krashen 的习得和内部大纲理论,但近期研究认为无论对习得还是学习,语法指导都是有效的,越来越多的证据直接或是间接地支持语法教学(Ellis,2006;陈力,2008b)。因此,类似习得理论等假说不能作为结论,更不能直接用于指导实践。(2)看清主流和末支。从英美主流应用语言学的传统到近些年 TESOL 和 IATEFL 等国际组织的研究取向来看,语法教学一直是各流派关注的重要问题(Ellis,2006;胡壮麟,2002;崔刚,2007)。我们认为 Rod Ellis(2006)的概括是公允的:语法在语言教学中一直处于中心位置,而且以后也将如此……绝对不讲语法的教学主张或许会昙花一现,但终不成气候。大量证据表明语法教学是有用的。(3)澄清两个误读。问卷显示,误认为交际法或任务型语言教学不支持语法教学的人不在少数(41.84%);而事实是这些教学思想或教学法并不以反对语法教学为基本特征。尽管以 Prabhu(1987)为代表的极端交际派(deep-end CLT)等排斥外显的(explicit)语法教学,但这一主张在外语教学史上很短命,对教学实践的影响甚微(转引自 Thornbury,2003)。对此,Widdowson(1999)

早有过澄清:应该正确地理解交际法,它并不排斥语法教学,相反,它重视语法在语言学习与使用中的作用(转引自龚亚夫、罗少茜,2006)。任务型教学仍把语言的准确性放在首位,要掌握语言结构。任务型语言教学的倡导者关于语法教学的争论,不在于是否应该教语法,而在于什么时候教、如何教。从极端派到温和派,任务型语言教学都赞成语言教学必须有明确的、显性的语法教学(Eliis,2006,龚亚夫、罗少茜,2006)。(4)与理论主张相比,教学实践应该更能直接反映西方外语教学领域对语法教学的真实态度。从美国的《初中英语能力表现标准》到欧洲教育体制评估及制定组织的统一标准,都在听说读写四项技能之外单独列出一项专门针对语法的检测项目(美国国家教育和经济中心,2003,张小倩,2008)。从中可见其对语法教学的特别关注。总之,没有理由认为西方现代主流语言教学理论都反对语法教学,教学实践中情况更非如此。

4.3 不符合新课程理念

认为新课程反对语法教学,其实是对新课程的误读,根源同样在于把语言能力与语法知识看成对立关系的极性思维。极性思维是一种"非黑即白"的思维方式,它只看到对立而看不到统一,不能辩证认识语言教学内部的各种矛盾。极性思维导致的误读表现形式各异,比如认为讲意义和功能,形式和结构就不重要了;强调能力,语法知识就没用了;倡导任务型教学法,语法翻译法听说法等就过时了;提倡体验和应用,上课就不能操练和背诵了。凡此种种认识,都是根源于简单化的极性思维模式。

针对以往教学中学生实际运用语言进行交际的能力不足等问题,新课程强调语言的真实性、重视语言意义和功能、重视实际运用等理念,这些都有积极意义,实践中也促进了教学。其实语言运用能力在课改之前的教学中也一直强调,翻翻原来的教学大纲就可了解(刘道义,1997)。同时新课程也不反对语法教学,更没有把语法教学跟语言能力培养对立起来;它反对的只是繁琐的、形式化的教学内容以及机械死板的教学方式(程晓堂、龚亚夫,2005)。语法教学在语言学习特别是外语学习中是必不可少的,"哑巴英语"不是语法教学的错,成功的语法教学对语言能力发展有很大的正面促进。

4.4 语法教学效果不明显

语法教学效果不理想,学习者觉得枯燥等也不应该成为反对教语法的理由。效果不好才需要改进,回避或放弃不是办法。我们认为改进语法教学效果至少可以从三个方面努力:(1)放弃偏见。一提到语法,很多人就会联想到繁琐的选择题、死板的条框,机械的规则。戚绍领(2007)提到人们对语法的厌恶主要来自于同"枯燥单调和应试教育"的联想。而这些本不是语法的真正面目,而是对语法的偏见。(2)更新内容。语法知识体系的陈旧也是语法教学效果不理想的重要原因之一。语法研究近半个世纪发展很快,生成语法、功能语法、认知语法、构式语法、词汇语法等拓宽了人们对语言现象的观察视角,也给语法教学带来新的启示:语义、功能、语用等因素并非独立于句法之外,而是语法本身的有机构成,语法技能是交际技能的重要组成部分(Larsen-Freeman,2008)。遗憾的是基础英语教学中对语法教学的新近发展关注不够,目前的教学语法体系基本停留在传统结构主义框架内,语法知识偏、繁、死、散、乱,重形式和机械操练,少语境和信息表达意识的情况未得到根本改善。因此,本文认为有必要充分借鉴语料库语言学特别是中国学习者典型偏误的研究成果,提高语法教学内容的针对性,在借鉴吸收语言学、应用语言学、语义学、语用学等相关学科理论成果的基础上,逐步建立一种立足语义和表达的、语篇和功能导向的、系统简明的新教学语法体系才是提高语法教学效果的根本途径。(3)改进方法。扭转语法教学中机械生硬、死抠概念、硬背术语、忽视运用的弊病,积极尝试探索各种运用型的语法教学方式和手段。

五 客观看待语法教学的价值

5.1 了解国情

外语教学环境条件直接制约着教学内容和方法的选择,对中国环境下英语教学特殊性的深入研究是进一步讨论教学内容和教学方式是否适当的重要前提,但目前对外语教学的"国情"研究还很不够,尤其缺乏系统的调查。比如经常被提及的课时有限、教师水平、课堂外可利用资源、学生使用英语的机会等状况,跟二语环境或周边国家对比,究竟是一种什么样的状况?这些因素对教学的影响究竟有哪些具体表现?再如中国的教育传统、考试评价制度的特殊反拨作用(washback)、外语学习者的真实动机、外语学习者在工作和生活中使用外语的具体情况等,这些都会对外语教学带来巨大影响,这些方面的研究亟须加强。

5.2 总结本土经验

外语教学之国情研究尚未细致深入之前,成功英语学习者的经验可资借鉴。据李震(2008)对王宗炎、章振邦等国内18位英语名家所谈学习经验的统计分析表明,他们普遍强调了语法学习的重要性。我们对这18个案的进一步分析发现,他们还都不约而同地"忽视"了说和听。虽然外语教学的环境与大师们当年的情况不尽相同,但所谈经验对了解中国人学英语的特点仍具现实意义。西方教学理论固然应该借鉴,但毕竟不是全球标准。世界各地的外语教学在教学目的、教学主体、教学对象、教学条件和社会文化背景等诸多方面存在差异。"中国的英语教学说到底是对中国人的外语教学,外国的语言理论和语言教学理论如果不结合中国人学习外语的实际,可以说毫无用处"(潘文国,2007)。中国有世界上最多的英语学习者和英语教师,实践中蕴藏着大量有价值的研究课题,呼吁更多针对国内本土外语教学实践的理论研究。

5.3 从"回归"到"升级"

本文重新审视语法教学的价值和地位,主要是针对目前对语法教学的各种偏见和误解,希望引起注意,但不是要回到原来的片面强调结构形式的老路上去,而是要加强对语法规律的研究,积极探索语法教学的新内容、新手段,突出针对性,突出形式、意义、语用的结合,切实把语法教学与语言能力的培养结合起来。

5.4 语法并非万能

强调语法教学重要性,也不能过分夸大其作用。外语学习中还有丰富得多的内容,语法不可能解决所有问题。离开具体语境笼统地谈语法教学的价值,既无根据也无意义,因此我们提出语法不是"教与不教"的问题而是"更适合谁"的问题:语法教学的必要性和重要性是一个程度的问题,它受到多种变量的共同影响,语法教学的重要性随若干变量的不同处于一种连续状态。

表2 影响语法教学的主要变量(部分内容参照了 Brown,2001)

影响变量	更少依赖语法————更多依赖语法				
学习者的年龄	儿童	小学生	中学生	大学生	成人
教师的口语水平	母语	流利	一般	较差	非常差
教师语言学修养	贫乏	很少	一般	擅长	深厚
语言教学的性质	母语		二语		外语
音像资源	资源丰富				资源贫乏
教学时间	课时充足				课时紧张
课外接触/使用	经常		有时候		没机会
学习目的	短期旅游	日常生活	一般职业需要	系统学习	考试升学/专业

说明:(1)表2中所列主要变量,表明的是总体趋势,此外还有其他影响因素。(2)多数变量都是相对的,需具体分析。比如"语言教学的性质"一项变量,很多人可能认为中国学生学习英语不是二语环境,所以语法教学非常重要。基本情况大致是这样,但也要具体分析。比如某些学习者,从小就上双语幼儿园,小学上英语实验班或外语特色校,课时充足,老师都是母语为英语者,另外还聘请母语为英语的老师做家教,家人英语水平高且能持续为孩子创造英语环境,这样的学习者虽然在国内生活学习,但相当程度上具备了二语环境。相比之下农村地区那些一周只有两三节英语课,教师多是转岗兼任,教学资源贫乏的环境就是另一回事了。可见,不同地区的教学环境和条件差异可能很大,笼统地谈"中国国情"常难以真正解决问题,所以要具体关注各地差异。(3)表中各个变量不是一成不变的,随着社会发展,每个变量都可能会发生变化,语法教学的价值也将因之变化。(4)从目前国内基础英语教育的总体情况看,多数地区的中学英语教学中,语法教学处于表格的右侧,即需要语法教学的一端;小学的情况由于课程目标特别是

学习者年龄和认知特征等因素,语法教学远没中学重要。

六 结 语

以上分析概括为两点:(1) 借鉴西方二语习得理论,应当与本土教学实践相结合;教学内容和方法的选择应该从教学情景的特定性(particularity)、实践性(practicality) 和社会可行性(possibility)三个参量来确定(Kumaravadivelu,2003,陈力,2009)。(2) 语言能力培养与重视语法教学并不矛盾,语法在外语教学中的价值也需要参照三个变量进行客观分析,片面夸大或盲目排斥都有失公允。

毋庸讳言,目前语法教学促进学习者语言运用能力的潜在价值尚未得到充分实现,但仅靠争论语法教学的必要性不解决问题,需要进一步研究两方面问题:革新语法教学的内容以及改进语法教学的方式。如果教学语法的内容不及时吸收当今语言学和应用语言学研究的新成果并围绕教学需求更新教学内容,实践中对教学方法和技巧的追求最终难免成为无源之水。此外,讨论语法教学问题当然也不能回避考试评价的反拨作用所带来的巨大影响,类似中考、高考这样的高利害考试直接影响着外语教学各个层面。限于篇幅,未尽话题另文讨论。

参考文献

陈 力 2008a 从二语习得视角对语法教学问题的回顾,《基础教育外语教学研究》第 1 期。

陈 力 2008b 西方教学理论反对语法教学吗?《基础教育外语教学研究》第 7 期。

陈 力 2009 英语教学法的"后方法"时代,《山东师范大学外国语学院学报》第 3 期。

程晓堂、龚亚夫　2005　《英语课程标准》的理论基础,《课程·教材·教法》第 3 期。

崔　刚　2007　语法教学的理论与实践,《基础教育外语教学研究》第 3 期。

戴曼纯　1997　语言学研究中"语言能力"的界定问题,《语言教学与研究》第 2 期。

戴炜栋、陈莉萍　2005　二语语法教学理论综述,《外语教学与研究》第 2 期。

龚亚夫、罗少茜　2006　《任务型语言教学》,北京:人民教育出版社。

洪　岗　1991　英语语用能力调查及其对外语教学的启示,《外语教学与研究》第 4 期。

胡壮麟　2002　对中国英语教育的若干思考,《外语研究》第 3 期。

黄国文　1993　交际能力与交际语言教学,《现代外语》第 3 期。

李　震　2008　中国人是怎样学好英语的《基础教育外语教学研究》第 11 期。

刘道义　1997　普通高中英语课的任务和教学目的,《课程·教材·教法》第 3 期

美国国家教育和经济中心/匹兹堡大学(2003)《美国初中学科能力表现标准》,北京:人民教育出版社。

潘文国　2007　关于外国语言学研究的几点思考,《外语与外语教学》第 4 期。

彭昆湘　2007　语法在我国中学英语教学中的地位演变及其启示《基础教育外语教学研究》第 2 期。

戚绍领　2007　浅析英语语法教学之必要性,《中小学英语教育》第 3 期。

辛　斌　1995　交际教学法:问题与思考,《外语教学与研究》第 5 期。

徐海铭　1995　Competence 概念演变描述,《南京师大学报》(社会科学版)第 4 期。

徐　珺　2003　外语教学研究的六种途径试析,《外语与外语教学》第 6 期。

许力生　2000　跨文化的交际能力问题探讨,《外语与外语教学》第 7 期。

杨文秀　2002　语用能力·语言能力·交际能力,《外语与外语教学》第 3 期。

张绍杰、杨忠　1989　语言能力观与交际能力观对我国高校外语专业教学的启示,《外语教学》第 4 期。

张思武　2002　交际途径若干问题探讨,《四川师范大学学报》(社会科学版)第 6 期。

张小倩　2008　北欧四国中学生英语技能测试成绩分析及启示,《课程教材教法》第 2 期。

张正东　2001　语法教学的再认识,http://www.e4in1.com/index/ca11747.htm/ (2007 年 6 月 29 日读取)

Bax, S. 2003 The end of CLT: a context approach to language teaching. *ELT Journal*, 57(3).

Brown, H. Douglas. 2001 *Teaching by Principles: An Interactive Approach to Language Pedagogy*. Addison Wesley Longman.

Chomsky, N. 1965 *Aspect of the Theory of syntax*. Cambridge, Mass: The MIT Press.

Ellis, R. 2003 *Task-based Language Learning and Teaching*. Oxford: Oxford University Press.

Ellis, R. 2006 Current issues in Teaching of Grammar: An SLA Perspective. *TESOL Quarterly*, 40(1).

Hymes, D. 1972 On communicative competence. In Pride & Holmes (eds.) *Sociolinguistics*. Harmondsworth: Penguin.

Johnson, K. 2001 *An Introduction to Foreign Language Learning and Teaching*. London: Longman Pub Group.

Kumaravadivelu, B. 2003 *Beyond Methods: Macrostrategies for Language Teaching*. New Haven and London: Yale University Press.

Larsen-Freeman, D. 2008 Grammar and its teaching: Challenging the myths. *Foreign Language Teaching and Research in Basic Education* (1).

Littlewood, W. 1981 *Communicative Language Teaching: An Introduction*. Cambridge: Cambridge University Press.

Nunan, D. 2004 *Task-based Language Teaching*. Cambridge: Cambridge University Press.

Prabhu, N. 1987 *Second Language Pedagogy: A Perspective*. New York: Oxford University Press.

Skehan, P. 1998 *A Cognitive Approach to Language Learning*. Oxford: Oxford University Press.

Swan, M. 2006 Does teaching of grammar work? *Modern English Teacher* 15 (2).

Thornburg. S. 2003 *How to Teach Grammar*. Pearson Education.

Widdowson, H. G. 1999 *Aspect of language teaching*. Oxford: Oxford University Press.

(陈　力　人民教育出版社课程教材研究所　100081)

对外汉语教师对课堂测评方法的评价分析

孙然然

一 引言

课堂测评主要指教师在教学大纲和授课计划的指导下设计与采用各种方法来收集、分析有关数据信息的一整套系统化的过程。根据测评在教学中的作用,我们通常从三个方面来考察:诊断性测评(diagnostic assessment)、形成性测评(formative assessment)和总结性测评(summative assessment)。这三种测评在不同的教学活动阶段起着不同的作用:诊断性测评是教师在确定了教学目标后进行的,目的是希望分析学生的起点行为;在教学活动中,如果教师想要了解教学的结果、探索教学中可能存在的问题或缺陷时,就需要使用形成性测评;当某一阶段的教学活动结束时,教师为了判断学生在这一阶段的学习是否达到了教学目标时,就可以考虑使用总结性测评。教师一方面可以通过一系列形式多样的课堂测评方法对学生的学习状况和知识的应用能力进行考察,一方面还可以通过测评的结果对自己的教学行为和方法进行反思和改进。Richard J. Stiggins 在 *Relevant Classroom Assessment Training for Teachers* 一文中也提到了课堂测评在教学过程中所扮演的三个不同的角色：首先，课堂测评是形成决策的途径之一。教师通过课堂测评可以对学生的需求进行诊断，选出需要特殊教育的学生进行分组或分班。其次，是教师的工具。教师可以通过课堂测评来传达对学生的期望，为学生提供练习的机会，让他们更加了解自己并且通过检测使他们具备更好的能力。最后一点是使学生保持一致的课堂管理或行为控制的手段。课堂测评是学习环境和教师掌控力的最有力的工具。从国内学者的研究看，这方面的成果还不是很多。张红深在《第二语言课堂教学测评的相关条件》中详细谈论了教学目的、教学计划、教学实践与课堂测评之间的相关性，并特别提出了学生的要求、学生目前第二语言水平、学生以往的教育经历、学生的文化背景、学生对学校的态度等诸多介入因素对测评的影响，为我们对测评的认识提供了新的视野。王晓东、谭业庭在《写作课教学方法及测评方式改革的尝试》一文中阐述了情景教学法、逆向案例分析法、讨论教学法和实践教学法在写作课中的实现和所取得的成效，为教学实践提供了更好的视角。甄玉则结合自身的经历和相关案例探讨了适合我国高等院校大学英语教学和测评的改革思路与策略，其中包括授课形式要细化分班、课程目标要以交际和运用为主、教学理念提倡思想交流、测评方式侧重考查实践和创新能力等。纵观前人的研究，主要集中在两个方面：一个是课堂测评与教学的其他环节相关性、重要性的研究；另一个是对课堂测评改革思路的探讨。以上成果只涉及了课堂测评研究的部分领域，还有更多的空间未曾涉猎。首先，专门针对对外汉语教学进行的课堂评测研究还存在着很大的空缺；其次，结合教学实践对多种课堂测评方法的评价研究也很少。

  本文将针对对外汉语课堂教学中所使用的形成性课堂测评方

法进行进一步的调查研究,旨在探讨在实际的对外汉语课堂教学中,教师对多种课堂测评方法的有效性评价呈现怎样的趋势以及教师的年龄、性别、从事教学工作的时间、从事对外汉语教学的时间、专业方向、所教授的年级等个体差异因素是否会影响教师对课堂测评方法有效性的评价。

二　研究方法

2.1　调查对象

本次调查的对象是北京外国语大学国际交流学院的对外汉语教师(包括从事对外汉语教学工作的二年级和三年级的研究生)。

2.2　调查过程

本调查采用问卷的形式,问卷由两个主要部分构成:第一部分是被调查者的基本情况,包括笔者设想的可能会影响课堂测评方法应用的年龄、性别、从事教学工作的时间、从事对外汉语教学工作的时间、专业方向、所教授的年级六项因素;第二部分以语言学习者的听、说、读、写四个方面能力为测评目的,分别列举了相关的测评方法,要求被测试者根据自身的教学经验对相关测评方法的有效性程度作出评定。评价量表是一个五度量表,每一度的区间都是等距的,其中"5"代表有效性显著,"3"代表有效性一般,"1"代表有效性不显著。同时向被测试者说明所列举的测试方法是针对整个教学活动的,不分课型。

该问卷纸版和电子版共发放54份,收回52份。因为并非所有教师都使用过问卷上所出现的测评方法,教师根据自身的情况只对可以作出评价的测评方法进行了点评,因此在统计分析时,针对各个测评方法的评价总数是不等的。

三 结果与分析

3.1 调查对象的基本情况分析

参加此次调查问卷的教师共 52 位,女性教师共 50 位,占总人数的 96.15%,考虑到男性教师的数量太少,不具有代表性,因为以下针对性别与课堂测评方法相关性的内容不作具体分析。青年教师是教师队伍的中坚力量,其中,30 岁以下的教师 35 名,占总数的 67.3%;30—40 岁的教师 12 位,占总数的 23.08%;40 岁以上的教师有 5 位,占总数的 9.6%。这些教师中,从事教学工作 2 年以下的有 23 人,占总数的 44.23%;2—5 年的有 10 人,占 19.23%;5—10 年的有 6 人,占 11.54%;10 年以上的有 13 人,占总人数的 25%。在从事对外汉语教学工作的时间上,教师人数的分布是:2 年以下的有 23 人,2—5 年的有 11 人,5—10 年的有 4 人,10 年以上的有 11 人。这些情况基本上反映了对外汉语教学中的一个现状。教师的专业方向基本上同语言和文学相关,所教授的年级从初级到高级都有涉及。

3.2 课堂测评方法有效性的分析

本文中所指的课堂测评方法有效性是指对教师在课堂教学中所采用的课堂测评方法的成效的一种评估。此次调查中笔者将每项测评方法分为 A、B、C 三个等级,A 级代表有效性显著,即采用此种方法收到的成效最高,评价统计时记为 5;B 级代表有效性显著,即采用此种方法收到的成效一般,评价统计时记为 3;C 级代表有效性不显著,即采用此种方法收到的成效比较低,评价统计时记为 1。笔者将课堂测评的 Mean 值＝＞4 时界定为有效的课堂测评方法。初步统计结果如下。

3.2.1 以听力为能力目标的课堂测评方法有效性的描述性分析

在此项调查中,以听力为能力目标的课堂测评方法共涉及 7 (Q1—Q7)项,相关的有效性测评结果分析如下：

表 1　以听力为能力目标的课堂测评方法有效性的描述性分析

	N	Sum	Mean	Std. Deviation
Q1	41	179	4.3659	1.13481
Q3	41	169	4.122	1.00487
Q4	42	164	3.9048	1.26509
Q2	42	150	3.5714	1.19231
Q6	42	138	3.2857	1.43622
Q7	43	139	3.2326	1.58621
Q5	42	132	3.1429	1.35379

从上表可以看出,以听力为能力目标的课堂测评方法中,Q1、Q3 的 Mean 值均大于 4,属于有效的课堂测评方法,这两者对应的具体方法分别是：1.根据所给出的图片、地图、图表等对所听到的材料作出选择或正误判断；2.根据听到的一个对话对理解正确的选项作出选择或正误判断。给出图片、地图、图表等体现了情景化和任务化的教学理念,利用对话内容进行听力能力的测评体现了交际化的教学理念,这一结果表明情景交际法和任务法的教学理念在反馈与培养学生的听力能力方面发挥着重要的作用。

3.2.2 以口语为能力目标的课堂测评方法有效性的描述性分析

在此项调查中,以口语为能力目标的课堂测评方法共涉及 10

(Q8—Q17)项,相关的有效性测评结果分析如下:

表2　以口语为能力目标的课堂测评方法有效性的描述性分析

	N	Sum	Mean	Std. Deviation
Q16	51	225	4.4118	1.0803
Q12	50	218	4.36	0.94242
Q15	51	221	4.3333	1.10755
Q11	51	217	4.2549	1.12859
Q10	48	196	4.0833	1.16388
Q17	48	194	4.0417	1.16616
Q8	49	177	3.6122	1.48347
Q13	51	183	3.5882	1.15198
Q14	50	156	3.12	1.36487
Q9	46	86	1.8696	1.08748

在被评估的以口语为能力目标的10项课堂测评方法中,有6项为有效的课堂测评方法。它们分别是:Q16给出一个话题小组进行讨论;Q12根据一幅或多幅图片的内容进行描述;Q15根据设定的情景进行分角色表演;Q11选择一个话题作一个小演讲;Q10根据个人的实际情况或是一个短文或一段对话的内容回答问题(说出答案);Q17给出一个话题进行分组辩论。在此项结果中,体现了对外汉语口语教学的三个重要理念:A.小组合作和交流,如Q16、Q17;B.真实自我的展现的表达,如Q16、Q11、Q10、Q17等;C.模拟情景交际和表达,如Q12、Q15等。

3.2.3　以阅读为能力目标的课堂测评方法有效性的描述性分析

在此项调查中,以阅读为能力目标的课堂测评方法共涉及5(Q18—Q22)项,相关的有效性测评结果分析如下:

表3 以阅读为能力目标的课堂测评方法有效性的描述性分析

	N	Sum	Mean	Std. Deviation
Q18	43	183	4.2558	0.97817
Q19	43	183	4.2558	0.97817
Q20	42	158	3.7619	1.24567
Q22	42	144	3.4286	1.56397
Q21	43	145	3.3721	1.25401

从上表可以得出，Q18根据短文的内容对理解正确的选项作出选择、Q19根据短文的内容进行理解正误的判断为公认有效的针对阅读的课堂测评方法。这两项测评方法都体现了一个共同的理念，即理解。由此可见，在现在的对外汉语教学中，阅读能力的培养主要定位在理解上。对此，笔者存在一定的质疑，阅读是获取信息的重要途径，对于所获取的信息，理解是一个层次，而吸收—加工—表达是另外一个层次。对于二语习得者来说，只停留在理解的层面就可以了吗？我认为答案是否定的，后者对语言的习得更具意义。因此，在以阅读能力为目标的课堂教学中，应加强Q22根据短文的内容写出自己的观点这一方法应用。

3.2.4 以写作为能力目标的课堂测评方法有效性的描述性分析

在此项调查中，以写作为能力目标的课堂测评方法共涉及7（Q23—Q29）项，相关的有效性测评结果分析如下：

表4 以写作为能力目标的课堂测评方法有效性的描述性分析

	N	Sum	Mean	Std. Deviation
Q28	41	185	4.5122	0.9778
Q29	39	157	4.0256	1.28733
Q26	41	161	3.9268	1.2726

续 表

Q27	40	148	3.7	1.32433
Q25	41	143	3.4878	1.24744
Q24	39	135	3.4615	1.61972
Q23	40	132	3.3	1.39963

在以写作为能力目标的测评方法评估结果中,主要评定了两种有效的课堂测评方法,即 Q28 给出一个话题写一个小文章和 Q29 根据一幅画或多幅画写一个小文章。这两种测评方法既避免了传统测评方法,如通过选择题考察词汇、语法,根据所给词语造句等的死板和枯燥,又避免了完全自由表达的懒散和盲目性,既有导向性,又有自由想象和发挥的空间,同时又把写作的层次定位在语段而非词句,这些都是写作教学的重要理念。

综合起来看,在这 12 种有效性显著的测评方法中,大多数都体现了情景交际法的理念,如 Q1、Q12、Q15、Q10、Q29,还有的体现了任务法的理念,如 Q11、Q16、Q17、Q28 等,由此可见,在对外汉语课堂教学中,情景交际法和任务法越来越受到重视。当然一些传统的方法也在发挥着重要的作用,如 Q3、Q18、Q19 等,这些主要是针对听力和阅读的测评方法,这些也给我们一点启示,一方面,我们不能全面否定传统方法在对外汉语教学中的作用,另一方面,我们要开发新的更有利于对外汉语教学的测评方法,使之更有利于教学活动的开展,尤其是在听力和阅读两个方面。

3.3 教师的个体差异因素与课堂测评方法相关性的分析

教师的个体差异因素是否会影响到其对课堂测评方法的看法? 笔者根据调查得到的教师的五种个体差异因素的不同特点(性别分析已取消,前面已说明),分成两组进行相关性的分析。由于在听力、口语、阅读、写作四组能力目标中,针对口语进行评定的教师人数最多,因此选取口语的相关测评方法为代表,进行相关性的分析。

3.3.1 教师的专业方向对课堂测评方法的影响

教师的专业背景不同,是否会影响到其对课堂测评方法的看法和评价?此项分析选取了针对口语的10项测评方法为检测对象,分别将不同专业的教师进行了分类汇总,结果如下表:

表5 教师的专业方向与口语课堂测评方法评价的均值分布

共39人	Mean									
	Q8	Q9	Q10	Q11	Q12	Q13	Q14	Q15	Q16	Q17
对外汉语	3.3846	1.6923	3.6923	4.3077	4.3077	3.6154	3.0769	4.5385	4.4615	4.1538
汉语本体	3.8571	2.1429	4.1429	4.4286	4.4286	3.5714	3.5714	4.7143	3.8571	3.8571
海外汉学	4	3	4	4	3	4	1	2	4	4
中国文化	4	2	4	4	5	4	2	4	4	4
心理学	1	1	3	5	5	3	3	5	5	5
英语	5	3	5	5	5	5	3	5	5	3

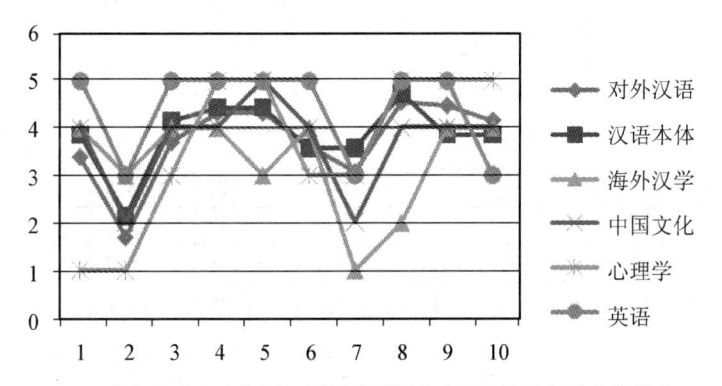

图1 教师的专业方向与口语课堂测评方法评价的均值的点状分布

从图1中可以看出,不同的专业方向之间在Q8(即1)根据情景补全对话、Q15(即8)根据设定的情景进行分角色表演上存在的显著的差别,其他方面的差别不显著。具体看来,心理学专业背景的教师对Q8根据情景补全对话这种测评方法存在一定的质疑,而其他专业背景的教师则态度相反;对Q15根据设定的情景进行分角色表演来说,海外汉学背景的教师则评价较低,其他专业背景的教师则相反。由此可见,教师的专业背景会对其对课堂测评方法的评价产生一定的影响,但是从总体上来看,各个专业方向的基本走向大体一致,但由于一些专业方向的人数太少,会对结果造成一定的影响,此图仅能提供一些参考。

3.3.2 教师的年龄、教学时间、从事对外汉语教学的时间、所教授的年级等个体差异因素与口语课堂测评中相关测评方法相关性的分析

表6 口语课堂相对较有效的五种测评方法与教师的年龄、从事教学时间、从事对外汉语教学时间、所教授的年级之间的相关关系(Spearman 相关系数表)

		年龄	教学时间	汉教时间	教授年级
Q16	Correlation Coefficient	.411(**)	.303	.343(*)	.207
	Sig. (2-tailed)	.007	.051	.026	.189
	N	42	42	42	42
Q12	Correlation Coefficient	.075	.057	.022	.133
	Sig. (2-tailed)	.636	.720	.889	.400
	N	42	42	42	42
Q15	Correlation Coefficient	−.068	−.055	−.022	.172
	Sig. (2-tailed)	.667	.729	.888	.277
	N	42	42	42	42
Q11	Correlation Coefficient	.059	.007	.086	.050
	Sig. (2-tailed)	.710	.967	.586	.755
	N	42	42	42	42

续 表

Q10	Correlation Coefficient	−.174	−.207	−.131	−.270
	Sig. (2-tailed)	.272	.188	.407	.084
	N	42	42	42	42

** Correlation is significant at the 0.01 level (2-tailed).
* Correlation is significant at the 0.05 level (2-tailed).

从上表可以看出,教师从事教学的时间和所教授的年级与五种有效的口语课堂测评方法没有显著的关系。笔者认为,这五种测评方法分别体现了情景交际法和任务法的理念,而这两种教学法越来越受到广大教师的喜爱,也越来越多的体现在实际的教学实践中,而教师从事教学的时间并不会成为这些教学理念的桎梏,所以教师从事教学时间的长短并与这些测评方法之间没有显著的相关性。这几种有效的课堂测评方法与教师所教授的年级之间也不存在显著的相关性,笔者认为可能的原因有两点:1.这几种测评方法适用于各个年级的课堂教学,而且都可以发挥显著的作用;2.由于许多教师都有多年的教学经验,并且教授过多个年级,教师在对这些测评方法进行评价时是站在多个年级的视角上进行的,这些有待进一步地细化分析。

年龄(相关系数为.411**,显著水平为.007<0.01)与 Q16 之间有非常显著的相关关系,从事对外汉语教学的时间(相关系数为.343*,显著水平为.026<0.05)与 Q16 之间也存在的显著的相关关系,即年龄的不同、从事对外汉语教学的时间不同,对 Q16 给一个话题进行小组讨论这种测评方法的评价存在显著差异。教师的年龄、从事对外汉语教学的时间与 Q16 之间存在着怎样的关系呢?通过对年龄和 Q16 进行 Case Summaries 的统计分析结果显示,年龄在 30 岁以下的教师对 Q16 的评价 Mean 值为 4.0714,年

龄在 30—40 岁及 40 岁以上的两个组别中,Q16 的 Mean 值均为 5。从事对外汉语教学的时间与 Q16 之间的 Case Summaries 统计分析也呈现了同样的趋势:从事对外汉语教学的时间在 2 年以下的对 Q16 进行评价的 Mean 值为 4.0526,2—5 年的 Mean 值为 4.4545,5—10 年的 Mean 值为 4.5000,10 年以上的 Mean 值为 5。由此可见,教师的年龄和从事对外汉语教学的时间与对给一个话题进行小组讨论这种测评方法的评价值之间成正比关系,教师的年龄越大,从事对外汉语教学的时间越长,对这种测评方法的评价越高。笔者认为出现这种趋势可能的原因是这种测评方法要求教师具有很强的控制课堂的能力和很强的应对突发事件的能力,具有多年经验的教师可以更好地做到这一点。

四 结语

本文基于问卷调查的方法,对在对外汉语课堂教学中所使用的形成性课堂测评方法进行了有效性的评价和分析,评定了 12 种教师认为最有效的课堂测评方法,旨在为对外汉语教师之间的相互借鉴和学习提供一个参考。同时加强教师对课堂测评方法的认识和重视,使较为有效的课堂测评方法得到很好的推广,并对试卷的编写工作和课堂测评创新工作有所启示。同时本文还对教师的个体因素与课堂测评方法的评定之间进行了相关性的分析,旨在为对外汉语教师在汉语课堂教学中发挥自身优势,借鉴他人的长处,提高自身能力水平提供一个出发点和参考点。

参考文献

陈琦、刘儒德　2005　《教育心理学》,北京:高等教育出版社。
王晓东、谭业庭　2000　写作课教学方法及测评方式改革的尝试,《中国成人教育》第6期。
张红深　2000　第二语言课堂教学测评的相关条件,《辽宁师专学报》第5期。
甄玉　2006　从英国外语课堂看英语教学、测评大趋势:交际和应用,《广西大学学报》第28卷增刊。
邹申　2005　《语言测试》,上海外语教育出版社。
Richard J., Stiggins Relevant　1991　Classroom Assessment Training for Teachers, Educational Measurement: Issues and Practice.

【附录】

课堂测评方法的调查问卷

老师:您好!非常感谢您能够在百忙之中抽出时间来帮助我完成这份问卷调查,希望您能够根据自己的教学经验来对下列课堂测评方法的有效性作出评价。

您的基本信息:
年龄:A.30岁以下;B.30－40岁;C.40岁以上;性别:_____
从事教学的时间:A.2年以下;B.2－5年;C.5－10年;D.10年以上
从事对外汉语教学的时间:A.2年以下;B.2－5年;C.5－10年;D.10年以上
专业方向:_____　您所教授的年级:_____

A.有效性显著;B.有效性一般;C.有效性不显著;
请您在相对应的空格内画"√"。

能力目标	测评方法	评价统计		
		A	B	C
听力	1.根据所给出的图片、地图、图表等对所听到的材料作出选择或正误判断。			
	2.根据所听到的一个句子对选项中意义表达相同的句子作出选择。			

续 表

	3.根据听到的一个对话对理解正确的选项作出选择或正误判断。			
	4.根据听到的一个短文对理解正确的选项作出选择或正误判断。			
	5.根据听到的内容在短文空缺处填上适当的词句。			
	6.根据听到的内容回答问题(写出答案)。			
	7.边听边记笔记,然后根据提示完成大意总结。			
口语	8.根据情景补全对话。			
	9.判断所给出的简单对话是否符合中国人的会话习惯。			
	10.根据个人的实际情况或一个短文、一段对话的内容回答问题(说出答案)。			
	11.选择一个话题作一个小演讲。			
	12.根据一幅或多幅图片的内容进行描述。			
	13.根据读或听到的一篇材料进行复述。			
	14.朗读文章。			
	15.根据设定的情景进行分角色表演。			
	16.给出一个话题小组进行讨论。			
	17.给出一个话题进行分组辩论。			
阅读	18.根据短文的内容对理解正确的选项作出选择。			
	19.根据短文的内容进行理解正误的判断。			
	20.根据短文的内容回答问题(写出答案)。			
	21.根据短文的内容进行大意总结。			
	22.根据短文的内容写出自己的观点。			

续 表

写作	23.通过选择题考察词汇、语法。			
	24.通过改错题考察词汇、语法。			
	25.用所学的词汇或语言点补全句子。			
	26.用所学的词汇或语言点造句。			
	27.给出一组句子要求根据其内在联系进行重新排序。			
	28.给出一个话题写一个小文章。			
	29.根据一幅画或多幅画写一个小文章。			

再次对您的帮助表示感谢,祝您工作愉快!

(孙然然　北京外国语大学中国语言文学学院　100089)

互动式初级汉语口语课堂教学设计实验研究[*]

郑家平

一 引言

第二语言习得领域关于课堂教学的研究表明,基于一定交际任务的课堂互动能够有效促进目的语习得,并且有利于培养学习者的 L2 交际能力及完成任务能力。而现有的汉语课堂教学模式中,常常出现四种不利于互动的情况,即课堂互动中,学习者中介语简单化,低水平化,偏误化石化,缺乏交际策略。要解决上述问题,课堂教学一方面要注重形式与功能的结合,另一方面要通过模仿真实交际的师生互动和纠错技巧,帮助学习者在准真实语境下获得汉语交际能力。因此,本研究选取 L2 教学领域中的交际互动为题,以初级汉语口语课堂为研究对象,希望为建构互动式汉语课堂微观教学模式提供一些启示。

---

[*] 本研究得到北京语言大学校级科研项目"互动式初级汉语口语"(编号:D070205)的资助。

二 实验设计

2.1 研究的问题

近 20 年的 SLA 研究表明,成人要习得 L2,必须通过一定程度的语言形式强化输入与练习,有意识地提高对语言规则的认识(Ellis,1994);而很多 L2 教学研究也表明,一味强调功能意义而忽略形式,容易造成偏误化石化,会阻碍 L2 习得过程。研究者们发现,对语言形式的高频反复、大脑中新旧知识的关联、语言形式突出性效应和语言反例等认知因素可以直接促进 L2 处理及习得(Doughty, 1991; Ellis, 1994; Gass, 1997; Lightbown, 1991)。因此,我们选取大剂量强化输入、重述反馈和强化输出[1]三类基于互动的课堂教学方法为主要研究问题,考察其对促进课堂互动和学习者汉语形式习得的作用。对教学材料的处理我们借鉴了欧美 L2 教学流行的主题导入法,其主要做法是:利用课文的主题,从情景出发,将有关的目标形式和相应的交际功能联系起来进行交流,让学习者通过篇章的主线或者课文的主题来学习并获得语言形式与语言功能的关系,并为其进一步的语言使用作好铺垫。

综上,我们希望建构一种教学模式:在初级阶段口语课堂上,以主题导入法为引入方法,教师设置具有针对性和挑战性的任务帮助学习者了解和熟悉交际功能,并通过大剂量强化练习、重述反馈和强化输出强化学习者对汉语语言形式与交际功能的认识。本研究将考察这种新教学模式对促进学习者汉语形式习得和促进师生互动的作用,我们分别将之操作性定义为被试在口头测试中使用目标形式的正确率和学习者对教师重述反馈的注意度。我们也将通过问卷调查等方法考察学习者对新教学模式和自己已有汉语水平的主观评价。

2.2 研究对象

研究对象为两个平行的初级水平教学班,按照学习者的母语背景,两个班均为随机分班的欧美亚洲混合班,参加实验的被试各14人。两组均接受16个星期的教学实验,周学时为4课时,每周完成一课,即一项交际任务。实验者为同一位汉语教师,担任实验组和控制组的口语课(4课时)。基于可操作性原则,两组均使用相同的教学材料,并接受相同的测量方法。

2.3 实验材料

实验材料以《汉语口语速成(入门篇)》为蓝本,并结合《速成汉语初级教程(综合课本)》(第1、2册)的相关内容,挑选出每课具有代表性的语言形式,并根据这些形式设置准真实语境及交际任务。实验过程共选取12个交际话题,围绕这些话题设置70个语言形式,并配合一定数量的图片,部分材料我们以多媒体形式呈现。

2.4 评估方法

本研究属于教学实验,因此,我们将通过录音、口头测试、问卷调查等多种方式对实验结果进行测量和评估。

2.4.1 录音及口头测试

在征得学习者同意的前提下,我们对实验组和控制组的部分课堂教学及四次口头测试进行了录音,重在考察学习者的语言形式使用正确率及对教师提供的重述反馈的注意度。我们以4个星期为一个教学阶段,每个教学阶段结束时,安排一次口头测试,采用的方法是以学习者之间的生生互动为主体、教师提供评价及重述反馈。

我们以实验组和控制组学习者使用目标形式的相对正确率作为其语言形式使用正确率的衡量标准。相对正确率采用的是相对频率法,"正确使用相对频率法是为了解决语料分布不均,且样本容量小、无法进行等量随机抽样的问题,从而使数据具有可比性"(施家炜,1998)。该算法可建立在如下假设的基础上:在本研究所获得的语料中,相对正确率越高,则学习者正确使用目标形式的频率越高,反之越低。方法是:学习者在某次测试中使用语言形式的正确率=学习者在某次测试中正确使用语言形式的句子数/某次测试中该组所有学习者话语句子数总和。为保证测量效度,在测试中,学习者正确使用某语言形式多次,我们只记作正确使用一次;同理,学习者错误使用某语言形式多次,我们也只记作一次。

在课堂教学和测试中,教师只对学习者关于语言形式的偏误提供重述反馈,我们重点考察学习者对重述反馈的注意度及重述反馈类型对其注意度的影响。根据前期实验结果[②],我们将学习者对重述反馈的注意度操作性定义为:在师生互动中,在重述后学习者能否即时准确地回忆出重述内容。

"即时回忆"是指在师生互动过程中,学习者接受刺激后,在"第三话轮"无间隔地马上回忆出之前的重述反馈。关于回忆重述的正确率,我们根据被试的即时回忆与重述和初始话语之间的关系,将之划分为"修正性回忆(记作 X)"、"调整性回忆(记作 T)"和"没有回忆(记作 M)"三个水平。"修正性回忆"是指学习者对重述话语的正确回忆;"调整性回忆"是指学习者对重述的回忆不正确,却对初始话语进行了调整;而对初始话语的重复和没有对刺激声音作出任何反应都记作没有回忆。测量方法同样采取相对正确回忆率。

2.4.2 问卷调查

为了解本实验所采用的新教学模式对提高学习者汉语交际能力的作用,我们对实验组进行了两次问卷调查,主要调查实验组学习者对自己学习效果的主观评价:即对其汉语交际能力进行自我评价。第一次问卷调查在学期初语音阶段以后(教学约 1 个星期以后),主要调查学习者的学习动机、学习需求等个人情况,并重点调查学习者对自己目前汉语水平的评价以及对本学期学习结果的期待水平;后测以后(第四次测试之后)、期末考试以前,进行第二次问卷调查,考察学习者对这种新教学模式的评价,以及对自己现有汉语水平的主观评价。

2.5 实验过程

实验组接受本研究提出的新教学模式,即在每个教学环节中,第 1-2 课时,教师通过主题导入法帮助学习者理解课文内容,同时通过大剂量强化输入,促使学习者运用目标形式与教师展开互动问答,进而强化其对语言形式的注意。这两个学时的教学目标主要是让学习者初步确立形式与功能的联系。第 3-4 课时,教师通过各种基于真实交际的任务,促使学习者进行强化输出,其中包括师生、生生问答互动,主要采取分组讨论和个人陈述的形式。其他学习者针对发言者的内容进行提问,教师进行点评,点评过程中,以重述反馈的形式对学习者的语言形式偏误进行澄清式提问,若学习者未注意到教师的反馈,教师并不打断交际,而是用其他问题引导学习者对语言形式进行重新理解。

控制组采用"引入/复习—生词—课文—语法—口头练习"的传统教学模式,即:第 1-2 课时,按照上述模式处理第一部分课文及练习;第 3-4 课时,处理第二部分课文及练习;或者第 1-2 课时,处理生词及语法点;第3—4课时,处理课文及相关练习。对于学习者的语言形式偏误,教师使用直接纠错的方法。

三 结果及讨论

3.1 测试结果
3.1.1 新教学模式对语言形式使用正确率的作用

在四次测试中,我们以约30个语言形式为目标形式,对学习者强化输出的要求也随着学习时间的推移而逐渐提高。比如,在后测(第四次测试)中,我们要求学习者完成约6—8分钟的陈述,并综合使用各种语言形式及相关话题。经过初步分析,在四次测试中,实验组和控制组正确使用语言形式情况如表1:

表1 实验组、控制组在测试中正确使用语言形式情况(句子数)

	实验组			控制组		
	正确形式	总数	正确率(%)	正确形式	总数	正确率(%)
测试一	53	92	57.61	52	107	48.60
测试二	63	92	68.48	49	86	56.98
测试三	120	163	73.62	117	169	69.23
测试四	334	403	82.88	274	361	75.90
总计	570	750	76	492	723	68.05

由表1我们可以看出,实验组和控制组正确使用语言形式数量及其使用句子总数都呈现递增趋势,这说明,随着学习时间的推移,两组学习者都能够使用更多的句子进行表达,并且正确句子的数量呈现递增的趋势。

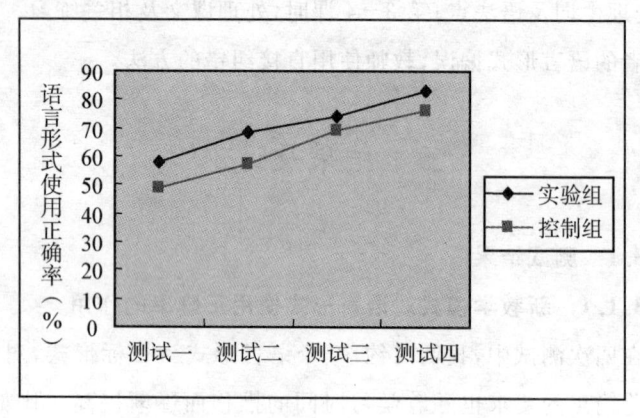

图 1　实验组和控制组正确率发展趋势图

如图 1 所示,在四次测试中,除第三次测试实验组(73.62%)与控制组(69.23%)的正确率略为接近外,其他三次测验中,实验组正确率都高于控制组约 10% 左右。我们对实验组和控制组学习者在四次测试中的语言形式使用相对正确率进行了单因素方差分析,以.05 为显著性水平。结果如表 2,在四次测试中,p 值均小于.05,并随时间的推移呈现递减的趋势。由此我们认为,在四次测试中,实验组与控制组之间关于语言形式使用的相对正确率均存在着显著差异,并且差异显著性随时间的推移逐渐增加。这说明,我们采用的新教学模式较传统课堂教学模式更能够有效促进学习者正确使用汉语语言形式,即能够有效促进学习者对汉语语言形式的习得。

表 2　对学习者语言形式使用相对正确率的方差分析

	F.	Sig.
测试一	4.603	.041
测试二	4.881	.037

		续 表
测试三	5.598	.026
测试四	6.078	.021

3.1.2 学习者对重述反馈的注意度对促进汉语形式习得的作用

根据实验设计,一旦学习者正确重复或改正了自己的初始话语,则我们认为学习者注意到了教师提供的重述反馈,即实现了修正性回忆。我们从每个教学阶段中随机抽取一次课(2小时)的录音,共约8个小时。以此首先考察在课堂教学环境下,学习者对重述反馈的注意情况。

表3 课堂环境下学习者对重述反馈的正确回忆情况(句子数)

	重述长度		改变项目个数			
	长重述	短重述	1个	2—3个	4个以上	总计
阶段一	2	7	7	2	0	9
阶段二	3	9	6	5	1	12
阶段三	5	14	8	9	2	19
阶段四	8	15	9	11	3	23
总计	18	45	30	17	6	53
重述总数	31	56	36	33	18	87
正确回忆率(%)	58.06	80.36	83.33	51.51	33.33	60.92

由表3我们可以看出,随着学习时间的增加,学习者所获得的重述反馈逐渐增加,这从一个侧面反映出学习者汉语水平的提高。而学习者对音节数小于等于6的短重述和改变1个语法项目的简单重述的较高正确回忆率(分别为80.36%和83.33%)说明,这两类重述反馈更有利于引起他们对语言形式的注意。学习者对于较长重述和改变项目较多的重述反馈,正确回忆率较低,但是在分析录音过程中我

们发现,绝大多数学习者能够注意到这种较长、较复杂的纠错性反馈,其主要表现为较长时间的停顿(约两秒)或调整性回忆。对实验者提供的重述反馈,学习者无回忆的情况仅为8%左右。

在四次测试中,教师针对学习者的语言形式偏误提供重述反馈。四次测试中,实验组获得重述反馈情况如表4:

表4 实验组获得重述反馈情况图

短重述	长重述	改变1个语法项目	改变2—3个语法项目	改变4个以上语法项目
45	24	32	25	12

我们对重述长度对正确回忆的影响进行了基于相对正确回忆率的配对T检验,结果表明,学习者对音节数小于等于6的短重述的正确回忆率高于对音节数大于7的长重述的正确回忆率,$t(3)=4.735, P=.018, P<.05$,而根据Eta squared result, $\eta^2=.63$,因此,约有63%的数据变异是由重述长度引起的。由此我们认为,重述长度对学习者正确回忆率的影响有显著差异。

由图2我们可以看出,在四次测试中,学习者对长重述和短重述的正确回忆率都呈现逐渐上升的趋势。其中,从第一次到第三次测试,学习者对短重述的正确回忆率高于长重述,不过,这种差异随着时间的推移逐渐减少,从10%降为3%左右;在第四次测试中,学习者对长重述的正确回忆率明显高于短重述,我们认为,出现这种情况的原因,主要是由于随着学习者汉语水平的提高,所使用的句子趋于长而复杂。但总体上,我们认为,随着时间的推移,重述长度对学习者的正确回忆起着重要的影响作用。尤其在初级阶段早期,学习者更容易注意到音节数小于等于6的短重述。

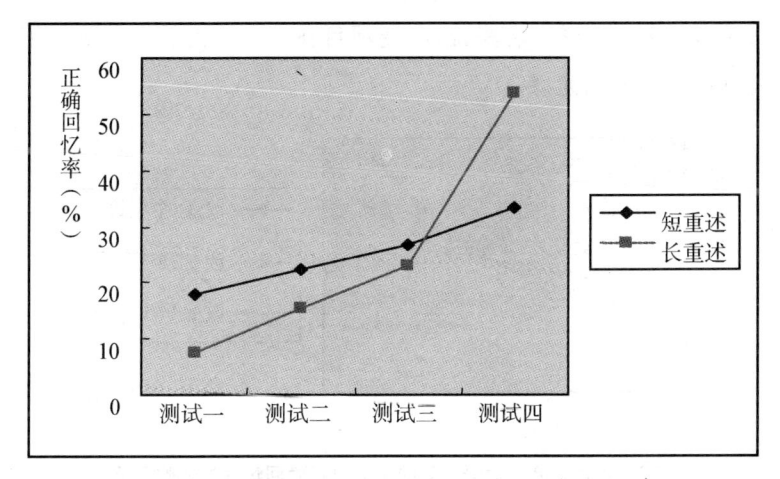

图 2　重述长度对正确回忆率的影响情况

表 5 是我们对重述与初始话语之间的差异进行的基于相对正确率的配对 T 检验,结果显示,三组 p 值均小于.05,由此我们认为,重述与初始话语之间的差异对学习者回忆重述的正确率有显著影响。

表 5　重述与初始化与之间的差异对正确会议影响的配对 T 检验

		T	Sig. (2 tailed)
Pair 1	1 个项目－2 至 3 个项目	11.000	.002
Pair 2	1 个项目－4 个以上项目	17.146	.000
Pair 3	2－3 个项目－4 个以上项目	8.878	.003

从图 3 我们可以看出,重述与初始话语之间的三种差异对正确回忆率的影响,都随时间的推移呈现上升的趋势。第三次测试后,学习者对改变语法项目 4 个以上重述的正确回忆率明显提高,从一定程度上,与重述长度对注意度的影响趋势存在相同点。我们认为,这与学习者汉语水平的提高有着直接的关系。而对于初

级阶段早前汉语学习者来说,改变项目在 4 个以内的简单重述更容易引起他们的注意。

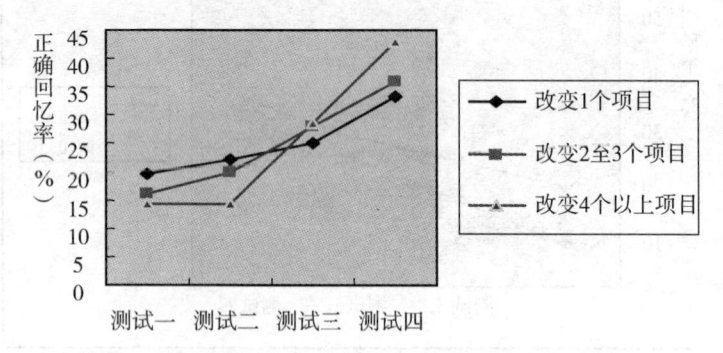

图 3　重述与初始话语之间的差异对正确回忆率的影响情况

综上所述,本项教学研究表明:在汉语课堂中,汉语学习者能够注意到教师提供的重述反馈,其中,重述长度和重述与初始话语之间的差异对其注意度起着重要的作用。对初级汉语学习者来说,长度在 7 个音节以内的短重述和改变项目在 3 个以内的重述更有利于其注意形式差异并进行修正。并且这种反馈形式有利于促进课堂的师生互动。

3.2　问卷调查结果及分析

为了进一步考察这种新教学模式对促进课堂互动的作用,我们对实验组学习者分别进行了两次问卷调查。根据第一次问卷调查结果,我们发现有 91% 的汉语学习者希望通过学习获得汉语口头交际能力,自己能较自由地与中国人进行交流;85% 的学习者希望在中国工作或从事与中国有关的工作。这些学习需求要求汉语课堂能最大限度地发挥出速成、实用、真实的作用。

第二次问卷调查,我们主要考察学习者对新教学模式的评价,以及对自己已有汉语能力的主观评价,结果如表 6:

表6　实验组学习者对新教学模式的满意度调查

问　　　题	满意度	满意度百分比
Q1：这种教学方法对提高我的汉语听说能力很有效。	4.29	93
Q2：这种教学方法能加深我对句型的了解。	4.21	86
Q3：这种教学方法不断重复新词、新句子，并帮助我记住它们。	4.14	77
Q4：这种教学方法对我理解并记住课文很有帮助。	4.21	86
Q5：练习时，老师一边跟我对话，一边给我纠错，这对我改正错误很有帮助。	4.5	93
Q6：这种方法营造了活跃的课堂气氛，我乐意参加课堂讨论。	4.21	93
Q7：黑板上或投影上的生词和句子重点能方便我随时使用新句子。	4.14	86
Q8：老师的问题以课文为基础，我们的交流由简单到难。	4.5	93
Q9：话题讨论和个人到前面的演讲，能帮助我大胆使用汉语进行交流。	4.43	88
Q10：老师的问题和作业很有挑战性，让我有兴趣用新句型进行讨论。	4	71
Q11：这种教学方法使我有机会在课堂上向老师和同学发问。	4.5	93
Q12：这种教学方法能使我的表达扩大到篇章层面。	4.1	81

由表6我们可以看出，新教学模式对提高听说能力（Q1、Q9）、语言形式习得（Q2、Q7）和纠错（Q5）、互动（Q9、Q11）、课文处理（Q8）方面的作用，学习者都给予了比较高的评价，约90%左右。这说明，本研究所考察的三项教学方法能帮助学习者更好地理解生词和句型；对于促进课堂互动方面，这种教学方法能使课堂时间得到充分有效的利用和安排，能够鼓励学生积极参与课堂互动，并客观上促使学生预习课文。

我们也对学习者对自己汉语水平的主观评价进行了调查,采用开放式问题,即:现在你能用汉语做哪些事。我们对学习者提出的能力进行了整理,如表7:

表7　学习者自我汉语水平评价

学习者对自我汉语水平的评价	人数	百分比
1. 现在我能听懂或猜出来中国人说的很多句子。	12	85.71
2. 买东西的时候,我能讨价还价。	14	100
3. 我能向别人介绍一个人或者一件事。	11	78.57
4. 当我有困难的时候,我能用汉语寻求帮助。	8	57.14
5. 与中国人聊天的时候,我能说比较长的一段话。	9	64.28
6. 我能用汉语给我的朋友做导游。	11	78.57
7. 我觉得在跟中国人聊天的时候,也能学到新的知识。	8	57.14
8. 我觉得我说的话80%的句子是对的。	7	50
9. 现在说汉语的时候,我不常想自己的母语了。	7	50
10. 我能用汉语买机票、办签证、办入学手续等。	12	85.71

由表7我们可以看出,学习者的自我汉语水平评价比较高。由这些评价并结合实验者的课堂教学观察,我们认为,在这种教学模式下,经过为期约16周的学习,汉语学习者基本能应用汉语解决日常生活问题,并具备了一定的在生活中自学汉语的能力,这与课堂互动及重述纠错有着密切的关系,因为这些手段帮助学习者养成了良好的汉语交际习惯,进而帮助他们树立继续学好汉语的信心。

四　总　结

4.1　实验结论

经过实验分析,我们认为,在初级阶段口语课堂上,以任务为基础、以形式为中心、以促进学习者对差异的注意和提高其汉语交际能力为目标的互动式初级汉语口语课堂教学模式,通过大剂量强化输入、重述反馈和强化输出三类主要教学技巧,能够加强汉语学习者对语言形式和相关交际功能的认识,进而促进其汉语形式习得,培养其互动技巧,树立用汉语交流的信心,有效提高其汉语交际能力。

4.2 对汉语课堂教学的启示

L2教学强调形式与功能的有机结合,尤其在当下汉语学习者要求短期、速成、实用的情况下,汉语教学更应该将形式与功能有机结合起来。语言形式对于初级水平学习者很重要,但对于高水平学习者同样尤为重要,因为,不同语言水平的学习者要接受的语言形式也存在着本质的区别,比如:初级水平学习者接触的多为日常生活需要的口头表达语言形式,而高水平交际者则必须掌握适应正式场合的书面交际形式。因此,我们认为,对任何水平学习者都不应忽视形式的作用。在教学过程中,我们应围绕一定的交际任务改造并设置具体的语言形式,帮助学习者逐步形成连贯而复杂的表达习惯。因此,我们认为,以形式和任务为中心的教学模式同样适合高水平汉语学习者。

考虑到客观教学要求和可操作性原则,本研究选择了口语课堂作为研究对象。但我们也认为,这种教学方法对综合课以及阅读课同样会起到比较好的作用。这是因为,这种以形式为中心、以任务为基础、以主体导入法为引入办法的教学模式,能够很好地利用教材资源,同时从课文引入交际,因此,更适合陈述性的课文文体,以及要求成段表达的综合性课程。另外,由于在课程设置中,初级阶段综合课的总学时大大多于口语课堂,因此,我们设想,将本教学模式引入综合课堂教学,收到的延时效果将更加显著。而对中高级水平学习者开设的阅读课,往往有学生反映课堂教学略显枯燥,我们认为,阅读课同样担负着交际任务,因此这种教学方法同样可以引入阅读课,帮助学习者通过阅读文章,掌握正式交际中需要的语言形式和有待表达的语言功能。

总之,我们认为这种以任务为基础、以形式为中心、以促进学习者对差异的注意和提高其汉语交际能力为目标的互动式课堂教学模式,能够很好地适应目前汉语学习者的学习需要,并能够最大限度地将教材与真实交际结合起来,能够很好地协调语言形式与交际功能的关系。因此,可以在汉语课堂教学中广为推广。我们也将另文具体阐述这种互动式微观课堂教学模式的具体内容及课堂操作方法。

附注

① 大剂量强化输入的方法是教师设置大量不同的语言活动,让学习者高频率、大剂量地接触目的语形式。重述反馈是在 NS-NNS 口头互动中的一种隐性纠错反馈形式,其主要做法是在不打断互动、不改变学习者初始话语意义的前提下,本族语者改变学习者话语中不合目的语规则的部分,用另一种方法重新表述学习者的初始话语,从而达到反馈的作用,其主要做法是采取打断不唐突、改错不直接的重复法。强化输出的方法是教师设计大量具有针对性的交际任务,对学习者的语言表达提出明确的、有一定挑战性的结构要求,让学习者围绕目标形式进行交流。

② 郑家平(2006)汉语学习者对重述反馈注意度的研究,硕士论文。对初、中、高三个水平的 45 名汉语学习者进行的 NS-NNS 一对一实验研究,主要考察汉语学习者对本族语者提供的重述反馈的注意度。结论是:一、学习者汉语水平越高,其对重述的正确回忆率越高,并且呈现出初级水平和中级以上水平之间两极分化并逐渐上升的趋势。二、在不考虑学习者已有汉语水平的前提下,学习者更容易正确回忆出音节数小于等于 6 的短重述。三、在不考虑学习者已有汉语水平的前提下,学习者更容易正确回忆出改变语法项目在 4 个以内的简单重述。

参考文献

北京语言大学汉语速成学院编 1996 《速成汉语初级教程(综合课本)》(1—2),北京语言大学出版社。

靳洪刚 2005 第二语言习得与语言形式为中心的结构教学探讨,《中文教师学会学报》第2期。

马箭飞主编 2005 《速成汉语口语入门篇》(上、下),北京语言大学出版社。

施家炜 1998 外国留学生22类现代汉语句式的习得顺序研究,《世界汉语教学》第4期。

施家炜 2006 国内第二语言习得研究二十年,《语言教学与研究》第1期。

王　还 1995 《对外汉语教学语法大纲》,北京语言学院出版社。

王甦、汪安圣 1992 《认知心理学》,北京大学出版社。

Doughty, Catherine. 1991 Second language instruction does make differences: Evidence from an empirical study of ESL relativization[J]. *Studies in Second Language Acquisition*, No 4.

Ellis, Rod. 1994 *The Study of Second Language Acquisition*[M]. Oxford University Press.

Ellis, Rod. 2001 *Form-Focused Instruction and Second Language Learning*[M]. Blackwell Publishers.

Gass, Susan. 1997 *Input, Interaction, and the Second Language Learner*[M]. Lawrence Erlbaum Associates, Publishers. New Jersey: Mahwah.

H. Douglas Brown. 2001 *Teaching by Principles: An Interactive Approach to Language Pedagogy*[M]. Foreign Language Teaching and Research Press.

Lightbown, Parsy. 1991 *What have we here? Some observations on the influence of instruction on L2 learning*[J]. In A. Philipson, E. Kellerman, L. Selinker, [M]. Sharwood Smith, & [M]. Swain, (eds.). *Foreign/Second Language Pedagogy Research*[M]. Clevedon, Avon: Multilingual Matters.

Long, Michael. 1991 *Task-based Language Teaching*[M]. Oxford: Blackwell.

(郑家平　北京语言大学汉语速成学院　100083)

关于外国留学生汉语本科专业预科教材的编写构想

全 军

一 引言

随着中国综合实力的增强,汉语也愈加受到广大海内外学习者的关注。为了提高本科教学质量,国内大学将 HSK3 级作为汉语言专业、HSK6 级作为其他专业入学考试的门槛,留学生要进入本科专业学习,必须具有相应的 HSK 等级证书。而无证书的则需先补习汉语。为此,很多大学开设了汉语预科教学,并研制出了自己的预科教材。我校在 2006 年设立预科后,也开始组织一线教师编写预科教材。为了更好地做到传承与创新,我们对目前国内外普遍使用的对外汉语基础教材进行了考察与分析,并参考了各类语法、词汇、汉字大纲,采用先集体讨论、再分头编写、集体修改,最后拿到教学班中去试用、修改的方式编教。下面介绍本套教材的编写构想。

二 总体设计

2.1 适用范围及教材规模

本套教材适用于汉语水平从"零"到 HSK3 级以下的海内外

汉语学习者,可供准备学习汉语本科专业但 HSK 成绩在 3 级以下以及短期汉语进修(半年到一年)和海外专修及选修中文的学生进行学习。本教材为基础汉语综合性教材,综合课本包括 40 课课文,另外配有学生听力课本、阅读课本各一册,教师用书,以及相关语音材料。

2.2　教学安排及建议

建议预备学习汉语本科专业但汉语水平为零至 HSK3 级以下的学生在半年完成学习,每周 20 学时,综合 10 学时,听力和阅读各 5 学时。综合课语音汉字综述阶段一周(10 学时)完成,语音阶段分 10 课,每课 2 学时,语音阶段之后为 30 课,每课 4 学时。国内长短期汉语进修(半年到一年)和海外专修及选修中文的学习者可根据自己的实际情况自行调整教学进度。

2.3　教材体例

本套教材是以综合课本为主干,以听力课本、阅读课本相配合的捆绑式教材。综合课本综合训练听说读写各项技能,听力阅读课本在复习重现综合课所学到的功能、词汇、语言点的基础上,在相关功能、文化和内容上作扩大和补充,给予学生更多鲜活、生动、有趣的语言练习材料。

采用单课制来确定综合教材课文与课文之间的组合方式。根据初级阶段汉语学习的特点:"……开始阶段以单课制为宜。这一阶段学习者需要尽快掌握一些基本结构,多接触一些不同话题的基本词语(主要是日常生活方面的)。单课制话题转换较快,而且脉络明确,要求明确,适于初级阶段学习"。我们把一课作为一个单元,每 4 课后有一个复习,每两个复习之后安排 1 次单元测验,可作教师平时成绩考查或学生自评使用。本套书综合教材课文总

体结构拟编排如下:

表 1

课文内容	课数	体例		学时
语音汉字综述	0	语音综述	1.形式:简单描述(中英文,图例为主) 2.内容:拼音－汉字;声调;声韵母;拼写规则;变调 3.附表:课堂用语中英文对照表;全书基本句子总结大表;普通话声韵母拼合大表;声调组合大表	2学时/天,拼音和汉字各1学时,共10学时,1周完成
		汉字综述	1.形式:简单描述(中英文,图例为主) 2.内容:汉字的种类;基本笔画;笔顺规则;偏旁;结构 3.附表:常用同音字表;常用形近字对照表;常用多音字表	
语音阶段	第1-9课	1.拼音重点和难点部分切块进入前9课教授 2.对话(汉字课文下方注音)		2学时/课
	第10课(复习)	1.对话(1篇)(汉字课文下方注音) 2.短文(1篇)(汉字课文下方注音)		
语音阶段之后	第11-40课	1.对话(1篇)(汉字课文下方注音) 2.短文(1篇)(汉字课文下方注音) (每4课后一个复习课,共6次,每两个复习后安排1次单元测试)		4学时/课

每课书的体例(语音汉字综述除外)如下:

语音阶段　　　1.课文题目→2.重点句→3.生词→4.课文→5.注

释→6.语音→7.汉字→8.补充生词→9.练习→10.小知识

语音阶段之后　1.课文题目→2.重点句→3.生词→4.课文→5.注释→6.汉字→7.补充生词→8.练习→9.小知识

考虑到初级阶段拼音的重要性,我们给全书除练习和语言点注释外其他的汉字下方都标注拼音;重点句、生词、课文、指令性词句、语言点注释、练习标题、文化知识等均加注英文注释;课文内容汉字上方加注语流音调示意符号;语音练习贯穿全书;语法点注释力求简洁明了;突出教写汉字部分;语音阶段最后一部分(第10部分)和语言点阶段将介绍汉语言和中国文化方面的一些小知识(第9部分)。

2.4　编写原则

2.4.1　本套教材编写的总原则是以场景和功能为主线,以语言点和文化为辅线来设计全书。以场景串功能,以功能带出语言点,以任务实现功能。试图闯一闯"初级阶段不宜以功能为纲"的禁区,……探索以功能为纲又能体现结构的系统性和循序渐进的路子"。本着以学生为中心的原则,站在学生的角度选取他们初来中国、初学汉语最急需的交际功能,场景的选取从解决学生基本生存需要(如问候、介绍、问路、告别、去食堂吃饭、换钱、看病、选课等等)入手,扩大到校园内交际活动(娱乐、体育活动等等),最后逐步走向社会上的交际活动(租房、购物、旅行、过节等等),从具体功能渐进到抽象功能,如邀请、婉拒、推测、抱歉等等;以功能带出语言点,又兼顾语言点的基本序列。语言点选取最简单、最常用的,避免过多过细地向学生灌输大量的语法规则。解释时力求直观、简洁、不拖泥带水,增加趣味性;以任务实现功能,以任务检验功能是否被学生掌握。在"用"中学,在"用"中进行教师和学生的双重检验,即教师检验"教"的不足,学生检验"学"的不足,做到教学相长。教师结合本课的功能布置任务,让学生在完成任务的互动过程中充分调动已学过和刚学的语言项目,自觉地把课文中学到的东西重组运用成自己的东西,达到文本重建的目的,从而从更广泛的层面培养学生综合语言运用的能力。

2.4.2 遵循第二语言教材编写的通用性原则:针对性、科学性、实用性和趣味性。针对我们的教学对象,为其选取了贴近当代中国国情和学生生活的真实的语言材料,使用规范的书面语和口语和易懂实用但不过繁的语言点,并在课文内容的选取、课文语体的变化、幽默感的引入、文化内容的适度穿插,练习形式的图文并茂和版面设计等方面编排符合青年认知心理特点的富有启发和益智的具有挑战性的材料来增强其趣味性。

2.4.3 在教学内容的编写上本着"循序渐进,螺旋式提高,加强重现"的大原则,由浅入深,以旧带新,不断重现,反复强化,加强记忆。

2.4.4 注重教材的纵向与横向衔接性,便于学习者有目的的使用。本套教材的编写初衷是作为我校汉语言本科专业预科阶段教材的,学生在半年内学完本套教材,考试成绩合格即可进入本科学习,故本教材所出现的基本词汇和语言点在我校本科一年级上学期将不再作为新知识出现。这是纵向衔接。本套教材为捆绑式教材,综合课本为主,听力阅读课本为辅。分技能训练课除大量复练综合课内容外,还针对综合课上的出现的功能和文化点进行适量补充和深化,在横向上加强衔接。

三 综合课本分项的处理与实施

3.1 语音的处理

近年来学汉语的外国人越来越多,可真正能说出一口地道汉语的学生实在是凤毛麟角。除了非洲学生的语音语调比较准确以外(这可能与他们爱交际的性格有关),很多学生在说汉语时都或多或少地受母语的干扰,带有一定的洋腔洋调,或者发音时对时错,好一阵,坏一阵。为什么呢?有学生自身的原因,也有教学和编教的原因。有专家分析,"作为第二语言的汉语语音的研究与教学,近年来因诸多原因,重视不够,有滑坡现象,最明显的是语音教学阶段被缩短,以至于不复存在;但是初级阶段不打好基础,将会成为顽症,纠正起来难上加难……"林焘先生也认为:"发展到今天,语音已经一天一天被压缩,现在产生危机了。我们搞了52年,说他们的语音还不如在国外。这说明我们在这方面也是太放松了,过于急于求成了,就把基础忘了。"因此作为预科教材语音部分的编写,我们的原则是语音阶段怎么强调都不过分。

为了更好地取彼之长,补己之短,我们选取了近年来使用比较广泛的五套初级汉语教材作为模本,对其语音部分的编写进行了梳理,分析发现《汉语教程》和《新实用汉语课本》采取的是分解的方式,《博雅汉语》和《阶梯汉语》是先综述后分解,而《发展汉语》是先综述后补充。所谓"分解式"是设定一个集中学习语音的阶段(一般两周以内)并将语音项目按语音系统的难易程度平均分配这一阶段的每一课,各个击破。而"先综述后分解式"则是先给学生一个汉语语音的全貌,然后再用一定的课数分解处理各个语音项目。"先综述后补充式"采取的是先综述部分基本语音项目,再在分课中补充其他语音项目的做法。我们看到,这些教材虽然处理语音阶段方式不同,但都非常重视语音阶段,对我们颇有启发。

从声韵母入手是处理语音阶段的传统思路。本套教材试图探索从声调入手,以声调带动音素和语音知识学习,通篇强调声调以及声调组合,为什么要这样做?首先,声调最难,声韵母发不准是个别现象,一般来说对交际的影响不大,例如北方人混淆z、c、s与zh、ch、sh,南方人n、l不分,并不太影响表述,而调号不准确非常影响交际。其次,只发单音,学生错误率并不高,但是一到音节连读和变音变调中学生就会顾此失彼,而一开始就加上声调组合练习,则能让学生直接到语流中去感受汉语声调起伏的韵律特点。这是语音处理的理念之一。另外,本书关于语音处理还有以下五个理念。其一,模糊处理各个环节,重在让学生在为期10天的语音综述阶段体验和了解汉语发音的特点和规律,让已学过拼音的学生有机会复习梳理,让从未接触过拼音的学生有一个关于汉语拼音的全貌。其二,通篇边综述边练习。综述力求简单明了,尽量使用图例,压缩解释部分。练习以大量跟读模仿为主,旨在让学生熟悉语素和调式。其三,综述后在语音阶段通过对比的手段,重点突出语音难点和重点。不再平均用力教授各个语音项目,避免与综述的重复,打破传统做法。例如:将易混音成组出现进行区分,"f和h","z、c、s和zh、ch、sh","r和l","l和n","-n和-ng","uo和ua","j和zh","j和q","r和sh"等。其四,模仿跟读的机械性练习与趣味性练习结合。语音阶段没有捷径可走,只有大量练习,即便如此,也只能把学生的洋腔洋调纠正到百分之七八十。为避免机械式训练所带来的枯燥和疲惫,适当增加趣味练习。根据每一课所要重点练习的语音项目,在学生已掌握的基础上适度编排对应的顺口溜、小短句和成组的小句子,以增强学生对语音学习的兴趣。例如我们在第一课重点练习了"b 和 p"之后,结合本课出现的"老师,也"等生词,就编了一个小顺口溜儿:"爸爸怕妈妈,妈妈不怕爸爸,我不怕爸爸,也不怕妈妈,我怕老师。"既练习了语音,又融入了文化内容("妻管严"、"独生子女小皇帝"),生动有趣。最后,语音训练贯穿教材全书。为什么学生学了四年的汉语还是达不到中国人说普通话的水平呢?二声上不去,四声下不来,三声发不好。关键还是语音训练阶段太短,有些教材在集中学完语音之后就不再涉及任何语音练习了,致使学生认为语音学完了就万事大吉了,从此学汉语与语音无关。作为预科教材要加强语音部分,要加长语音阶段的授课时间,本教材设计使用三周时间教授和训练语音;在全书学生学习需要的地方汉字下方标注拼音,利于学生学习;语音练习贯穿全书40课课文;尽量设计朗读时韵律感强、朗朗上口的课文,在实际语流中反复磨练语音语调;配合语音教学设计常用课堂用语、最基本句子列表、普通话声韵母拼合大表、声调组合表,可供教师课堂教学使用,也可供学生课上练习、课下预习和复习使用。

3.2 汉字的处理

学界关于汉字教学有两大派争论:一派主张"认写同步",即要求初级阶段的学生要会认、会写、会用所学汉字。理由是认读与书写都很重要,二者相互依存和支撑,多写有助于掌握汉字间架结构,并帮助记忆汉字和举一反三。另一派主张"认写分流,先认后写",即不要求学生在起步入门阶段浪费大量时间书写,而要求他们先多认字,为尽早步入阅读阶段作准备,"写"的任务滞后。理由是大量书写占用了学生阅读和听说的时间;要求学生对所学的汉字都会写,易增加学生心理负担,让学生产生畏难和厌学情绪;学生每天闭门书写大量汉字没有时间用汉语实际交际,另外,现在电脑普及,汉字不用写也可以用拼音敲出来等等。这两种观点各有利弊。

我们认为在预科阶段,精读词应该会认、会写、会用,补充词汇可不作严格要求,学生可自行掌握。对初级学习者来书,汉字书写和记忆是最大的困难,非汉字文化圈的学生体会最深,在他们看来,汉字只是一种符号或是一种奇妙的图画,他们很难知晓汉字的起源、结构以及音形义之间的关联。因此在预科阶段,必须要多渗透汉字文化知识、加强汉字教写。因为前者可以帮助学生理解汉字,进而对汉字书写和认读产生兴趣。后者有利于教师教授并及时纠正学生在书写过程中所产生的种种汉字偏误。

因此,我们在第一阶段设立了汉字综述,目前很多综合教材没有设计汉字综述这一环节,或者是有的教材介绍篇幅很长,但教写很薄弱。我们则采取介绍与实践相结合的方式,介绍以图为主,配以简单英文说明,给学生一个关于汉字的基本轮廓,为书写作铺垫。一边介绍一边练习,让学生从第一天上课就开始写,强调动笔性、实践性。书写的内容从基本笔画、常用偏旁、汉字的结构到独体字、合体字。综述之后每课汉字处理是先给词表,再给字表,给出笔顺、部件的组合以及字源,从字源入手帮助学生理解和记忆汉字。设计学生写字本,每节课抽出 5—10 分钟教写和书写汉字。综合课本不设阅读练习。

3.3 功能、语法点的处理
3.3.1 以话题功能为主线

长期以来,绝大多数初级汉语综合教材一直遵循着以结构为纲的路子,认为以结构为纲,才能兼顾交际功能。反之,则很难顾及语法的系统性。这种看法束缚了我们很久。在实际教学中,我们发现,语法结构固然重要,但是入门者更需要学习生存汉语。如宏观上怎样满足校园内外社会交际需要,微观上如怎样开始话题、衔接话题、转移话题、结束话题,怎样表达不满、婉拒等等。许多学了一年汉语的学生在实际交际中常因为不知道怎样起承转合而无法继续话题,或是答非所问。这正暴露了学生在这些微技能掌握上的弱势,怎么办?要通过教材的设计来引导。学生需要什么,学生在哪方面弱,我们就给他(她)什么,就重点强调什么。本书以场景功能为主线,每课的会话编写基本按照功能的先后顺序来设计,功能所涉及的场景之间尽量做到相互衔接,前后照应,例如:在《你感冒了》,引出功能"看病",然后在下一课《健康第一》的给出功能就是"探病"。

3.3.2 兼顾语法序列的系统性

当然,以场景功能为纲,在某种程度上就很难照顾到语法结构的序列性,我们的办法是先总结目前通用教材的功能及语言点,再结合国家对外汉语领导小组办公室编的《高等学校外国留学生汉语言专业教学大纲》,最后设身处地地选取学生最急需的功能来综合考虑本书的功能和语言点。

考虑到初级阶段的特点,我们完全同意李泉先生的"教材中语法项目的确定,仍以培养学生的交际能力为目标,不必讲究语法本身的系统和完整。因此,应提倡以交际化为标准,优选语法项目,以是否构成难点为来取舍语法项目,并向量小方面倾斜,才能精化教材内容,减小教学难度"的观点,在语法选取和处理上遵循了以下几个原则:

选最基本的、最常用的。例如:能愿动词"会"和"能"都表示能力时,较难教学和选择话题场景进行对比区分。因此我们只选取了"会"的最常用项——技能的习得,和"能"的最常用项——限制与许可,并要求学生掌握这两项即可。"想"和"愿意"表示意愿时就只选取了"想",因为"想"更常用;避免把易混的放在一起对比,例如:v+来/去+o,这个宾语的位置可在"来/去"之前,也可在"来/去"之后,如果把二者放在一起对比,很容易把学生搞糊涂,弄得哪个也不会用,所以该删减时就删减;大的语法点切分成若干课进行处理;难易穿插,避免把难的语法点连续放在一课处理。例如"能愿动词"分散在了四课中。中间还穿插了一课语言点相对容易的内容,避免让学生产生畏难情绪;允许有些语法点先冒头,但不解释,逐步培养学生语感,最后再汇总讲解。例如,在14课出现"了2",意在使课文完整有趣,但模糊处理"了2"。

3.4 课文、词汇的处理

如果说场景、话题、功能是本教材的导引,语言点是串联起课文的一针一线,那么课文则是实现功能的载体,是展示语言点的最好的舞台。课文编写得是否朗朗上口,是否诙谐有趣,是否蕴涵丰富的文化信息,是否真实具有时代感,是否吸引学生则是决定一本教材成败的关键。我们常说,教材的好与坏,只有使用教材的教师和学生最有发言权。教师教起来顺手,学生喜欢学才说明课文编写成功了。

3.4.1 课文字数和课文标题

课文字数应适中,并且随着语法点的积累,课文难度的增加,可适当增加课文长度,但初级阶段课文不宜过长,否则会引起学生的厌学情绪。

表 2　本书课文字数拟采用的标准

课文	对话字数(字)	短文字数(字)	复习课字数(字左右)
1—10 课	25—70	80	第 10 课:150
11—20 课	70—120	60—120	第 15 课:130　第 20 课:150
21—30 课	120—230	90—200	第 25 课:170　第 25 课:250
31—40 课	200—320	160—200	第 30 课:270　第 35 课:270

看一本教材有趣与否,要先看标题。我们的原则是从课文中抽取最精彩的、最能紧扣课文内容的、最易展示本课话题和功能的,或是能体现主要语法结构的一句话作为课文的标题。例如:《ATM 比去银行方便》就是结合了话题"在银行取钱还是用 ATM 取钱方便"和功能"比较"而抽取出来的标题。《我们吃了一次地道的麻辣烫》则是体现了语言点"了1"。

3.4.2　课文的语言和人物

作为综合课本,本书虽然以场景和功能为纲,但毕竟不完全同于口语教材,口语教材可以大胆使用生活的口语素材,而我们必须有所控制。一方面因初级阶段汉语学习的特点,教材需要用口语化的语言材料来组织课文,有利于烘托课堂气氛。但是另一方面又不能涉及过多纯口头语的材料,否则会将学生引入街头汉语和俗语俚语中去,影响教材的严肃性。因此我们注意选用规范化的口语,既有书面语的正规严谨,又不失口语的生动活泼。

课文中的人物选取拟采取以下原则,外国学生的选取要考虑洲际和肤色的平均覆盖,不能有所偏向,中国人物则包括学生在实际交际中所接触到的中国社会上方方面面的人物,以利于学生从多角度了解中国社会,如大学教授、公司经理、出租车司机、餐厅服务员、卡拉 OK 服务生、医生、警察、房东等。

3.4.3 课文与文化

预科阶段不宜编排主要以文化内容为主的课文,否则会增加大量低频词,加重学生负担。我们尽量做到将文化点滴渗透在课文中,编排含有文化知识的课文段落和含有文化内容的词句。通过这些段落和词句,激发学生自己在现实生活中发现和理解中国文化。

3.4.4 课文中词汇的处理

因 HSK3 级门槛的确立,我校一年级新生水平大幅度提高,原在一年级应掌握的一些词汇,可以挪到预科阶段处理。考虑到预科阶段的特点,我们认为综合课本的总词汇量不宜过大,为此我院初级综合教研室的全体老师选取了《汉语水平词汇与汉字等级大纲》(修订本,简称《HSK 大纲》)、《高等学校外国留学生汉语言专业教学大纲》、《汉语教程》、《新实用汉语课本》、《博雅汉语》,以《HSK 大纲》中的甲级词为基点,考察这些词在以上几种大纲和教材中的分布情况,取 HSK 大纲中的甲级词,本科大纲中一年级一级词,三种汉语教材中第一册的词,最后筛出 183 个共核词。上述词表的基础上加以补充到 800 词左右作为预科综合教材的"精读词",另外备出 200－300 词作为"补充词",不要求学生掌握。单课词汇量如下:1－10 课语音阶段单课生词 10－15 个,补充词汇 5 个左右。11－40 课单课生词≤20 个,补充词汇 5－10 个。在编写过程中,注意考虑课文生词密度不宜过大,"在课文的每个句子中以出现一个生词为最佳,同一个句子中一般不超过两个生词"。注意增加生词重现率。很多专家从心理学的角度讲生词重现的意义在于防止遗忘,而不在于恢复已遗忘的生词,为此我们编排课文时尽量使话题有延续和交叉性,尽量使后一篇课文为一篇课文的续集,努力为生词的重现创造机会。

3.5 练习的处理

本着检验教师"输入－教"的效果的原则,注重设计一些有效题型,不做无用功。并注重先易后难,难易适度,题量适度。方便教师及时发现教学中的不足,拾遗补漏。本着检查学生"输出－学"的效果的原则和活学活用的理念,注重设计联想创造类和任务交际类题型,引导学生在练习中取长补短。练习设计以基本题型为主,并根据每课具体情况灵活处理。力求形式活泼,图文并茂,趣味性强。

表3 本书练习设计的题型

语音阶段(1—10课)	语言点阶段(11—40课)
互动练习(找朋友或老师给你的拼音打打分1—4课)	语音练习(朗读短语、朗读短句、朗读儿歌)
书写练习(写出本课的声韵母1—3课)	替换类
朗读练习(朗读本课声韵母所组合出来的词语1—3课)	句式转换类
辨音练习(跟本课出现的声韵母易混的拼音1—3课)	组句
读句子写拼音类	改病句类
语音知识的练习	填空类
用拼音完成对话类	回答问题类
替换	完成会话类
组句	交际练习类
填空类	
回答问题类	
完成对话类	
交际练习类	
……	……

关于练习的量多少为适度,赵金铭先生认为:"练习要达到教师认为'好用',即可用它组织教学;学生课上课下'爱用',做完教材中的练习,既巩固了课堂所学,又提高了自己的语言能力,这个量就是合适的。"我们认为出现在学生面前的练习应适量,但实际教学中因学生水平参差不齐,接受理解能力也千差万别,可能一课的练习好学生不够做,差学生做不完。故我们拟在教师用书中补充一些练习,方便教师使用。

四 余论

好的教材是需要进行打磨才能出来的,作为本书的编者们,我们都是来自教学第一线的年轻教师,虽然在某种程度上可能缺乏编写教材的经验,但是我们坚信能编好此书,现在有很多可以借鉴的东西,我们既要发扬并传承自己的精髓,还要抓住时代的脉搏。希望得到同行们的批评,唯其如此,才能进步。

参考文献

白乐桑 1996 汉语教材中的文语领土之争:是合并,还是自主,抑或分离?《世界汉语教学》第4期。

郭志良、杨惠元、高彦德 1995 《速成汉语初级教程·综合课本》的总体构想及编写原则,《世界汉语教学》第4期。

国家对外汉语领导小组办公室编 2002 《高等学校汉语外国留学生汉语言专业教学大纲》,北京语言文化大学出版社。

李芳杰、杨巍 2005 《导引 脉络 准绳——汉语100》编写思路的构想与实施,载赵金铭主编《对外汉语教学的全方位探索》,北京:商务印书馆。

李 泉主编 2006 《对外汉语教材研究》,北京:商务印书馆。

李泉、杨瑞 1999 《汉语文化双向教程》的设计与实施,载《中国对外汉语教学学会第六次学术讨论会论文选》,北京:华语教学出版社。
李　泉　1996　《新编汉语教程》的设计、实施与特点,《语言教学与研究》第2期。
李　泉　2005　《对外汉语教学理论思考》,北京:教育科学出版社。
刘颂浩　2005　我们的汉语教材为什么缺乏趣味性,《暨南大学华文学院学报》第2期。
刘　珣　2005　《对外汉语教育学科初探》,北京:外语教学与研究出版社。
刘　珣主编　1997　《对外汉语教学概论》,北京语言大学出版社。
任　远　1985　基础汉语教材纵横谈,《语言教学与研究》第2期。
佟秉正　1991　初级汉语教材的编写问题,《世界汉语教学》第1期。
杨寄洲　1999　《对外汉语初级阶段语法教学大纲》,北京语言大学出版社。
张静贤　1998　关于编写对外汉字教材的思考,《语言教学研究》第2期。
周健、唐伶　2004　对汉语练习设计的考察与思考,《语言教学与研究》第1期。
钟　㭎　2006　《钟㭎对外汉语教学初探》,北京语言大学出版社。

(全　军　北京语言大学汉语学院　100083)

论小量和否定极项之间的关系
——从汉日比较的角度

贾黎黎

一 引言

只用于否定或多用于否定的表达形式被称作否定极项(Negative Polarity Items：NPI)。如：

(1) a. その話はちっとも面白くなかった(山田小枝,1997)
   b. *その話はちっとも面白かった。
(2) a. その話はたいして面白くなかった(山田小枝,1997)
   b. *その話はたいして面白かった。
(3) a. 才能のある音楽家にしかこの曲は弾けない。(山田小枝,1997)
   b. *才能のある音楽家にしかこの曲は弾ける。
(4) a. 小两口从来没有红过脸。(石毓智,2001)
   b. *小两口经常红脸。
(5) a. 他丝毫没有惊慌。
   b. *他丝毫惊慌了。

上面例句中画线部分的表达形式倾向用于否定句,当用于肯定句时句子显得不自然。此类表达形式在多种语言中都可以观察到,它们只用于否定或多用于否定的原因也是历来探讨的重点之一。本文也试图从汉日对比的角度对这一问题进行讨论。

否定极项在词性分布上极广,且不同语言中的否定极项也未必完全对应(日语和汉语中否定极项的分类参考山田小枝(1997)和石毓智(2001))。本文主要从抽象语义的角度分析否定极项多用于或只用于否定的原因,因此暂不考虑不同词性之间的差异。此外,本文所举的否定极项的例句也并非涵盖所有类别,而只讨论与本文论题相关的例句。

二 时贤研究

2.1 以往的研究

人们很早就注意到如果把否定极项的语义归结为抽象的量,同一语言之中不同词性甚至分属于不同语言类别的否定极项具有共同的特征。如山田小枝(1997:20)中提到、Wartberg(1971)曾指出,具有小量或是低价值的语义特征的词后容易跟否定词,吉村(1999:17)进一步指出,凡是表示"相当于某个量阶(scale)上的最小值的表达形式多用于否定环境"。也就是说,这些先贤文献不约而同地指出,否定极项在语义特征上具有共同点,更准确地说,它们都认为否定极项具有"小量"的语义特征。与此相比,石毓智(2001)更进一步,为我们提供了下面的按照语义程度的高低(量的大小)依次递增顺序排列而成的量阶,并指出下面例(6)中最左边的一列词(也就是量最小的词)一般多用于否定结构,而最右边的一列词(也就是量最大的词)一般只能用于肯定结构。

(6) 景气　　繁荣　　鼎盛

　　顶用　　适用　　万能

　　介意　　记得　　铭记

　　认账　　佩服　　钦佩

(石毓智,2001:59)

而关于小量为何多用于否定,石著的观点可以归纳为两点:

① "量小的事物易消失因此否定性强",人们所认识的这条客观世界的常理在语言上的投影就是"语义程度极小的词语,只能用于否定结构"的公理。(第53页)

② 否定范围的规律:人类语言中的否定词的含义都是"少于,不及(less than)",即表示差等否定,因此……较低量级的否定包括了对较高量级的否定……否定的量级越小,它的否定范围越大,同时其否定程度也就越高……在语言运用中,往往是利用对最小量级的否定来实现完全否定,譬如"没有丝毫问题""没有一点问题"。(第27页,第37页)

(7) 顶用＜适用＜万能　　　　景气＜繁荣＜鼎盛

(8) 这人不顶用。　　　　cf. *他这人顶用。

(9) 近来经济一直不景气。　　cf. *近来经济一直景气。

按照石著的说法,例(7)中的"顶用"和"景气"在同一组词语中都属于语义程度最低的词汇,如例句(8)、例句(9)所示,它们通常都用于否定结构。

由上述两点可以看出,石著认为小量词只用于否定结构是由小量词本身的量的特征决定的,而这一观点的依据是客观世界的一条常理,即量小的事物易消失。

2.2 语用衍推

石著中关于否定范围的规律的论述与 Fauconnier(1975a, 1975b,1978)中提出的语用衍推(pragmatic entailment)和量级法则(scale principle)[①]存在相通之处,可理解为对该概念的一种应用,因此下面将其概念和观点简单归纳如下:

(10) The faintest noise bothers my uncle. (最小的噪音也会打扰我叔叔。)

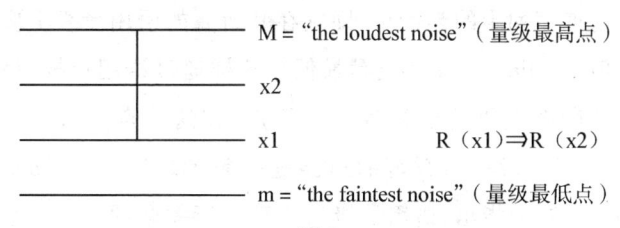

```
──────────┬────────── M = "the loudest noise"（量级最高点）
          │           x2
──────────┼────────── x1           R(x1)⇒R(x2)
          │
──────────┴────────── m = "the faintest noise"（量级最低点）
```

图 1

图 1 表示一个以(x1, x2, ……)为成员的语用量级(pragmatic scale),这个量级与命题 R(x)关联,在图 1 中 R(x)="x bothers y",其中"x2＞x1"。如果"x1 bothers y",则可以衍推"x2 bothers y"。如果"最低的噪音打扰了 y",则会得到"任何噪音都会打扰 y"的意思,从而获得了全称的解读。"否定"可使语用量级倒置(reverse):如果 R(x1)⇒R(x2),则 ¬R(x2)⇒¬R(x1)。因此,如果"最大的噪音也打扰不了 y",那么可以得到"任何噪音也打扰不了 y"的意思,从而获得全称的解读。

虽然 Fauconnier 讨论的是英语中为何使用形容词最高级的句子有时可以获得全称释义的问题,但其观点同样可以用来解释为何汉语中对最小量的否定可以获得全称的解读。我们可以列出一个与命题 R(x)="他有 x"相关联的由"一分钱 十块钱 三百块钱 五百块钱"构成的量级,当句子为肯定句时,其衍推序列如下:

(11) 他有五百块钱⇒他有三百块钱⇒他有十块钱⇒他有一分钱

但在否定句中,量级正好相反。即通过否定,原本位于衍推序列的终极项的"他有一分钱"变成了起始项,可以衍推该序列的其他所有项,从而获得全称释义。

(12) 他没有一分钱⇒他没有十块钱⇒他没有三百块钱⇒他没有五百块钱

如上所示,要获得全称解读,则必须保证用于衍推其他项的句子是该衍推序列中的起始项,即它在其所属的语用量级上应是一个极端值(outliers)(最高或是最低),这样通过语用衍推,该语用量级上的所有量级才能被肯定或否定,在这一点上,Fauconnier(1975a,1975b,1978)和石著的思路是一致的。只不过,Fauconnier(1975a,1978)中指出,语用量级依赖于 x 所关联的谓词。如对于"x bothers y"来说,x 的量级如图 1 所示。但对于"y can stand x"来说,x 的量级正好相反。具体而言则是如果"最高的噪音 y 都能忍受",则会得到"任何噪音 y 都能忍受"的意思。

在这一点上我们同意 Fauconnier(1975a,1978)的观点。因为同样为表示小量的"一",我们换一个谓词,如"一分钱他也存着",则衍推序列正好相反。

(13) 一分钱他存着⇒十块钱他存着⇒三百块钱他存着⇒多少钱他都存着

(14) 多少钱他都不存⇒三百块钱他不存⇒十块钱他不存⇒一块钱他不存

由上可以看出,即便同为表示客观小量的"一",通过与不同的命题搭配,有时可以位于量级的最高点,有时可以位于量级的最低点。总之,只有当它能够成为语用量级上的极端值时,其否定式才有可能获得全称的解读。也就是说,一个词是否能够用于否定句并获得全称释义不是单纯由该词语本身的量的特征所决定的,而是要看它在语用量级上是否为一个极端值,而判断它在语用量级上是否为一个极端值,则要看与之相关的谓词和整个命题。

2.3 以往研究中的问题

英语中有形容词最高级这一词法手段来保证被论及的量级是极端值,进而保证整个命题的语义在衍推序列中的起始项的地位,汉语中却没有相应的词法手段。也就是说,在汉语中,在没有相关谓词或命题提供足够保证的情况下,通常无法保证被否定的项目在其所属的语用量级上是一个极端值。因为最小量是一个理论值,所以在语言的实际使用中,很多时候即便是表示小量的词语,也很难保证它一定是绝对的最小量,即语义程度为最低。石著中举出的可抽象为最小量的词其实很多都只表示小量,而不表示极小量。如按语义程度高低排列而成的序列(7)中,其语义程度较低的一端还可以加入其他词。也就是说,无法保证被讨论的词在其序列中语义程度为最低。如:

(15) 凑数＜顶用＜适用＜万能

(16) 他再不顶用,也还可以凑个数吧。

而鉴于否定词的含义又是"少于,不及(less than)",如果无法保证被否定的小量词在其语义序列中量级一定为最低,假设被否定的小量为 q,而 p＜q,那么句式整体所表达的语义应是肯定 p 的"存在",即并不表示全称语义,如此一来,石著中关于否定范围规律的论据便不充分。

其次,既然石著中的肯定和否定公理建立在客观世界的一条常理之上,试图从认知的角度来解释问题,那么其观点理应同样适用于解释日语中的相关现象。但在日语中,小量表达方式并非像汉语中那样多用于否定结构,而是多用于肯定结构。

三 日语中的小量表达方式与肯定否定

3.1 日语中的小量表达方式对句子极性的选择

日语中的小量表达方式本身,包括通常表示小量的"一～"并不要求用于否定句,表示"量小"、"程度低"的程度副词甚至反而多用于肯定结构(工藤,1983:187)。这一点与汉语形成明显对比。

(17) 有一点儿灰尘。

(18) 没一点儿灰尘。

(19) すこし埃がある。

(20) *すこし埃がない。

例句(17)和(19)为肯定句,例句(18)和(20)为否定句,它们在语义上都一一对应。我们可以发现,日语中小量表达方式"すこし"与肯定句相容,而与否定句不相容。

在日语中,要使用这样的小量表达方式,通过语用衍推表示对量阶上所有值的否定,也就是全部否定的意义,需在其后附加标记"モ"。如下例:

(21) すこしモ埃がない。

例句(21)表示"一点儿灰尘都没有"的全部否定意义。此时,在语音上"モ"与前面的小量表达方式紧密结合在一起,出现语调平板化。为与不具有该语音及功能特征的"も"区分开来,本文中将其记为"モ"。事实上,多数小量表达形式在用于否定句,表示完全否定意义时都需要附加标记"モ"。如:いささかモ、少しモ、こ

れっぽちモ、つゆほどモ、塵ほどモ、片時モ、片鱗モ、みじんモ等。

对通常默认为小量的"一～"的否定也是如此。没有附加标记"モ"时,对小量"一"的句法否定并不一定表示全部否定义,而是可以表示"不足一"的"不及"义。例如:

(22) 記者:具体的にどれだけ飲んだんですか。

中川大臣:飲んだのはごくんというのであればごくんはしておりません。

(中略)<u>グラス1杯飲んでいない</u>。(《フジテレビスーパー特報》)

这里,"中川大臣"着重想要辩解的是"虽然喝了酒,但量非常少,1杯都不到",由此可见这一结构上相当于汉语中无标的否定句"没喝一杯"的句子,所表达的意义却是"不及"义,而并非汉语中的全部否定义。

与之相比,同样是对小量"一～"的否定,日语中附加了标记"モ"的有标否定句所表示的是全部否定义,因此它的后面不能后续"只喝了半杯"这种支持"不及"义的句子。

(23)*<u>彼女はお酒を一杯モ飲まなかった</u>よ。半分しか飲まなかった。

综上,在具有同类现象的日语中,比起表达形式本身的"小量"的语义和认知特征来,标记显得更为重要,或是可以说起着关键的作用。通过附加全部否定标记,明确该小量表达方式在语用量阶上的最小值的地位,进而通过语用衍推,表达出全部否定的意义。日语中小量表达方式并不多用于否定,即便用于否定句,在不附加全部否定标记的情况下,并不表示全部否定义这一现象从事实上证明石著中将小量义词只用于否定的原因归结于词本身的观点站不住脚,缺乏跨语言的普遍性。

那么,日语中的数量词否定句要获得全称解读为什么"モ"必不可少呢?在不附加标记"モ"的情况下对包括小量的数量进行否定时,汉语和日语之间是否存在差异?

3.2 对数量的否定—表"不及"(存在)和表"全部否定"(非存在)

简单来说,日语中对某一数量进行句法否定时,除了上文提到的"モ"以外,还存在"は、と、も"②等标记,通过区分使用二者来分别表示"全部否定"(非存在)义和"不及"(存在)义。即便是在没有前提存在的情况下,也可以通过搭配表"不及"义的标记采用句法否定的形式来肯定某个量的存在,即表示"不及"义。如:

(24) a. 昨日の学会、どのぐらい来ていましたか。
　　　b. そうね。五十人も来なかったよ。(＊五十人未満の人が来た)

(25) a. 昨天的学会来了多少人。
　　　b. ＊我想想,没来五十个人。cf. 才来了不到五十个人。

(26) a. 何キロ走ったの?
　　　b. 10キロも走れなかった。(＊10キロ未満走った)

(27) a. 你跑了几公里?
　　　b. ＊＊我没跑完十公里。cf. 我跑了不到十公里。

(28) a. 何杯飲んだの?
　　　b. 3杯も飲めなかった。(＊3杯未満飲んだ)

(29) a. 你喝了几杯?
　　　b. ＊我没喝上三杯。cf. 我喝了不到三杯。

以上汉语和日语例句的语义及句子结构是分别对应的。如上所示,在日语中,当说话人要表示"只来了三四十个人"这样一种肯定"不及五十"的某个量的存在的语义时,可以通过附加表"不及"义的标记"も",以句法否定的形式完成,而不能用词汇否定的形式(如"五十人未满")来表达。但是汉语中却要用词汇否定的形式(如"不到五十个人"),而不能用句法否定的形式③。在这一点上二者呈镜像关系。

值得注意的是,汉语中表"不及"义的词汇否定形式通常由否定词附加一个表示"满、到、足"义,即能表示由少到多的程度递加义的词构成。从这个意义而言,在汉语的实际运用中,否定词本身是否足够表示"不及"义颇值得怀疑④。通常容易理解的是,因为本身缺乏相关的语义才需要补足。

比起"不及"义来,汉语中用句法否定的方式表达"非存在"义要容易得多。有时不需借助语序、焦点这些有标记的手段也可以表达⑤。我们认为,这一表达手段的差异导致了本文主要讨论的现象的出现。以可根据不同的上下文分别表示"最小量"和非极端值的"小量"的"一~"为例,在日语中通过表"不及"义标记的使用(有时可省略),可以表示"不及"义,即并不表示完全否定。

(30) 彼女はお酒を一杯は飲まなかったよ。

(31) 彼女はお酒を一杯モ飲まなかったよ。

例句(30)和(31)中分别使用了表"不及"义和"非存在"义的标记。其中,例句(30)表示"喝了",只不过喝的量"不及一杯";例句(31)则彻头彻尾否定了"喝酒"这个动作的存在。这一点可以通过分别后续表示"一点儿没喝"(非存在义)和"只喝了半杯"(不及义)的语义的句子得到证实。

(32) *彼女はお酒を一杯は飲まなかったよ。ぜんぜん飲まなかったよ。

(33) *彼女はお酒を一杯モ飲まなかったよ。半分しか飲まなかった。

而在汉语中,用句法否定的形式对小量"一~"进行否定时,即便是无标的否定句,也不表示"不及"义,而会被默认为"非存在"义,即表示完全否定。例如:

(34) 她没喝一杯酒,一点儿都没喝。

(35)* 她没喝一杯酒,只喝了半杯。

也就是说,在汉语中,当小量表达形式用于否定句时,因为不能积极保证该句表示"不及"义,即比该量更小的量不会出现在语用量级上,这就间接保证了它在语用量级上的极端值的地位,从而帮助句子获得全称释义。只不过因为汉语中无标的否定句也可以表示"非存在"义,因此表现出来则给人感觉与全称释义获取有关的在汉语中是被否定的小量词的"量"的特征;而在日语中则是表示"非存在"义的标记。石著的观点之所以母语为汉语的人接受的程度高于母语为日语的人,可能是由于汉语和日语之间的这一分歧造成的,它反映的是两种语言语法系统特点的不同。

3.3 旁证

日语中区分使用"存在"义和"非存在"义的标记在其他语法形式上也有体现。如表示限定义时,汉语中只有一个"只"[6],但是日语中却同时存在"だけ"和"しか"两种形式。前者表示量虽少,但该量存在,即肯定性事态;后者则表示虽然存在一定量,但要完成某个期待的事项远远不够,相当于没有,即否定性事态。这一点可以从以下的例子得到证实[7]。

(36) 百元だけあるから貸してあげよう。

(37)* 百元しかないから貸してあげよう。

即当与"我借给你吧"这一肯定性事项搭配使用时,"だけ"适宜,而"しか"不适宜。虽然同样表示限定义,但在选择与肯定性事态搭配使用还是与否定性事态搭配使用方面,二者存在明显分工。

此外,关于不定疑问词,日语中也存在细致的分工。"wh か"表示"存在"义;"whモ"表"非存在"义,即完全否定。但汉语中却不作区分。如:

(38) どうもそこには何かの「哲学」があったように思われる。

总觉得那里面隐藏着些什么哲学思想。

(39) そこには何モ「哲学」がないように思われる。

总觉得那里面什么哲学也没有。

(40) *昨日何か食べなかった。

(41) *昨日何モ食べた。

例句(40)不合语法是因为日语中"whか"表存在,即说明"有",这与后面的否定式相矛盾;例句(41)不合语法是因为日语中"whモ"表"非存在",即完全否定,这与后面的肯定式相矛盾。

四 结 语

通过与日语中相关现象的对比,我们了解到"否定小量即可表示完全否定的意义"并不是人类语言的普遍现象,只适用于汉语这种不能保证句子表"不及"义,能够默认"非存在"义的语言。因此,本文认为从认知的角度解释否定极项和小量之间的关系,要考虑到语言的个体差异,进行更严密的界定,不能仅归结于小量的语义特征。

附注

① 本文中有关 Fauconnier(1975a,1975b,1978)的部分参考自郭锐(2006)。

② 表"不及"义的这些助词有时也可省略。
③ 汉语中表不及义也可以使用"否定词+动词+补语"的形式。只不过,并非所有的动词都可以添加"递加程度义"的补语表不足义,而且因为使用该形式时否定词否定的焦点在补语,在本质上与"不到"类的词汇否定形式无本质区别,故不另提。
④ 当谓词为"有"时可以自由地表示"不及"义,这与"有"本身具有一定的程度义有关,详见石毓智(2004)。
⑤ 但这时需要一定的前提。
⑥ 除了"只"以外,还有"就"和"才",但它们之间的分工并非基于表"不及"义还是表"非存在"义。
⑦ 正因为两种标记虽有共通之处,但分工不同。因此可以在句中同现。汉语中则见不到这种现象。
異性を1人だけしか知らないまま結婚してもいいの?

参考文献

郭　锐　2006　衍推和否定,《世界汉语教学》第2期。
吉村あき子　1999　《否定極性現象》,英宝社。
山田小枝　1997　《否定対極表現》,多賀出版。
沈家煊　1999　《不对称和标记论》,南昌:江西教育出版社。
石毓智　2001　《肯定和否定的不对称性》,北京语言文化大学出版社。
石毓智　2004　论社会平均值对语法的影响——汉语"有"的程度表达式产生的原因,《语言科学》第6期。
Fauconnier, G.　1975a　Pragmatic scales and logical structure. *Linguistic Inquiry* 6.3.
Fauconnier, G.　1975b　Polarity and the scale principle. *Proceedings of Chicago Linguistic Society 11*.
Fauconnier, G.　1978　Implication reversal in a natural language. In F. Guenthner and S. J. Schmidt (eds.), Formal Semantics and Pragmatics for Natural Languages. Dordrecht: D. Reidel Publishing Company.
Wartburg, W. v.　1971　Evolution et structure de la langue française. Bibliotheca Romanica.

(贾黎黎　北京语言大学外国语学院日语系　100083)

俄汉外来词比较

亓 华　［塔吉克斯坦］光　明

俄语和汉语是当今国际事务和世界语言中极为重要的两大语言,都具有及时恰当而有效地吸收和引进外来词语和文化的功能,并因此而使本土的语言和文化得以不断地丰富和发展。中俄两国在伴随异文化接触、交流、冲击而来的外来词的吸收及其民族化、国际化上,在保护和纯洁民族语言上都具有很大的相似性和可比性。但由于俄语和汉语分属于印欧与汉藏两种不同的语系,在文字形式、词语构成和语法结构上也存在着鲜明的差异和不同,因此在外来词吸收和积累方面存在较大的差异性。研究和考察俄汉外来词吸收发展的这种人类共同的语言接触现象,不仅对认识人类语言的相通性和语言发展中的某些相似的规律有帮助,而且对于更加清楚地认识两种语言的特点和不同大有裨益。

尽管学术界关于俄语和汉语外来词的文章有不少,但截至2010年1月,在中国外语类核心和重要期刊上(20种)发表的有关俄汉外来词对比研究的论文仅有4篇(顾鸿飞,1998;苗幽燕,2002等)现有论文对于俄汉外来词吸收引进的异同规律尚缺乏清晰的把握和全面透彻的分析。因此,本文力图运用语言学和对比语言学的理论,从俄汉吸收外来词的历史与现状、译借方法和外来词数量差异三个方面进行对比研究与分析,旨在揭示俄汉外来词各自的特点和规律,以促进俄汉外来词的双向学习交流和比较研究。

一 俄汉吸收外来词的历史与现状比较

俄罗斯和中国都是历史悠久、幅员辽阔和民族众多的世界大国。在两国语言的丰富和发展过程中,都有过先从本国各民族语言后从异国语言中吸收外来语的历史,而且对异族异国的语言接触与吸收大都因战争、商贸往来、宗教传播和文化交流而起。俄汉外来词的吸收和民族化对引进新概念、新事物和新文化,丰富发展本国的语言词汇都起到了重要的作用。

从吸收外来词的历史来看,两国都曾出现过几次大规模的引进浪潮,但发生的时间和外来词的来源却因两国社会历史发展进程、地理位置和文化渊源的不同而存在很大差异。

在汉语的发展过程中,曾先后出现过三次大规模吸收引进外来词的浪潮,并呈现出明显的地域文化色彩。据文献记载,汉语从其他民族语言中借用词汇可追溯到3300年以前的盘庚迁殷时期,最初是各部落、各氏族之间的语言接触与融合。汉语中大量吸收外来语始于汉代。第一次大规模引进外来词发生在汉唐时期(公元前206—907年),前后延续千年之久。沿着中国与西方经济和文化的交流通道"丝绸之路",中国的陶瓷玉器、药品香料等纷纷传到印度、波斯帝国,中亚和罗马帝国。而源于这些地方的特产也随着商业的流通往来传入中国。这一时期的外来词绝大部分是一些动植物、食品名称,且主要是采用音译方式从中亚诸语言——波斯语、阿拉伯语、大秦语等译借过来的。如葡萄、石榴、菠萝、菠菜、狮子、大象等。魏晋南北朝至唐宋时期,印度佛教文化的传入和兴盛引发了大规模的佛经翻译活动。大量梵语词汇通过音译和意译被借到汉语中,成为汉语词汇的有机组成部分。汉语中的双音节词汇因佛经的翻译而大量的增加,如因果、无常、众生、化缘、慈悲等。还有大量源自佛教的成语俗谚,如粉身碎骨、临时抱佛脚等。汉语中的佛教译词不仅对中国的社会文化和思想观念产生了深刻的影响,而且对汉字文化圈国家的语言、文学艺术、宗教文化与社会意识形态都产生了深远的影响。中国作为当时世界文化最发达地区向日本、韩国、越南等东南亚地区输送了 35000 余条汉译佛教词语,为东亚"汉字文化圈"的形成发挥了极为重要的作用。

第二次高潮是从 16 世纪末西方传教士汉译西书起,历经鸦片战争以后的洋务维新运动、辛亥革命和"五四"新文化运动直至 20 世纪前 30 年。来华传教士利玛窦、艾儒略等人在翻译宗教书籍的同时也把西欧的科技文化著作译介过来,拉开了西学东渐的序幕。伴随西方的科学技术、政治思想文化而来的是许多新概念、新名词,明代开始多采用意译。而到清末的严复等人则多用音译。如斐洛苏菲(philosophy,哲学)、伯理玺天德(president)、希卜梯西(hypothesis,假设)、理弗留里(revolution,革命)等。到 20 世纪前 20 年,除了像乌托邦、逻辑、图腾等为数不多的音译词保留下来外,大部分为日制汉字词所取代。另有一些音译词,像可可(cocoa)、巧克力(chocolate)、三明治(sandwich)、威士忌(whisky)等食品、饮料和日用品名称至今仍保留着音译形式。中国在 19 世纪中期之前还是向东亚各国输出西源汉译新词的文化优势国家,但到 19 世纪末,科技文化相对进步的日本取代了中国的霸主地位,跃升为东亚文化圈中的汉语新词的输出国。汉语、韩语和越南语都从日语中借入了大量的日制汉字新词,至今现代汉语常用词汇中仍留下1千个左右与现代文明有关的不可或缺的日语汉字词。

第三次高潮出现在1978年改革开放以后。20世纪80年代以来,为了实现社会主义现代化,中国与国外在政治、经济、科技、文化等领域的交流不断增多,代表西方新技术、新思想、新观念的外来词被源源不断地引进中国大陆。社会文化发达的港台地区替代了日本成为新时期汉语吸收外来新词语的主要源地。这一时期外来词涉及的范围极为广泛,包括政治、经济、文化、军事、科技、电子通讯、信息技术、医学教育等诸多领域。不仅对中国当代社会政治、科学文化、生活方式、休闲娱乐产生了深刻的影响,也在经贸往来和文化交流中发挥了重要作用。

相比之下,俄语对外来词的吸收无论在时间上,还是来源和影响上都与汉语有显著的不同。古俄语最早接受异文化的影响并引入大量的外来词是在公元8世纪。在时间上,比汉语晚了近千年。由于俄罗斯地处东欧一隅,与欧洲各文明国家有着共同的文化渊源——古希腊罗马文化和基督教文化,其外来词主要来源于欧洲各国,且来源也比汉语广泛。概括地说主要有两支:一是源于斯拉夫诸语言,主要包括古斯拉夫语、白俄罗斯语、乌克兰语、波兰语和捷克语;二是源于非斯拉夫诸语言,主要有希腊语、拉丁语、法语、英语、德语、意大利、西班牙语。其中,对俄语影响最大的是随基督教传播而进入古俄国的古斯拉夫语;其次为拉丁语。基辅公国(822年)时期希腊语部分通过口语途径,另一部分借助教会书籍以书面语的形式被借入俄语。现代俄语中有很多斯拉夫语外来词,如град(城市)-город,брег(岸)-берег等。这些词已基本上被视为俄语固有的词汇,很少有人会把它们视为"外来词"。俄语中的词汇虽然很多都是源于古斯拉夫语,但随着时间的流逝和民族的需要,很多词汇在发音和词义上都发生了"俄化"的现象。

俄语和汉语在最初吸收外来词的时候,同样都是因宗教的传入而获益良多。自从基督教的传入开始,俄语对外来词的吸收就从未间断过。现代俄语中大量的外来词是从翻译基督教经书而来的。如 патриарх(族长)、риза(chasuble)、монах(和尚)等。然而真正的外来词吸收高潮是到17世纪后半叶至18世纪才出现的。彼得一世为了俄国的发展,在进行各方面的改革同时也扩大了对外交往。大量源自德语、英语、意大利语、西班牙语、罗马尼亚语、波斯语、荷兰语,特别是法语的外来词流入王室和民间。18世纪叶卡捷琳娜执政时期,法国人的穿着、语言、行为、爱好都成为俄国达官贵人模仿的对象。法语也因此成为当时的时尚语言。据不完全统计,俄语中来自其他语种的外来词,总数居前六位的是:1.源自希腊语,共约5492条,主要分布在自然科学、宗教等领域。2.源自拉丁语,共约4073条,主要分布在自然科学、社会科学各学科。3.源自法语,共约2420条,主要分布在社会、艺术等学科。4.源自英语,共约1010条,分布领域较广,在经济、政治、军事、科技、文体艺术、航海、日常生活诸方面。5.源自德语,共约899条,分布也较广,多为社会科学方面。6.源自意大利语,共约404条,大部分为音乐、艺术词汇。此外,源自西班牙语183条,阿拉伯语词条129条,突厥语77条,梵语46条,汉语近80条(杨杰,1998:43)。

20世纪90年代初苏联解体之后,俄罗斯从以往的与美国政治、军事对立的状态中走出来。采取了政治上的民主主义,经济上的资本主义,推行市场经济等一些效仿西方的举措。大量的英语词汇也随着时事变动涌入俄语,这跟中国改革开放以后外来词的吸收趋势大致相同。中俄两国自开放国门主动引进异国文化之后,同样出现了吸收外来词的热潮,而且其来源主要是英语。"二战"后,美国在军事、经济、科技、医学、文化等方面,在世界各国都有着极大的影响力。可以说,美国文化的影子已经投射到世界各个角落。美国英语随高科技信息和影视传媒文化的传播,势不可挡地渗入俄语和汉语之中。

二 俄汉外来词译借方式比较

俄汉在外来词译借方式上也有着一些相似之处。例如,两种语言都使用音译和意译两种基本方法,90年代以后又都出现了大量借用西文字母词现象。俄汉两种语言在文字、语音、构词、语义修辞等方面都不同程度地对外来词进行了俄化或汉化。但由于两种语言文字的差异,俄语、汉语在音译和意译数量上和民族化、国际化程度上都存在着较大差异。

俄语最常用的吸收方法是音译法,即用"西里尔字母"按外语词的发音来拼写,又叫转写。音译之所以成为俄语最常用的一种译借方法,主要在于俄语属于表音文字系统,词语是通过字母拼写组合而成的。因此在吸收外来词的时候,可以用发音相同或相近的西里尔字母严格进行音译转写,非常方便快捷。这种连音带意同时借入俄语中的译借方式又可分为两种。一种是字母对译法,就是直接用相对应的俄语字母把外来词拼写出来。如译自英语的курсор(cursor)、нотбук(notebook)、софтбол(soft-ball)、таймтейбл(time-table),译自西班牙语的有серенада(serenada),译自意大利语的有ария(aria)等;另一种是读音对译法,这种方法只考虑把读音拼写出来,而不是将原有的字母逐一拼出来。例如,译自英语的

ньюс(news)、шоу(show)、видео (video),汉语的 чай(茶)、Пекин(北京)等。俄语大部分采用音译的方式吸收外来词,但在一些情形下也采取意译法,这种情况属于少数。俄语中的意译词也被称作仿译词(ка лькирование)或间接借入(косвенное заимствование),跟汉语的仿译和摹借法相似,就是用俄语词对译外语词。例如теневой кабинет(影子内阁),звёздные войны(星际大战)等。

相比之下,汉语是单音节的表意文字,没有拼音字母文字对音转写的优势和便利,其翻译借用外来语的方式比俄语更为复杂多样。主要有以下几种:音译、音意兼译、半音译半意译、意译、仿译和借形等。汉语的音译可分为四种:1.纯音译,如咖啡、扑克等。2.半音译半意译,如冰淇淋、呼啦圈等;3.音译加类名,如啤酒、芭蕾舞等;4.音意兼译,如可口可乐、乌托邦等。汉语中的意译可分为两种:1.纯意译,2.仿意译。纯意译是根据原词整个语意翻译创造新词的一种方式,譬如 engine、stamp、cement 原先分别音译为"引擎"、"士担"、"水门汀",后来意译为"发动机"、"邮票"、"水泥"。仿译法是只保留原词的形态结构,用汉字逐"字"(词或词素)直译组合成词的方式,譬如马力(horse power)、足球(football)、蜜月(honey moon)、黑马(dark horse)等。汉语的借形词主要有两个来源:1.借自日语的汉字词。如手续、文明、干部、取缔、人力车等。2.借自西文或是外文字母与符号、数字、汉字混合构成的词。如SOS、X 光、IC 卡、B 超等。与俄语相比,汉语吸收外来词的独特之处是音译兼顾意译的几种方法——主要有半音译半意译、音译加类名和音意兼译三种。此外还有利用汉字字形的"形译"(又叫"象译"),譬如十字架(cross)、丁字尺(T-square)、工字钢(I-steel)、之字铁(Z iron),等等。

中国在改革开放以来,外来词的形式越来越多趋向于直接借用西文字母词和汉英混写的"字母词"。如 WTO、NBA、MTV、GDP、T 恤衫、BP 机、K 金等等。由于字母词具有国际通用性,在国际交往中发挥着简便、快捷的信息传递功能。这种字母词增多的倾向也出现在俄语中,目前俄语中主要有两种情况:一是完全使用英语词,特别是缩略词。如 BIZ-TV、TV-C 等;另一种是把外文字母组合在俄语里的混合词。如 IQ-коэфицент,театр+TV,TV-дайджест,等等。另外,俄汉语言中都出现了外来词语素化的现象,如俄语中有以英语 video 为语素构成的一组词:видеока—мера(录像机)、видеокассета(录像带)、видеодиск(激光视盘)等。汉语的"吧"(如酒吧、吧女、网吧)、"的"(如的士、的哥、摩的)等。

综观 20 世纪 90 年代以后两国语言中通行的英文字母词现象,这已不是哪一国的情况,而是一种世界范围内较为普遍的语言接触影响现象。它在很大程度上反映了在经济全球化的背景下,英语作为国际强势语言的巨大的影响力。笔者认为,语言的接触本质上是社会文化的问题。面对汹涌而来的英美高科技文化的影响和英语国际化的时代潮流,适当引进西文字母词是现阶段语言接触影响的必然趋势,也是对俄汉外来词吸收方式的一种有益的补充和发展,在国际交往中它以方便快捷的通用词的身份起到了沟通交流的积极作用。

三 俄汉外来词的数量差异及其归因问题

汉语虽有五千年的历史和两千多年的汉外语言接触史,但其所拥有的词汇量却远不如存在仅千余年的俄语。俄语积累了约

20万的词汇,收入外来词词典的也有2万词,而汉语总共积累了约10万词,收入外来词词典的不足1千条。因此,探讨汉语外来词数量少的原因,就成了20世纪80年代以来汉语外来词研究和汉外外来词比较研究的一大主题。在我国各类期刊学报上已发表的600多篇论文中,业已形成了一种简单化、定型化的思维模式和写作套路。即:汉语外来词数量少→汉语接受外来语的能力差→中国吸收外来文化少→中国人保守不开放→汉民族文化中心主义。有些论文仅根据一本汉语外来语词典,不作具体的调查分析就对汉语外来词少的原因妄加推断:说什么"对于深入本土异国新事物、新概念,中国人宁愿用本民族语形式指称,不愿接受其原有语音形式,而俄罗斯人照译即可",由于"人们追求安谧和稳定,安于现状,这种心理势必阻碍甚至排斥吸收异国文化。……即使在全面对外开放的今天,中国人对外来词仍相当谨慎,不轻易吸收"。(宋传伟,1997:20)"因为中国文化兼容性比日本弱,所以汉语里的意译词比日语的多得多"(邹嘉彦,2004:11)。也有人认为"汉语外来词极少的原因之一是表意文字拖了'后腿',而且为将汉字改为拼音文字之前,我们不能指望汉语会有更多的外来词。仅从这一点我们也可看到汉字改革的必要性。否则对发展汉语,丰富其词汇量是很不利的"。(黄河清,1989:14)不少研究者把汉语外来词数量少的主要原因归结为汉语汉字的落后、中国人的保守、汉民族的文化中心主义和"天朝心态"(吴礼权,1996:81)等。这种对外来词少的定型化的社会文化归因,既没有深入到汉外语言接触的整个历史中去分析评判,也看不到汉语和汉字在吸收外来词语的独特性及所表现出的巨大优势和潜力,只是一味地用表音文字的吸收方式来规约和评判汉语,显然,这不是一种基于汉语实际情况的客观、历史、公正的研究态度,而是以拼音字母先天优于表意汉字并将替代汉字的先入之见作为对比分析的潜意识和思维逻辑,因而,也就难以揭示汉语外来词数量少的真正原因。

笔者认为,汉语"外来词"数量少,有多方面的原因,大体归纳为以下四点。

第一,从俄汉词汇总量上看,汉语作为表意文字的总词汇量大大少于英、俄等拼音文字语言。其"外来词"的数量也较少。但这未必是表意文字的缺点,相反倒恰恰是表意文字的长处——即能以有限的汉字表达无限多的意义。据统计,俄语共有了20万个词,古代和现代作品中实际用词量在2万-3万个,常用词汇量是3千,大约1万1千1百个俄语词覆盖率才达97.6%,而汉语共有6万个字,除去异体字,只有2万个汉字,古代和现代作品实际用字量只有6千个左右,大约2千4百个字覆盖率可达99%(赵敏善,1997:44)。

第二,从俄汉"外来词"的概念和范围上看,"外来词"的多少不能作为语言文化吸收的尺度。由于汉外语言类型的不同和译借方式的差异——拼音文字语言重音译,汉语偏重意译,在汉外语言中,尽管"外来词"都指连音带意借自外民族语的词,但它的涵盖面和占有量却存在较大的差异。英、日、俄语中所有译借的外语词都属于"外来词",而汉语中只有一小部分的译词(主要是音译词)属于"外来词"。由于受"外来词"名称的限制,《汉语外来词词典》(刘正埮等编,1984)不能收录意译词("日语借形词"除外),也很少收录专业术语的音译词,只收录了不足882条外来词。我们知道,仅丁福保编的《佛学大辞典》就收词近3万条(丁福保编,1984)。一本《英汉医学词典》就有16万条译词,这还不算各专业学科术语的汉外词典的译词量,可见,汉语"外来词"主要集中在专用名称和专业术语上,而通行的《汉语外来词词典》并不收录,汉语意译来的"外来词"作为新词融入现代汉语中,这是靠音译"外来词"的拼音文字难以做到的。

第三,从俄汉外来语言文化吸收方式上看,汉语属汉藏语系,西语多是印欧语系,两者之间不存在用字母转写的可能。汉语在吸收外来词时多采用意译,主要是因为这样简单易懂、容易识记。"音译"还是"意译"要根据原语词的长短、内容和性质来决定,有许多客观的制约因素,有的词兼有音、意两译,有的是音译战胜了意译,而大部分是意译取代了音译。汉语中除了像地名、人名、商标品牌等多采用"音译"外,很多词保留音译还是意译都是约定俗成的,需要一个社会化的选择、淘汰和定型的过程。两种译借方法皆有存在的必要和价值。明末清初西方传教士大都采取意译法和音意兼译法来翻译西学,20世纪前后20年又是日本学者以汉字为词素来意译大量西源外来词的,与之相反,严复等中国译者喜欢采用多音节的音译法。显然我们不能只根据采取了"意译"或是"音意兼译"方式就来妄加推断汉民族的"天朝心态"和排外心理。

第四,从俄汉语言接触的历史和实际来看,明末清初以降汉外语言接触、文化交流多次受到社会政治的强行阻隔,这对外来词的吸收数量、译借方式和使用量都造成了一定程度的限制和影响。近百年来由于中国社会动荡、战乱频仍、政治保守,在外来词的吸收和研究方面相对落后于日本和西方发达国家。尤其是在对西方科学文化的吸收方面大大落后于后来居上的日本,使日本自近代明治维新以后迅速取代中国保持了近两千年的对东亚各国的强势语言文化输出国的位置,成为向东亚汉字文化圈国家输出西学汉字译词的社会文化先进国家。从历史上看,汉语吸收外来词先后出现过四次高潮,每一次都是汉民族积极主动地引进吸收,表现出对外来新事物、新思想文化的开放兼容的态度,并不存在所谓的汉民族文化中心主义和"天朝心态"。当然,在汉民族历史文化中确实存在这种心理倾向,尤其是清朝以来的闭关锁国政策造成了汉民族文化的封闭落后、滋生了妄自尊大的心理。但这主要是社会闭塞、政治黑暗造成的,与汉语吸收外来语言文化的能力没有直接关系。中国无论在历史上,还是近现代都是世界上重要的翻译大国,现代汉语经过19世纪末到20世纪前半叶的大规模译借西学的历程和百年来的自我完善,已成为世界上使用人口最多的联合国的工作语言。它不仅是国人便捷的语言交际工具,可以自由地表达任何细微复杂的思想情感和严密逻辑的论辩言辞,也完全能娴熟地翻译国外科技文化著作,译制任何领域的外来新语词。

由此可见,首先,在汉外外来词比较研究中,应尽量避免对"外来词"数量进行机械对比和定型化的归因。其次,研究汉语吸收外来词以意译为主的特点,应从语言和文字本身的特点入手,而不能简单而不负责任地将它归咎于汉民族中心主义和中国人的所谓"天朝心态"。最后,汉语"外来词"一词于20世纪初借自日语的"外来语",源语意为来自汉语以外的其他语言(主要是欧美语言)的词汇。日本90年代以后为了跟上国际化的发展,建立起脱离民族及个人情绪、公正客观的学术研究环境,有些词典和文章书籍已改名为"片假名"(カタカナ)词语。(刘元满,2003:176)"外来词"的概念从引入之初就不适用于有着上千年"译名"史并不断向汉字文化圈国家输入译名的汉语的实际。它既不能涵盖汉语的"译词"和"借词"的全部,对于90年代后汉民族自造的大量的字母词也不适用。

参考文献

岑麒祥编 1990 《汉语外来语词典》,北京:商务印书馆。
李树新 1998 因声循义——汉译外来词的文化倾向,《汉字文化》第 4 期。
梁晓虹 1994 《佛教词语的构造与汉语词汇的发展》,北京语言学院出版社。
宋传伟 1997 汉、俄语外来词数量悬殊的原因初探,《福建外语》第 4 期。
邹嘉彦 2004 语言接触与词汇衍生和重整,《语言接触论集》,上海教育出版社。
黄河清 1989 试析外来词在英、汉两种语言中数量悬殊的原因,《现代汉语》第 2 期。
吴礼权 1996 音义密合:汉语外来语音译的民族心态凸现,《西安外国语学院学报》第 2 期。
田宝新 1998 当代俄语中外来词的现状与问题,《中国俄语教学》第 1 期。
王宝红 2001 汉语外来词音译兼译方式及其文化心理探索,《西藏民族学院学报》(哲社版)第 1 期。
张彩霞 1997 汉语外来词与汉民族文化心理探索,《语言学研究》第 2 期。
周玉琨 1999 谈汉语外来词研究中的几个问题,《内蒙古师大学报》(哲社版)第 3 期。
维拉、妮娜 2002 论俄语中的外来词及其特点《内蒙古社会科学》(汉文版)第 4 期。
Лёхин. И. В, Петров. Словарь иностранных слов. Москва 1954：Государственное Издательство иностранных и национальных словарей.
Современный Словарь иностранных слов 1992：Издательство《Русский язык》.

(亓华 北京师范大学汉语文化学院 100875)

从语义指向的角度谈有标志补语句的英译

司玉英

一 引言

中国人花了大量的时间和精力学习英语,目的不应该是仅仅把英语作为了解外界的窗口,而更应该是用英语把我们自己的思想表达出来,让世界更多更好地了解我们。因此,汉译英的能力更为重要。

要提高汉译英的能力,首先要提高理解汉语的能力,同时提高应用英语的能力。赵元任(1959:154)说,"翻译的工作的正当的方法,是要懂透了甲种语言,用熟了乙种语言,把甲种语言里头所说的话用乙种语言来表达出来"。有一位法国的翻译工作者也说过:"翻译就是理解,并且让别人理解。"许渊冲(1978:1)对此解释说:"'让别人理解'就是'表达','理解'是通过原文的形式(词语)来理解原文的内容,'表达'是通过译文的形式来表达原文的内容,理解是表达的基础,不理解就不能正确表达;表达是理解的具体化、深刻化。"

有标志补语句是指以动词或形容词为中心语加"得"引出补语的句子。由于补语与句中其他成分的语义关系非常复杂,给人们的正确理解增加了一定的难度;又由于它是现代汉语特有的一种句法结构,英语中没有与之对应的形式,因而成为汉译英中的一个难点。本文从语义指向的角度分析有标志补语句的英译问题,说明如何通过语义指向的分析,理解句中各成分之间的语义关系,达到正确翻译的目的。

二 语义指向分析

语义指向分析是萌芽于20世纪60年代、成熟于80年代的一种语义分析方法(周刚,1998)。这种方法贯彻了语法研究中形式和意义结合的原则(陆俭明,1996),可以揭示句子成分之间,尤其是句法平面上间接成分之间的各种语义联系,帮助我们深入认识和解释语法现象(周刚,1998)。

语义指向指的是句中某一成分在语义上跟哪个成分相关(陆俭明,1996)。例如:

女儿俊得不得了。

文东心酸得说不出话来。

这两个句子的结构相同,都是由S+V+得+C的成分构成的(这是有标志补语句的基本形式,其中S是主语,由名词性成分充当;V是谓语中心,由动词或形容词充当;"得"是补语的标志;C是补语,由副词、形容词及各类谓词性词语充当)。但是,第一句的补语"不得了"语义指向谓语中心,表示程度。第二句的补语"说不出话来"语义指向主语,表示主语所处的状态,谓语中心是导致这种状态的原因。通过语义指向的分析,我们就发现了这两个结构相同的句子中各成分之间语义关系的不同之处。

通过语义指向分析,弄清有标志补语在语义上与句中的哪些成分相关,并进而理清结构中各个成分之间的语义关系,就是"通过原文的形式理解原文的内容",是要"懂透"了汉语,为选择正确的形式进行翻译提供依据。

目前关于有标志补语句的英译研究(陶玉玲,1996;邵华,1996;宋京生,2001)都是归纳出可能使用的各种翻译形式。这些研究成果对我们学习、掌握有标志补语句的翻译固然有很大的帮助,但是,存在的问题也是十分明显的,即只解决了知其然的问题,没有解决知其所以然的问题。学习者不明白为什么同样结构的句子,需要采用如此多的不同的形式来翻译,或者同一个句子为什么可以用不同的形式来翻译。如果能从语义指向的角度来分析这个问题,就会使学习者从理性上认识有标志补语的英译规律,知其然,也知其所以然(司玉英,2004)。

三 有标志补语句的英译

我们可以把有标志补语的语义指向研究成果应用于翻译实践中。有标志补语的语义指向研究已经取得了丰硕的成果。各家的研究各有所长、各有特色,从不同的侧面揭示了有标志补语的复杂性。在确定指向对象方面,范晓(1993)、张豫峰(2001,2002)从语义关系入手,分别分析出了六种和九类十三种指向对象;赵家新(2001)、司玉英(2004)从结构入手,认为有标志补语的语义可以指向三个成分:主语(S)、谓语中心(V)及主语和谓语中心构成的整体(S+V)。司玉英(2004)还对指向不同成分的补语的特征及其与结构中其他成分的关系进行了细致的分析和描写。这些成果都可以用来指导我们的翻译实践。本文依据从结构入手的研究成果分析有标志补语的英译规律。

3.1 指向 S 的有标志补语句

指向 S 的补语既有描写性的,也有评价性的;描写性的补语与谓语中心是因果关系,评价性的补语与谓语中心是依存关系(司玉英,2004)。补语的性质不同,各成分间的语义关系不同,翻译时所用的形式也不同。

3.1.1 指向 S 的描写性有标志补语句

指向主语的描写性补语与主语之间暗存着一种陈述与被陈述的关系,谓语中心虽然也是陈述主语的,但它的功能主要是说明主语具有补语状态的原因,因此,谓语中心与补语之间有因果关系。在英语中我们虽然找不到与汉语相同的句式来表达这些复杂的语义关系,但却可以找到具有同样功能的其他方式。"任何事物,一种语言可以表达,另一种语言就也可以表达(Anything that can be said in one language can be said in another.)"(奈达,1969:4)。英语中常用的形式有:so...that...、so...as to...、too...to、as...as...等。例如:

(1) 文东心酸得说不出话来。

这个句子补语"说不出话来"描写主语"文东"因为"心酸"所处的状态,可以译为:

Wen Dong is so sad that he can't speak.

在英语中,so...that...的用法之一是表示结果,这种结果的产生是由于某物具有的属性达到了特定的程度或某事发生的方式非同一般(辛克莱,1999:449)。这与例句(1)表达的关系正相吻合。译句中,我们通过主句 Wen Dong is sad 把汉语中的主语和谓语保留下来;通过从句 he can't speak 把汉语的主语和补语变成英语的主谓关系,补语指向主语的关系得到体现。用 so...that...把主句和从句连接起来,汉语中谓语中心与补语的因果关系得到了清楚的表达。

So...as to...是 so...that...的变体,因此,例句(1)也可以译为:

Wen Dong is so sad as to be unable to speak.

用 as 代替 that,把汉语的补语变为 to-不定式小句。小句的逻辑主语仍然是全句的主语,所以没有违背汉语补语指向主语、与主语有陈述与被陈述关系的原意;so 后引出原因,as to 后引出结果,汉语的谓语中心与补语的因果关系表达出来了。

由于谓语中心是形容词,补语表示否定的意义,例句(1)也可以用 too...to...的形式来译。

在 too...to...结构中,too 后要求接属性形容词,表示某人或某物具有的某种属性过多(辛克莱,1999:119),to-不定式小句表示逻辑主语因为属性过多而不能做某事或不具备某种属性,too...表示原因,to...表示否定的结果。例句(1)译为:

Wen Dong is too sad to speak.

这是把汉语的形容词谓语中心译为 too 后的形容词,表示原因,把汉语的补语译为 to 后的动词表示结果。

这个例子说明,在不同的语言中,不同形式可以表达相同的内容或具有相同的功能;在同一种语言中,同一内容或同一种功能也可以用不同的形式来表达。所以翻译时不能机械地采取一对一的方式。指向主语的描写性补语句的关系非常复杂,结构中各成分的性质都会影响翻译形式的选择。理解了,"懂透"了,才能融会贯通。例如：

（2）山坡上的石榴花红得像火一样。

这一句中，谓语中心虽然是形容词，但补语表示肯定意义，所以，不能用 too...to...来翻译。恰当的翻译形式是 as...as...。

The pomegranate flowers on the hills are as red as flames.

as...as 的用法之一是表示某人或某事物与其他人或事物具有相同的属性；第一个 as 之后跟属性形容词，第二个 as 后跟与主语进行比较的名词性成分（辛克莱，1999:110）。这与例句（2）的功能正好相同。例句（2）是一个比喻句，主语和补语的关系由比喻而产生，谓语中心表示本体和喻体的相似点，也是补语能够指向主语的原因，本体和喻体之间实际是一种同级比较的关系，所以喻体可以作为比较对象出现在第二个 as 之后。

（3）池琼笑得直不起腰来。

这个句子各成分间的语义关系与例句（1）相同，补语也都表示否定的意义，但是，由于它的谓语中心是动词，所以，也不能用 too...to...的形式译。可以用 so...that...和 so...as to...的形式翻译，因为，so 后既可以是属性形容词，也可以是程度副词，但要补充一些必要的信息。汉语中"笑得直不起腰来"是因为"笑得太厉害了"，翻译时要把"太厉害"（so hard）的意思补充出来（这也是 so...that...句型所必需的）。

Chi Qiong laughed so hard that she couldn't straighten her back.

Chi Qiong laughed so hard as to be unable to straighten her back.

在英语中，有些介词短语也可以表示原因，因此，例句（3）也可以译为 S+V+prep+N 的形式：

Chi Qiong couldn't straighten her back with laughter.

这是把汉语的主语和补语译成英语的主语和谓语,体现补语指向主语的关系;把汉语的谓语中心译成英语的介词短语做状语表示原因。各成分之间的语义关系也表达清楚了。

(4) 水秀听得心惊肉跳。

这一句的谓语中心是动词,各成分之间的语义关系与例句(3)相同,可以用 so…that… 和 so…as to… 的形式来翻译,但是要补充的信息却并不相同。汉语是注重意合的语言。"听得心惊肉跳"与"笑得直不起腰来"虽然形式和语义关系都相同,但意合的结果却不同。"听得心惊肉跳"是"听到了某件很可怕的事而心惊肉跳",把这个信息补充出来,翻译的结果就是:

Shui Xiu heard something so frightful that she felt frightened.

Shui Xiu heard something so frightful as to feel frightened.

译句中 so 后的形容词是宾语 something 的补足语。

同时,又因为"听得心惊肉跳"是因事而"心惊肉跳",而"笑得直不起腰来"是因"笑"而"直不起腰",所以例句(4)不能使用例句(3)的 S+V+prep+N 形式。

(5) 屋顶上的草熏得乌黑乌黑。

这是一个受事主语句,主语被动接受某种行为,到一定程度时就处于补语所描写的状态中了。从语义关系上分析,可以用 so…that…、so…as to… 形式翻译,但是,译出来的结果就比较生硬。如果保留汉语的主语和谓语的关系,把补语译为主语补足语,不仅能清楚地表达出各成分之间的语义关系,译文也更符合本族语者的习惯。

The thatch on the roof was smoked pitch-black.

(6) 冯玉玺气得两眼发花。

这也是一个受事主语句。各成分之间的语义关系与例句(5)相同,但是,如果也按例句(5)的形式译,就不如用 so...that... 的形式地道。

Feng Yuxi was so angry that he couldn't see straight.

由于补语是主谓短语,全句的主语和主谓短语的主语是领属关系,这句也可以译成:

Feng Yuxi was so angry that his eyes couldn't see clearly.

但这样就是完全照字面翻译了。

(7) 梳子梳得断了两个齿。

这是一个工具主语句。主语是谓语中心动作所使用的工具。补语说明主语的遭遇,这种遭遇的原因来自于谓语中心。补语是动宾短语,主语与补语中的宾语具有领属关系。英语中具有相同功能的形式是 S+get+ sth+-ed+by+-ing:

The comb got two teeth broken by combing.

这是把主语和补语译为 S+get+sth+-ed 形式,表示主语获得某种遭遇,把谓语中心译为 by+-ing,表示原因。sth 是动宾短语的宾语,S 和 sth 有领属关系,-ed 是动宾短语的动词。

(8) 田野里安静得可以听见自己的呼吸和心跳声。

这是一个处所主语句。补语是动宾短语,语义指向主语,但主语与补语中的动词不构成施事与动作的关系。因此,不能把主语和补语译为英语的主谓关系;补语中的动词另有施事,翻译时要把这个施事补出来;英语中"田野里(in the field)"不能做主语,而英语又是不能没有主语的语言,因此,要调整汉语主语在译文中的位置和功能,使用形式主语来填补主语的空位。这样使用 so...that... 句式,这句话就可以译为:

It is so quiet in the field that one can hear one's breathing and heart-beating.

(9) 东门口拥塞得几乎水泄不通。

这也是一个处所主语句。这个句子如果也用 so...that... 形式翻译，就显得很不自然，不如稍加变动，用 such a...that... 来译，各成分之间的关系也表达清楚了。

There is such a traffic jam at the east gate that no one can pass through.

当然有些句子也可以让处所词直接做主语，补语直接做谓语。例如：

(10) 仓库里堆得满满当当的。

The warehouse is jammed with all kinds of things.

以上讨论的是描写性的有标志补语语义指向主语时，在翻译上可能遇到的问题和经常使用的形式。汉语和英语毕竟是两种不同的语言，汉语中同样的句式，在英语中不一定能用完全相同的方式表达出来。因此，翻译时除了把握好汉语补语和主语的陈述与被陈述关系、谓语中心与补语的因果关系之外，还要特别注意各成分的性质、它们之间关系的细微差别，选择恰当的形式，使译文既表达出汉语的原意，又符合英语的表达习惯。

3.1.2 指向 S 的评价性补语句

语义指向主语的评价性补语，表示主语的某种品质和特征，这种品质或特征需要通过具体的事件或行为表现出来，谓语中心的作用是交代这个具体的事件或行为。因此谓语中心和补语是相互依存的关系，而不是因果关系(司玉英，2004)。翻译的形式自然就不同于上述讨论的描写性补语。常用的形式有 S+V+to...、

S+V+adv.、S+be+adj. 等。例如：

(11) 台上的人唱得更卖力气了。

补语"更卖力气"是对"台上的人"的评价，"更卖力气"是通过他们"唱"的行为表现出来的，而"更卖力气"的目的又是为了唱好，补语和谓语中心是相互依存的关系。翻译时可以把汉语的主语和补语译成英语的主谓关系，把汉语的谓语译为动词不定式表示目的：

The actors on the stage are trying harder to sing well.

(12) 书元看得很认真。

书元的"很认真"，通过"看"的行为表现出来，"很认真"的目的也是为了"看"，因此，"看"与"很认真"是依存关系。这句话在汉语中是多义的，"看"可以指阅读，也可以指注视某种东西。翻译成英语要视上下文使用不同的动词。

Shu Yuan read very carefully.

Shu Yuan looked at it very carefully.

译句中的副词 carefully 在结构上修饰限制动词 read/look at，在语义上却是指向主语的。可见英语中也存在句法结构和语义结构不一致的现象。当然，如果翻译成 Shu Yuan was very careful to read/look at，语法、语义上也没有什么不妥，但本族语者似乎更倾向于前者或者根据上下文来决定取舍。

有些句子可以把汉语的补语直接译为英语的主语补足语，而省略汉语的谓语。例如：

(13) 你的几个点子出得那么有创意。

Your ideas are so creative. / The ideas of yours are so creative.

如果一定要把谓语"出"译出来，就是硬译了。

(14) 郭文长得与她妈妈一样漂亮、一样聪明。

这一句与例句(2)一样都表示某人或某事物与其他人或事物具有相同的属性,因此,也要用 as…as…形式翻译。与例句(2)不同的是,这个句子的谓语中心是动词,而表示相同属性的词语在补语中,而 as…as…句型不需要动词,因此翻译时,要把补语中表示属性的形容词放在第一个 as 后,谓语动词就省略了。

Guo Wen is as pretty and clever as her mother.

3.2 指向 S+V 的有标志补语句

语义指向 S+V 的补语都是描写性的。这类补语由主谓短语充当。句子的基本结构是 S+V+得+C(s+v)。其中 S 和 s 之间没有领属关系,这区别于主谓短语做补语,语义指向主语的句子(如:例句(6));S 和 v 之间也不存在语义上的关联;s 是 V 涉及的对象。在语义上 S+V 和 C(s+v)之间存在因果关系,因为 S+V,所以 s+v(司玉英,2004)。例如:

(15) 车屁股后喷出的一股烟,熏得文东差点儿晕倒。

这个句子表达的语义关系是,因为"烟熏"了文东,所以,"文东差点儿晕倒",或者说是烟使文东差点儿晕倒。所以,翻译时可以把"熏"译为表示致使义的 make,s 译为宾语,v 译为形容词做宾语补足语,与原文的意思是吻合的:

The smoke jetted out from the back of the car almost made Wen Dong giddy.

(16) 屋子里冷得我们直哆嗦。

这一句中 S+V 和 s+v 的关系是因为"屋子里冷",冻得"我们直哆嗦","冷"关涉的对象是"我们"。可以译成 The coldness in the room made us all shivered,但听起来不自然,不如用 so…that…的形式来译:

It was so cold in the room that we all shivered.

翻译语义指向 S+V 补语句的要点就是把 S+V 和 s+v 的因果关系表达出来。

3.3 指向 V 的有标志补语句

指向谓语的有标志补语都是评价性的,表示谓语的程度、时间、情状等(司玉英,2004)。翻译时,重点解决的问题就是谓语和补语的关系。比较而言,指向谓语的有标志补语句的翻译要容易得多。指向谓语的有标志补语一般由副词、形容词充当,可以(或稍加变动)提到谓语的前面做状语,英语中的状语除了介词短语、从句之外都是副词,因此,把汉语的补语译成副词直接修饰限制谓词,问题就解决了。例如:

(17) 女儿俊得不得了。

"俊得不得了"就是"很俊",补语表示程度,整个句子可以译成:

The daughter is **very pretty**.

Pretty 是主语补足语,very 表示程度,符合汉语的原意。

(18) 三轮车的确比洋车快得多。

"快得多"可以转换为"更快","多"表示程度上的差别,这是一个不同级比较的句子,因此要译为:

The tricycle is really **much faster** than pedicab.

Faster 是主语补足语,much 表示程度上的差别。

(19) 石拱桥在世界桥梁史上出现得比较早。

补语"比较早"表示事件发生的时间,直接翻译成副词短语限制谓语动词就可以了。

Arched stone bridge **appeared *comparatively early*** in the world bridge history.

四 结语

任何句子,只有理解了它所表达的真正意义,才可以确定用什么样的形式把它译出来。"通过原文的形式理解原文的内容",是"懂透"了汉语,但要达到理想的翻译境界,还要能"通过译文的形式表达原文的内容",要能"用熟"了英语。例如:

(20) 昨天晚上我们玩得很愉快。

这个句子各成分之间的关系与例句(12)相同;但是,如果按照例句(12)的模式翻译成 We played very pleasantly last night,就说明我们没有"用熟"英语。英语中"玩得很愉快"有特定的表达方式,如 enjoy oneself、have a good time 等,所以,这一句应该译成:

We enjoyed ourselves very much last night. /We had a great time last night.

因此,好的翻译,理解和表达缺一不可,"懂透"和"用熟"同等重要。

本文关于有标志补语句的翻译只是举例性的分析,讨论的也是有标志补语句的基本形式,意在说明语义指向分析对理解有标志补语句、确定恰当的翻译形式的重要作用。有标志补语结构在实际言语中使用的情况要复杂得多,如可以出现在把字句、被字句中,也可以做句子成分等,翻译时切不可机械照搬,一定要具体问题具体分析。

汉语是缺乏形态变化的语言,句法关系与语义关系不对应的现象普遍存在于各种句子成分当中,因此,语义指向分析不仅是理解有标志补语句的途径,可以有效地应用于有标志补语句的英译实践中,也是理解其他补语句乃至其他各种句子的途径,也可以广泛应用于各种句子的翻译实践中。

参考文献

范　晓　1993　V得句的"得"后成分,《语言文字学》第2期。
陆俭明　1997　关于语义指向分析,黄正德主编《中国语言学论丛》(第一辑),第34-48页,北京语言文化大学出版社。
邵　华　1996　用"得"连接的补语的结构、意义及其英译,《淮北煤炭师院学报》(社会科学版)第3期。
司玉英　2004　有标志补语的语义指向,《语言科学》第4期。
宋京生　2001　汉语"得"字句的英译,《华东船舶工业学院学报》(社会科学版)第1期。
陶玉玲　1996　汉语带"得"字的补语转换为英语状语和其他表达方法,《财经论丛》第3期。
许渊冲　1984　《翻译的艺术》,北京:中国对外翻译出版公司。
约翰·辛克莱　1999　《英语语法大全》,任绍曾等译,北京:商务印书馆。
张豫峰　2001　说"得"字句的补语,《井冈山师范学院学报》(哲学社会科学)第3期。
张豫峰　2002　"得"字句补语的语义指向,《山西师范大学学报》(社会科学版)第1期。
赵家新　2001　"得"字句后段的语义,《淮北煤炭师院学报》(社会科学版)第3-4期。
赵元任　1959　《语言问题》,北京:商务印书馆,2000年版。
周　刚　1998　语义指向分析刍议,《语文研究》第3期。
Nida E. A. & C. Taber　1969　*The theory and Practice of Translation*. Nertherlands: E. J. Brill, Leiden.

(司玉英　首都师范大学文学院　100048)

"官腔"的类型与特点分析

陈小明

一 "官腔"的界定与研究意义

所谓"官腔",若按《现代汉语词典》的解释就是"旧时称官场中的门面话,今指利用规章、手续等来敷衍推托或责备的话。"其实,"官腔"更为完整的解释,还应该包括为官者说话时所特有的那种腔调。譬如故意将某一字词的音节拖长(如"这个嘛~~,我们领导还要进一步~~,研~~究研究[①]),或者刻意违反常规改变句调(叫什么名字? → 哪个部门的? →变升调为平调)等等,以此来达到渲染权势、凸显官威的目的。因此本文所论述的"官腔",除了一般所说的官场中使用的套话、大话、空话等以外,还包括说话时刻意而为并能传达出某种居高临下态度的语气语调。

当代中国"官腔",无论是在语言、类型、文化蕴涵等方面均有诸多独特的表现,可谓极具"中国特色",而这种独特性却一直以来没有引起学术界应有的重视。迄今为止,根据笔者所能收集到的资料看,除了零星非学术性的杂感和评论外,全面论述这一独特现象的学术性专文尚未发现。即便如"官腔"有哪些类型、这些类型有何特点等等,这样一些最基本的问题也几乎无人论及。故此,笔者拟从这些最基本的问题入手,尝试对"官腔"进行一个初步的探讨,以期起到一个抛砖引玉的作用。

此外,在极力倡导构建和谐社会的当下,"打官腔"这一普遍存在的现象,已然成为阻碍和谐社会构建进程的不利因素之一。戒除"官腔",摒弃"打官腔"现象,既是国家领导人的一贯倡导,也是广大群众的普遍心声。而要达到此一目的,首先就得弄清楚"官腔"的范围、类型和特点,唯其如此,我们才能界定现实生活中哪些言语行为属于"官腔"现象,我们才能明确应该去戒除什么,摒弃什么。由此可见,对"官腔"进行研究,确实既具有相当的学术价值,同时也具有不可忽视的现实意义。

二 表达形式型"官腔"的类别与特点

"官腔"是一种语言变异现象,而这种变异现象是在多种语言手段的作用下,方可得以体现的。因此,从语言表达形式对"官腔"进行分类,是一个最基本的、也是最为重要的分类角度。依据构成"官腔"的主要语言表达形式,可以将"官腔"大致分为以下几类。

2.1 语音类"官腔"

通过对语音或语调进行违背常规的刻意改变,譬如故意将某一音节拖长(如"我今天的讲话～～是很重要的～～,大家回去以后～～一定要认真～～传达,深～～刻领会");在不应该停顿之处戛然而止(如"我//林××//作为一局//之长～～,今天亲//自到//你们基层来……");应该念上升调而突然变为平调(有什么事? ↗→);特意将某些词语予以重读(如"你知道我是谁吗? 我是林局长!");有意改变某些字的读音(如"好的(di)好的(di),好的(di)好的(di),就这样,就这样,我们都应该以大局为重……")等等,这种语音语调上的超常改变,一方面是为了通过超常来放大、凸显打"官腔"者的唯我独尊的官威,另一方面是企图以超常来敷衍、推托受话人的请求。

2.2 词汇类"官腔"

用词追求时髦,讲究节律齐整,是此类"官腔"在词汇形式上的一个鲜明特点。根据考察,打"官腔"者对各行各业的新词新语(如"可持续""次贷危机""拉动内需")、红头文件词语(如"齐抓共建""深刻领会""全党全军")、四字结构短语(如"执政为民""立党为公""大展宏图")等情有独钟,并喜欢在各种大小会议上信手拈来、串联而出。究其原因,就是这些新词新语能突出说话者"紧跟形势""与时俱进"的"觉悟",而其中的四字短语以其整齐的结构、铿锵的节律,还可以衬托出说话人"有干劲""有魄力"的"出类拔萃"。当然,这些词语原本并无不妥,只是因其常被用于言之无物、哗众取宠的讲话中,使得这些词语在特定的语境中"蜕变"成面目可憎、令人生厌的空话套话,于是才被大家视为"官腔"的。此外,喜用职衔称谓自称(如"我是张书记,今天要去你们工地考察考察")也是该类"官腔"的一个特点。作为尊称的职衔称谓,一般是不宜用于自称的,但是打"官腔"者,为了达到以"职位"压人和炫耀官位的目的,却时常违反常规,用职衔称谓来"尊称"自己。

2.3 语法类"官腔"

偏向选取某些关联词语、短语结构和句式等,是此类"官腔"在语法形式上的最大特点。譬如,多用表示转折关系的关联词语(如"虽然我很忙,但是作为领导,我还是愿意坐下来听听你们的意见的""尽管我也很同情你们的处境,但是也希望你们能顾全大局……");喜用表示领属关系的偏正结构(如"这是我的车/我的秘书/我的司机/我的讲话……")和动词重叠结构(如"研究研究""考虑考虑")。多用表示转折关系的关联词语,是因为这种前后呼应使用的关联词语所构成的"先让步,后转折"的格式义,正好与打"官腔"者在推诿塞责时先套"高姿态"抚慰,然后说"理由"推托的心态相吻合;对偏正结构的选择倾向,暗合了打"官腔"者常把权力、公共财物、下级部属等视为一己之私有物的心理;而对动词重叠结构的高频使用则可以解释为"ABAB"这一格式所表示的"V一下,试试看(不一定有结果)"的重叠功能,与打"官腔"者只求应付一时不求最后解决的敷衍搪塞本质需求恰好不谋而合,因此不难理解,为什么"ABAB"这一动词重叠结构会得到打"官腔"者的如此青睐。此外,多用祈使句(如"不理解也得办!")和感叹句(如"我这个当领导的,是觉也睡不好呀!")也是该类"官腔"的一个特点。祈使句是表示命令、请求等语气的句子,尤其是表"命令禁止"的这类祈使句(如"不许随便向上级领导提出批评!"),透露出来的毫无商量余地的强硬语气,正切合了打"官腔"者垄断话语权的专制心态;感叹句是一种表达强烈感情和感叹语气的句子,常常被打"官腔"者用于大庭广众面前作秀,其实只不过是想通过这种空喊口号式的"抒情"来达到树立个人威信、拉拢民意的目的。

2.4 修辞类"官腔"

在现实生活中,尤其是在一些较为正式的会议上,由某些修辞手段构成的"官腔"是为官者最为喜好的一种类型。根据考察,此类"官腔"中使用最多的是排比、反复和回环等修辞方式。把若干结构相似、语义相近、语气相同的短语或句子缀连成串,连贯而出,以达到古人所说的"壮气势,广文义"的效果,这就是一般所说的

"排比",而打"官腔"者对此的运用也最为得心应手,甚至可以说已经达到了炉火纯青的地步(如"我们要勤于学习、认真思考、创新求变……努力把学会建设成为满足党和国家以及科技工作者需要、适应社会主义市场经济体制、符合科技团体活动规律、充满生机活力的现代科技团体,最终为实现我国医药事业的健康发展服务。")。此外,为了强调某种感情或突出某个意思而有意地重复某个词语或句子的"反复"修辞格(如"你们的情况,我们领导已经了解;你们的心情,我们领导已经了解;你们的要求,我们领导已经了解,但是,一切都需要组织的进一步的研究……"),利用词序安排的回环往复,表现事物或事理之间有机联系的"回环"修辞格(如"越能体现中国国情,越有中国特色,越有中国特色,越能体现中国国情"),也是打"官腔"者喜用、多用的修辞形式。打"官腔"者之所以喜欢在讲话中使用排比、反复、回环等这样的修辞格,是因为这些修辞格均具有强调焦点、渲染气氛、加强气势的表达功能,而这些"强势"功能正好可以体现出为官者的"权势"心理和地位,当然我们也可以从中窥见打"官腔"者只追求形式、虚张声势而不干实事的本质。

三 表达目的型"官腔"的类别与特点

一般而言,打"官腔"总是要达到某种目的的,或者是为了炫耀官威,或者是为了敷衍了事等,因此以打"官腔"所要达到的目的来作为分类的标准,也是一个很有价值的分类角度。这种分类一目了然地揭示了打"官腔"的实质,让我们窥见了打"官腔"者的真实心态。表达目的型的"官腔"可以细分为以下几类:

3.1 敷衍塞责型

打"官腔"的一个重要目的就是为了敷衍塞责。对群众急需解决的问题,对群众提出的合理要求,对理应承担的各种责任,打"官腔"者总是顾左右而言他,实质上就是要达到能拖就拖,能推就推的目的,但是在表面上却要寻找出各种各样冠冕堂皇的理由来显示自己是一个"尽心尽力"的"好干部",掩盖自己不作为、不干实事的真相。此类型"官腔"在语言形式上的特点,通常表现为多用动词重叠结构和表示转折关系的复句:

(1) 你们反映的情况,我已经知道,但是情况总是复杂的,我和其他领导再考虑考虑……

(2) 这个问题涉及其他部门和单位,需要多方协商沟通,再研究研究吧……

(3) 你的要求我是可以理解的,不过这是班子集体研究决定的,我个人做不了主……

(4) 尽管这次事故造成的损失是巨大的,但是我们领导已经尽力而为了,已经把损失降到最低程度了,事实证明我们领导的决策是完全正确的……

3.2 炫耀显摆型

从某种意义上说,"官腔"是"官本位"观念和心理的一种外化现象。所谓"官本位",简言之,就是"一切向'权'看"。唯"官"是瞻,唯"权"是瞻,以是否为官、官职高低为标尺,以是否有权、权力大小为标准,对每个人的社会地位和人生价值等作出社会评价。于是,炫官、慕官、逐官、恋官等意识便随之而生,并逐渐演变为一种社会的普遍心理。为官者之所以喜欢打"官腔",正是因为"官腔"是一种带有地位、权势标记的语言变体,通过它可以达到炫耀官威,显摆特权的目的。改变语音语调、喜用职务自称、多用偏正结构和常用排比修辞格等语言手段,便是此类"官腔"实现炫耀显摆目的的最佳途径。请看下例:

(5) 哈哈~~(哪里哪里,好的好的)唷嗨~~嗯嗯~~

(6) 不用去现场调查就知道那里的情况,因为我是专家。

(7) 这是我的秘书小李,等会儿李秘书通知一下王司机,让我的司机用我的车送送你……

(8) 我今天的讲话是有很重要的意义的,你们回去以后一定要认真领会,认真贯彻,认真落实,认真执行!

3.3 威胁命令型

在"官本位"传统意识的影响下,不少为官者的思想深处渐渐滋生出一种"官贵民贱"的优越感和权势感,并且将这种优越感和权势感具体表现为对他人的控制欲与支配欲,所谓"理解的要执行,不理解的也要执行""我是领导,你就得听我的""你是不是不想干了"等等这样的威胁命令型"官腔",就最能体现出这种权力欲,这种"长官意志"与"君命不可违""君要臣死,臣不得不死""顺我者昌,逆我者亡"的封建思想何其相似乃尔!维护自己的绝对权威,要求民众的绝对服从,如果"不听话"就对你"不客气",这就是威胁命令型"官腔"所要达到的目的。此类"官腔"在语言形式上的一个突出特点,就是多用表示命令的祈使句和表达强烈不满的感叹句。下面举出几个真实的威胁命令型"官腔",从中可以真切地体会到此类"官腔"是如何释放威胁恐吓信息的:

(9)"我王某某,无证驾车撞人,算什么,谁也不敢处理我,县委书记×××还得求我当物价局长。"

(10)"你们将来受了处分,吊销了你们的记者证,你们不要后悔!"

(11)"你们算个屁啊……你知道我是谁吗?我是北京交通部派下来的,级别和你们市长一样高,敢跟我斗!"

3.4 故作谦虚型

在官场上有过一些经历后,某些更为"老谋深算"的为官者忽然醒悟:若要继续得到升迁,获得更大的"发展"空间,仅靠一味地自吹炫耀或者威胁恐吓是远远不够的,还必须争取民意的支持和拥有广泛的群众基础。于是,一种新式"官腔"——故作谦虚型"官腔"便应运而生了。此类"官腔"表面故做谦虚状,实质就是要在貌似诚恳的"谦虚"中,树立个人的威信,骗取群众的信任。这种心口不一的"官腔"具有很大的欺骗性和鼓动性,而且往往能收到打"官腔"者所期待的目的。此外,这类"官腔"的使用者还特别善于运用排比句、感叹句等语言手段来渲染气氛,迷惑听者,进而在不知不觉中骗取部分群众的信任。

譬如,当年某高官曾对记者如是说:"如果我曾为人民做过一些有益的事情,那么这些成绩都是党和人民多年培育的结果,党和人民给我的太多了,我为人民付出的太少了,我一定要加倍努力工作!"如果不是东窗事发,听了这些仿佛发自肺腑的故做谦虚型"官腔",谁会把他和贪污受贿联系在一起呢?

四 "官腔"的新特点与成因分析

若从"官腔"的对象范围、功能效应、形成发展等角度考察,我们发现中国当代"官腔"较之以往也发生了一些悄然的变化,出现了一些新的特点,这种变化和特点可以用"三化"来加以归纳,即"官腔"的效应显著化、非官员化和"官腔"的"化石化"等现象。

4.1 "官腔"社会效应的显著化

某些人对"官""权"的顶礼膜拜,形成了一个唯"官"是瞻,唯"权"是瞻的"气场",而"官腔"作为"官""权"的权势外化标志,势必在这个"气场"中被催化出更大的能量,从而为其社会效应的进一步显著化提供了某种可能性。打"官腔"者一般而言都必有一些"来头",往往不是"××长",就是"××书记"。打"官腔"者必"官员","官员"者必打"官腔",这似乎已经成为人们的共识,或者说已经成为人们的一种定势推断。换言之,"官腔"在整个言语社团中渐渐拥有了一种被公众默认的"潜在声望"。有时候,即使本人没有提供任何身份证明,只要闻其"官腔",其"官员"身份亦可立刻得到认同,甚至无须本人现身,仅凭一口娴熟的"官腔",也能收到一种意想不到的"震慑"效果。由此可见,"官腔"的社会效应确实呈现出了一种日趋显著的特点。

正是因为"官腔"有着这种日趋显著的社会效应,致使"打官腔"竟然成了骗子的屡试不爽的骗术之一。仅从以下报道的标题,便可窥见"打官腔"的社会效应日趋显著之一斑:中国宁波网2007年4月6日《有感于骗子的秘诀是摆官样打官腔》;《华西都市报》2008年12月25日《男子冒充纪委高官,扮官相打官腔连骗16老板》。而《潇湘晨报》2003年5月27日的一篇题为《湖南耒阳破获一起冒充市委书记行骗案》的报道,则更是令人啼笑皆非:有一个冒充市委书记的骗子,先散发名片招徕要求"办事""办证"者,然后再通过手机"打官腔"行骗,在只闻其声,未见其人的情况下,也居然有不少上当受骗者。可见,"官腔"在"官本位"意识普遍存在的条件下,确实能产生某种显著的社会效应,而这种显著的社会效应又反过来进一步强化了"官腔"的"潜在声望","潜在声望"与"社会效应"之间存在着一种共生共荣的关系。

4.2 "官腔"使用对象的非官员化

"官腔"原本是官员这一权势阶层所特有的一种语言变体,这种为"官员"所特有的体现权势地位的"官话官调",与草根阶层的"民语民调"有着截然不同的特点。"官话官调"与"民语民调"本来各有其特定的使用对象和适用范围,分属两个"井水不犯河水"的泾渭分明的语域,按理说不会轻易出现"跨界"使用的现象。然而,根据笔者的考察,近些年来非官员"跨界"使用"官腔"的现象有日渐增多的趋势,也就是说,"官腔"的使用对象和适用范围呈现出逐渐向非官场泛化(如学校、商场等)、向非官员泛化(如学生、服务员等)等新特点。

这种新特点的形成,与"慕官"意识有着密不可分的关系。"官腔"日趋显著的社会效应强烈刺激着某些非官员者,他们从"官腔"一言既出、应者如云的效应中,看到了"官腔"带来的种种实实在在的"好处",感受到了仅仅通过打"官腔"释放"官威"便可达到立竿见影效果的"神奇",于是羡慕当官者的种种特权、渴望有一天也能成为其中一员。这种"慕官"意识的最为具体的一个表现,就是在有意无意中"效仿"官员们的"官话官调"去对别人打"官腔",并从中品味这种"效仿"式的打"官腔"所带来的"权势感",进而获得一种"阿Q式"的精神满足。最典型的一个例子,就是政府机关单位的部分门卫,因其所在单位为权力部门,故久而久之也会让他们慢慢滋生出一种"特权"感,而且只要有机会,他们这种耳濡目染的、能体现其"特权"感的"官腔"便会脱口而出,譬如他们对来访者的询问,通常就是一种居高临下的"官腔"式盘查:"干什么的?这是政府机关,是你们这些人能随便进来的吗?有单位吗?有单位介绍信吗?……"等等。

4.3 "官腔"不可逆转的"化石化"

所谓"化石化"是研究第二语言或外语学习中常用的一个术语,指的是不正确的语言特征永久性地成为学习者说或写的一种语言形式,无论学习者如何努力,这些不正确的语言特征总是顽固地存在于学习者的中介语中,虽经反复纠正仍难以改变,这就是学习者的中介语化石化现象。"官腔"虽然无须经过刻意学习,从某种意义上说,好像具有某种"自然习得"的性质,但是一旦"自然习得"之后,就如同吸毒成瘾一般,再也难于加以戒除。不管打"官腔"者的身份地位有何变化,也不管是在何种场所场合,其所打"官腔"也会一仍其旧,仿佛具有了某种不可逆转性,我们可以把这样的情形称之为"官腔"的"化石化"现象。

这一特点是笔者近年来对"官腔"进行研究时的一个新发现。笔者在整理相关资料时发现,打"官腔"成瘾者的"化石化"现象几乎无所不在,甚至达到了匪夷所思的地步:一个贪官竟然在锒铛入狱后还用"官腔"对监狱干警发号施令,"指示"他们进入他的监室前要通过喊"报告"来"请示";一位车间主任与女友谈情说爱时,也无法自控地把女友视为自己的职工,开口闭口皆为"你要……""你应该……"这样的"官腔",致使女友忍无可忍,提出分手;一名女经理更是开了把"官腔"带入家庭生活的"先河",在其丈夫生病住院时,竟然用"官腔"向丈夫发出"指示":"好好养病,有什么要求,通过我的秘书转告我!"这种家庭"官腔"使得丈夫异常痛苦郁闷,甚至生出"离家出走"的想法。

这种"官腔"的"化石化"现象,其实是打"官腔"者的一种近乎本能的"惯性"行为,同时也是打"官腔"者对官位权势迷恋的真实体现。平素在部下面前的颐指气使,平常在百姓前的说一不二,以及"一言既出,莫人敢违"的"官腔"威力,已然成为打"官腔"者一刻不可或缺的"权力快感"来源。因此,不管何时何地何人,打"官腔"者都习惯成自然地要通过吸食"精神鸦片"——打"官腔"这一方式来获取"权力快感";此外,对于某些由于种种原因而不得不忍痛"告别"官场者而言,为官时所享有的一切肯定让其依依不舍,而打"官腔"所获得的"权力快感"必定让其难于忘怀,所以不在其位"官腔"依旧,说白了就是打"官腔"者对已逝权力的一种追忆和重温。

五 结 语

本文对当代"官腔"的范围进行了重新的界定,指出除了"指利用规章、手续等来敷衍推托或责备的话"之外,"官腔"还应该包括为官者说话时所特有的那种语气语调,进一步明确了现实生活中哪些言语行为属于"官腔"现象;还对"官腔"的类型、特点和成因等进行了初步的分析,揭示了"官腔"的分布情况、基本类型、主要特点以及特点形成的制约因素等等。其中对当代"官腔"的"效应显著化""非官员化"和"化石化"这"三化"新特点的归纳与分析,是笔者首次提出的一些个人看法,希望能为该领域的研究提供一些新的思路。

从学术角度廓清现实生活中哪些言语行为属于"官腔"现象,弄清它的类型和特点等等,或许经过学术界的共同努力,不久之后便可得到一个大家比较认同的结果,而要在现实生活中彻底戒除"官腔",摒弃打"官腔"的现象,则并非一蹴而就之事。正如上文所述,"官本位"观念的残存及其根深蒂固的影响,为"官腔"提供了一个适宜滋生和存在的土壤,更为"官腔"的"泛化""化石化"提供了源源不断的营养。因此,要从根本上杜绝"官腔",当务之急就必须提高干部群众对"官腔"本质和危害性的认识,即不仅仅要看到"官腔"是一种语言变异现象,还要透过这种语言变异现象的背后发现其所蕴涵的观念——"官本位"观念,而这种观念有悖以民为本、执政为民的"民本位"理念,严重地阻碍了和谐社会的构建进程,极大地损害了干群和谐关系的恢复重建;同时还要齐心合力地剔除人们头脑中的旧有观念,改变"一切向'权'看"的价值观,而其中领导干部的以身作则的示范作用显得尤为重要。

附注

①本文例句大部分来自新闻采访,不再一一注明。

参考文献

陈健民　1999　《中国语言和中国社会》,广州:广东教育出版社。
陈松岑　1985　《社会语言学导论》,北京大学出版社。
陈　原　2000　《社会语言学》,北京:商务印书馆。
徐大明等　1999　《当代社会语言学》,北京:中国社会科学出版社。

(陈小明　北京外国语大学中文学院　100089)

附　录

北京市语言学会第七届学术年会论文目录①

作　者	论文名称及发表情况	单　位
白　艳	"小＋数量词"结构的分析及认知解释	首都师范大学
蔡永强	汉语方位词的畛域	中国人民大学
岑运强	试析语言学史与人类学史的"五二三理论"	北京师范大学
陈　力	表被动的"被"和"让"的语义语法化	中国传媒大学
陈维昌	"在＋X＋方位词"全句修饰语研究	中国传媒大学
陈卫恒	儿化变音对于本音的影响	北京语言大学
陈晓阳	存在句和隐现句的篇章差异	北京语言大学
陈玉东	语段的语音分析和语段的语音标注	中国传媒大学
陈钊、李大勤	母语环境下韩国学生"了"字使用的偏误分析	中国传媒大学
崔晓芳	状态形容词与性质形容词共同做修饰语时的结构特点	中国传媒大学
单宝顺	浅论汉语中的"有定"与"无定"	北京师范大学
丁维莉	语音优选论评述	中国传媒大学
董正存	情态副词"反正"的语法化研究	中国人民大学
董　政	针对远程对外汉语学习者特征的教学策略	北京语言大学
杜　青	再谈电视节目与主持人	中国传媒大学
范丽君	关于哈萨克族学生汉语作文中"了"的分析	中央民族大学

① 加＊者为已发表论文。

续 表

冯蒸	关于中古音构拟的一个问题	首都师范大学
冯志伟	信息时代的多语言问题和对策	教育部语言文字应用研究所
付玉萍	趋向补语语法化	首都师范大学
高立群、杨茜	维族聚居地维族学生民族适应性与汉语水平的相关研究	北京语言大学
葛立胜	韩国学生语篇中的隐性偏误类型分析	中国传媒大学
顾德希	语文课堂教学的信息化	北京四中
关辛秋	湘西苗语的 qo35	中央民族大学
胡坦	浅谈藏语同族词	中央民族大学
胡秀春	谈文化研究视角在对外汉语教材编写中的运用	首都师范大学
黄国营	从中韩词语关系看语言的对比与比较	清华大学
黄红蕾	《郭店楚简·老子》异体字整理和研究	清华大学
黄晓东	闽浙赣交界地区的三个官话方言岛	北京语言大学
惠天罡	网络词语引发的若干思考	中国传媒大学
贾黎黎	论小量和否定极项之间的关系	北京语言大学
江海燕	汉语陈述、疑问基本语调的调位表现	首都师范大学
李飞跃	试析"喃"字中的借源汉边际简化现象——《三千字解音》解读之一	清华大学中文系
李嘉郁	华文教育与汉语方言	北京华文学院
李均洋	日本的"中日语言文化比较研究"	首都师范大学
李俊红	《说文解字》与《康熙字典》部首及归部比较	首都师范大学
李晓静	谈语料库在辞书编纂中的应用	商务印书馆
李智初	义位组合的方言性	商务印书馆
梁德惠	外交辞令的语境顺应及控制方法	首都师范大学
林秀琴	"顿时""马上"的意义分析及其教学探讨	首都师范大学

续　表

林艳	英语"word"与汉语"字"表意特征的共性比较	北京师范大学
刘丽艳	*作为话语标记的"这个"和"那个"(已发表于《语言教学与研究》2009年第1期)	北京语言大学
刘敏芝	主语位置上的数量词"一个"的历史演变及主观化	首都师范大学
刘宁、于根元	《现代汉语词典》(2005版)中标〈口〉的词	中国传媒大学
鲁宝元	日汉表达习惯的对比及汉语表达习惯的养成	北京外国语大学
鲁川	汉语二字词的"词义方程式"	教育部语言文字应用研究所
缪小放	再论属性词及与其他词类的区别	北京外国语大学
潘瑞芳	现代汉语独词祈使句的考察	北京外国语大学
亓华、光明	俄汉外来词比较	北京师范大学
乔永	黄侃古本音观念研究	商务印书馆
曲清琳	语料库语言学与语法研究	商务印书馆
饶勤	现代汉语拟声词"异词连用"的语用分析	首都师范大学
申慧淑	留学生在韩汉翻译中的偏误分析	首都师范大学
沈思莹、李颖	"很+N+组合"中"很"的作用及其对"N"的影响	阜阳师范学院
施家炜	基于语料库的"又A1又A2"结构研究	北京语言大学
史艳岚	对外汉语教学报刊新闻主题词群研究	北京语言大学
司玉英	从语义指向的角度谈有标志补语句的英译	首都师范大学
宋刚	多义动词"打"的早期习得与对外汉语教学	北京语言大学
宋煊叶	HSK6级以上韩国留学生常见语法错误例析	清华大学
孙德金	*对外汉语教学中的形式和意义问题(已发表于《语言教学与研究》2007年第5期)	北京语言大学
孙红玲	"再"与"还"继续义比较研究新论	首都师范大学
孙述学	"～形""～型"辨	商务印书馆
孙雁雁	对外汉语中的语篇衔接偏误分析	中国传媒大学

续 表

涛 亚	对编写初级汉语口语课本的几点想法	首都师范大学
田 睿	韩国中小学生汉语学习中的篇章衔接偏误特点分析	中国传媒大学
汪大昌	从水平测试标准的调整看普通话语音的不确定性	首都师范大学
王金鑫	动名兼类复合词名词义的所指和成因	商务印书馆
王 庆	"空穴来风"的用法及其他	北京师范大学
王霜梅	从汉语偏正短语中的实体隐喻看隐喻的系统性	首都师范大学
王宇红	幽默的理解:信息传递下的言语交际	中国传媒大学
王 媛	现代汉语单音节动作动词的"方向"体系	北京语言大学
王忠玲	儿童习得述补结构的认知基础	首都师范大学
卫 斓	"……一化"的语义分析	首都师范大学
吴 迪	北京话中的数量词	清华大学
奚博先	汉语里不该滥用"进行"	北京市社会科学界联合会
辛亚宁	从"这个歌星很白"看颜色词的对外汉语教学	北京语言大学
邢 欣	动宾式结构从非词到短语的连续统分析	中国传媒大学
徐玉敏、杜健、张伟	*谈汉语学习词典的特色设计(《辞书研究》2008年第3辑,题目为《当代汉语学习词典》的理论基础与体例特色)	中国人民大学
颜红菊	"真的"的主观化	首都师范大学
杨玉玲	*单个"这"和"那"篇章用法研究(已发表于《世界汉语教学》2006年第4期)	首都师范大学
叶 军	*"嵌彩词"与"含彩词语"	商务印书馆
由明智	谈《篆隶万象名义》中的特殊音义训释	商务印书馆
于 萍	汉语代词宾语后置的演变过程及其动因	北京语言大学
余桂林	华语地区词词典的编纂	商务印书馆

续　表

张宝林	《南疆汉语教学的现状与对策》提要	北京语言大学
张　博	现代汉语复音词义项关系多义词与同音词的分野——兼议《现代汉语词典》第5版多字条目分合的改进	北京语言大学
张　丹	法国国立东方语言文化学院中国文化课程特色初探	北京外国语大学
张凤格	口语习用语语义的类型性分析	中国人民大学
张和友	不合逻辑"是"字句及相关问题	北京大学
张　凯	再谈"这"的来源	北京语言大学
张美兰	主观性与"听"字容让型的使役表达	清华大学
张宁志	汉语教师教学归因初探	北京语言大学
张维佳	方言地理学的发展及其应解决的问题	北京语言大学
张亚茹	对于高级阶段精读教材的两点看法	北京语言大学
张云秋、王忠玲、肖永华	四岁前儿童否定结构类型及误用分析	首都师范大学
赵宏勃	对于当前对外汉语文化教学中若干问题的检讨——从后现代主义出发	北京师范大学
赵丽明	段学述要	清华大学
赵　俐	普通话语音标准的评价角度思考	中国传媒大学
周建设	先秦语言哲学	首都师范大学
朱翠芳	不定量集合量词的语义场建构	清华大学
朱　麟	语音学发展过程及各时期的代表人物	北京师范大学
朱　彤	留学生汉语写作中的元认知	北京语言大学
朱晓佳	对国内汉语报刊教材话题选择的考察和思考	北京语言大学
朱志平	双音节复合词的理据分析及其教学应用	北京师范大学
邹立志	"好不＋A"现象的语义语用考察	首都师范大学
邹燕平	留学生汉语学习策略与学习效果的关系的调查报告	首都师范大学

北京市语言学会第八届学术年会论文目录[①]

作　者	论文名称及发表情况	单　位
毕慧慧	中高级经贸汉语阅读教材选材的现状分析	北京语言大学
曹　娟	＊"不是＋VP"句(已发表于首都师范大学论文集《首都外语论坛》第2辑)	首都师范大学
陈　晨	＊汉语作为第二语言的语篇教学研究：回眸与思考(已发表于《海外华文教育》2008年第2期)	中国人民大学
陈　力	重谈基础英语语法教学	人民教育出版社
陈立元	对外汉语"把字句"研究与教学的新视野	北京语言大学
陈默、王建勤	第二语言学习者汉语双字调动态发展的跨语言比较研究	北京语言大学
陈天恩	立法语言的研究必须引起充分重视	中国政法大学
陈卫恒	Z变音的空间分布	北京语言大学
陈小明	"官腔"的类型与特点分析	北京外国语大学
崔四行	三音节N＋V超韵律词初探	北京语言大学
丁维莉、陈维昌	介词结构全句修饰语的研究	中国传媒大学
董　佳	关于复句关联词语和分句顺序的研究文献综述	北京师范大学
董正存	情态副词"反正"教学模式的新尝试	中国人民大学
冯凌宇	论对外汉语初级阶段汉字的教学——兼谈对外汉语初级阶段的汉字教材编写	中央民族大学
高莹莹	对计算机化自适应测验的一次简单模拟及部分理论的验证	北京语言大学
高永安	＊离合词与修辞(已发表于台湾修辞学会《修辞论丛》第九辑)	中国人民大学
高增霞	"踩"和"踏"	中国人民大学
关辛秋	关于满文元音字母e读音的探讨	中央民族大学
郭　娟	话语标记语"那"的语用功能分析	中国传媒大学

[①] 加＊者为已发表论文。

续 表

郭龙生	广播电视与民族共同语的关系研究	教育部语言文字应用研究所
韩秀娟	深化字词关系研究之汉字"字用度"的探讨——基于动态流通语料库通用词语的用字考察	北京第二外国语学院
韩　彦	关于"起去"语法化的研究	中国传媒大学
郝美玲	汉语学习者汉字正字法单元的形成	北京语言大学
何　丹	"门"新用法考察	北京师范大学
何　瑛	*结构助词"底"源自方位词新证(已发表于《古汉语研究》2010年第1期)	商务印书馆
黄春霞	C. TEST所考察的语言能力的探索性因素分析	北京语言大学
黄　芳	"光"的语义分析及其主观化	中国传媒大学
黄理兵	*电视谈话节目主持人的话轮交接(已发表于《现代语文》2009年第2期)	北京语言大学
黄素文	浅析网络语言中的符号网语	教育部语言文字应用研究所
黄晓东	吴语台州方言的语音特点	北京语言大学
江　新	非汉字文化圈学生汉字心理词典性质的研究	北京语言大学
姜向荣	从视角转换角度看"那场火,消防队幸亏来得早"	中国传媒大学
蒋　静	汉语俗语的概念整合现象考察	北京语言大学
孔德玉	对外汉语教学中的文化因素	首都师范大学
孔　颖	配价理论在汉语研究和对外汉语教学中的应用	河北大学
李　慧	汉语水平考试(HSK)初中等考生能力结构差异的检验	北京语言大学
李连伟	语义联想教学法初探	中国传媒大学
李润生	论对外汉字教学的目的	北京语言大学
李双剑	现代汉语"很＋V了/过＋数量名"结构解析	首都师范大学
李先银	古汉语"于"语法化的途径与动因	北京语言大学

续 表

李晓静	浅谈字母词与词典编纂	商务印书馆
李燕华	"东 A 西 B"类格式的语法定位	北京语言大学
梁婷婷	外国留学生汉语使字兼语句的偏误研究	北京语言大学
林 艳	构式与动词论元匹配模式的分析框架	复旦大学
刘 佳	对外汉语教材中语法项目分等级编排情况的考察和分析	北京语言大学
刘丽艳	对外汉字教学中元语言意识的培养	北京语言大学
刘士红	*语言研究中的"位""素""体"(已发表于《洛阳师范学院学报》2008 年第 27 卷第 4 期)	北京师范大学
刘振平、闫亚平	"距离效应"与人称代词的变指	北京语言大学
龙叶、雷英杰	利用 WORD 程序编辑手抄报教学的分析和思考	天津理工大学
娄开阳	*试论程序性知识在汉语作为第二语言教学中的应用(已发表于《民族教育研究》2008 年第 6 期)	中央民族大学
罗 蕾	汉语工具、方式类宾语与俄语工具格	中国传媒大学
缪小放	浅议关于属性词的几个问题	北京外国语大学
齐晓峰	汉韩同辈亲属称谓的交际语用分析	北京语言大学
全 军	关于外国留学生汉语本科专业预科教材的编写构想	北京语言大学
饶 春	"一旦"的语法化考察	北京外国语大学
任丽丽	速成汉语中高级阶段的口语课教法与交际任务的实现	北京语言大学
尚俊梅	浅谈"给"字句	中国传媒大学
沈 阳	汉语中动结构的句法标记和句法形式	北京大学
沈庶英	谈对外汉语教材编写中一个不容忽视的前提——编写大纲	北京语言大学
施家炜	基于 HSK 动态作文语料库的是非疑问句习得研究	北京语言大学

续　表

司富珍	领属结构中的视角悖律	北京语言大学
司玉英	中国的汉英双语教学条件分析	首都师范大学
宋擎擎、苟圆	高级汉语教学中出现的佛教词汇研究	北京邮电大学
宋亚云	上古汉语形容词的词类地位及其鉴别标准	中国社会科学院语言研究所
孙然然	对外汉语教师对课堂测评方法的评价分析	北京外国语大学
孙素清	小议"也太"连用	北京师范大学
孙雁雁	从对外汉语角度看疑问句答句的衔接语模式及特点	北京邮电大学
田　然	*近十五年中高级阅读教材编写理念述评（已发表于《云南师范大学学报——对外汉语教学与研究版》2008年第6卷第4期）	北京语言大学
王秉愚	科技术语读音的困惑	北京理工大学
王　峰	文化的动态性与对外汉语文化教学	北京语言大学
王金鑫	"前、后"方位义发展的平行性及其形成机制	商务印书馆
王丽艳、孙洪威	"V+光"结构的语义分析	商务印书馆
王瑞烽	任务型语言教学在初级汉语综合课中的改良性应用	北京语言大学
王天虹	印尼留学生汉语学习偏误分析	北京联合大学
王　艳	少数民族学生应试作文中的汉字应用状况分析	北京语言大学
魏顺平	大型中国小学生作文语料库的生成	北京师范大学
魏新红	*对初级汉语综合课课堂教学生词环节的思考（已发表于《汉语国际教育研究》，北京语言大学出版社，2008）	北京语言大学
闻　亭	华裔与非华裔汉语习得者对待目的语群体态度及习得动机比较研究	北京语言大学
吴杰、高秀石	试论大学英语教学中文化教学	辽宁石油化工大学

续　表

吴瑕、郝美玲	初级阶段留学生汉字学习的影响因素	北京语言大学
吴应辉	关于孔子学院可持续发展的一个战略设想	中央民族大学
吴　铮	殷周汉语名量词辨析	北京语言大学
夏秀文	*对外汉语教学中成语的认知研究（已发表于《海外华文教育》2009年第3期）	北京师范大学
忻麗麗	祖沖之《述異記》新詞新義初探	北京语言大学
玄　玥	完结短语假设与现代汉语完成体标记"了"的演变	北京大学
严　可	从韩礼德功能语言学看"把"字句对宾语的限制	北京大学
杨吉春	论汉语反义复词的提取	中央民族大学
杨　娟	第二语言互动输入中的话语重述	北京语言大学
杨　黎	第二语言语用习得研究述评	北京语言大学
杨天乔	浅析交际语言能力理论及其对语言测试的影响	北京语言大学
杨晓明、宋擎擎、孙雁雁	关于"把"字句语义实现过程的分析及在对外汉语教学中的运用	北京邮电大学
杨玉玲	语气助词"着呢"的来源	首都师范大学
于　辉	汉语委婉语的原型—范畴阐释	中国传媒大学
于天昱	对话式话语中的反问句	北京语言大学
原绍锋、贾丹丹	中高级商务汉语教学素材多元化建设初探	中央财经大学
曾光平	探求同源词不能拘泥于构拟的上古音	河南大学
翟　艳	汉语速成教学研究述评	北京语言大学
张亚茹	关于高级综合课教材的选材问题	北京语言大学
张　慧	现代汉语副词"分别"的语义指向及由此产生的歧义现象	北京大学
张世方	北京话"刷白"的来源	北京语言大学
张宝林	外国人汉语习得研究的方法论思考	北京语言大学

续 表

张海威	汉语本体与对外汉语教学"字本位"理论研究综述	北京语言大学
张敬科	对外汉语初级口语课教学研究综述	北京语言大学
张维佳	朝鲜汉字词读音系统的历史层次	北京语言大学
张仙友	*拒绝言语行为与韩汉对比(已发表于韩国《中国言语研究》2008年第27辑,题目为"汉语拒绝言语行为与礼貌程度")	北京大学
张秀红	*论短期速成对外汉语口语测试(已发表于《岳阳职业技术学院学报》2008年第23卷第5期)	北京语言大学
张 圆	后缀"子"的类型与意义	陕西师范大学
张媛媛	留学生中高级阶段文化专题课新模式初探	北京语言大学
张则顺	从方言类型学的角度看汉语名词重叠现象	北京师范大学
赵冬梅	从高级阶段汉语综合课教材编写到课堂教学模式的探索	北京语言大学
赵 华	鹤壁方言形容词的小称儿化	北京师范大学
赵 雷	*通过任务型教学途径实现对外汉语口语教学目标的方法(已发表于《汉语学习》2008年第6期,题目为"对外汉语口语教学目标的实现")	北京语言大学
赵丽明	坡芽歌书简析——新材料、新课题	清华大学
赵 珊	小议"必须"的词类归属问题	北京大学
赵晓玉	汉语作为第二语言的发音与阅读的关系	北京语言大学
赵 星	《时代——中级汉语报刊阅读教程》中的篇章结构标识语研究	北京师范大学
郑家平	互动式初级汉语口语课堂教学设计实验研究	北京语言大学
郑青霞、韩阳	越南学生否定副词"不"和"没"的习得过程考察	北京语言大学
周伟红	媒介环境学视阈下的语言	中国传媒大学
朱志平	跨文化视角的词汇语义分析	北京师范大学
邹立志、肖玲、周建设	儿童早期词汇——语义系统的形成与发展	首都师范大学

后　记

书稿编定,有关编辑工作的若干事项需在此说明。

1. 北京市语言学会第七届年会和第八届年会举办时间分别为 2005 年 10 月和 2008 年 4 月,提交会议论文(提要)共 200 余篇。为了全面反映两届年会的面貌,本编委会决定在书后附上两届年会的论文目录,并在已发表文章题目后注明发表时间、发表处等信息,以便读者参考。由于有些已发表文章本会并不掌握,因此只能在表中标注已掌握的部分文章。

2. 编辑过程中,编委会只对稿件进行了体例等技术性处理,文责自负。

3. 限于篇幅,对于其他亦达到发表水平却未能选入本集的论文,编委会谨致歉意。

文集编辑过程中,学会秘书田建新女士和北京语言大学戴胜海先生付出很多辛苦,完成了大量琐细的编务工作,编委会深致谢忱!

北京市语言学会
《语言学的理论与应用》(二)编委会
2010 年 3 月 9 日